總策畫　林慶彰　劉楚華
主編　翟志成

景印香港新亞研究所

新亞學報

第一至三十卷

第二十冊・第十卷・第一期（下冊）

景印香港新亞研究所《新亞學報》（第一至三十卷）

總策畫　林慶彰　劉楚華

主　編　翟志成

編輯委員　卜永堅　李金強　李學銘
吳　明　何冠環　何廣棪
張宏生　張　健　黃敏浩
劉楚華　鄭宗義　譚景輝

編輯顧問　王汎森　白先勇　杜維明
李明輝　何漢威　柯嘉豪（John H. Kieschnick）
科大衛（David Faure）
信廣來　洪長泰　梁元生
張玉法　張洪年　陳永發
陳　來　陳祖武　黃一農

景印本・編輯小組

景印香港新亞研究所《新亞學報》（第一至三十卷）

黃進興　廖伯源　羅志田

饒宗頤

執行編輯　李啟文　張晏瑞

（以上依姓名筆劃排序）

景印香港新亞研究所《新亞學報》第二十冊

第十卷・第一期（下冊） 目次

第十卷第一期（下册）

新亞學報

新亞研究所

景印本・第第十卷・第一期（下冊）

本學報由美國
哈佛燕京學社
贈資印行特此
誌謝

新亞研究所

目錄

新亞學報編輯畧例

（一）本刊宗旨專重研究中國學術，只登載有關中國歷史、文學、哲學、教育、社會、民族、藝術、宗教、禮俗等各項研究性的論文爲限。

（二）本刊由新亞研究所主持編纂，外稿亦所歡迎。

（三）本刊年出兩期，以每年二月八月爲發行期。

（四）本刊文稿每篇以五萬字爲限；其篇幅過長者，當另出專刊。

（五）本刊所載各稿，其版權及翻譯權，均歸本研究所。

瀛涯敦煌韵輯別録

潘重規

瀛涯敦煌韵輯別録序

昭通姜亮夫教授，卅五年前，遠遊歐陸，訪書巴黎倫敦。歸國後，寫成瀛涯敦煌韵輯二十四卷。自序謂排日覯覽，歷時三年，抄寫響搨，攝影校録，凡書式裝樣，殘紋斷跡，靡不親自摹寫，校對無譌，用力可謂勤矣！其凡例又言王靜安先生寫倫敦三切韻殘卷，羅氏為印行；劉半農録P二〇一一卷，中央研究院為之刊刻。王君誤者三百五十餘事，劉書則譌至二千條。是其自輯録者之精審，蓋不待言而可喻。憶己卯庚辰間，余與姜君皆任教國立東北大學，同寓四川三台縣北垻村居，時敵機肆虐，日以燔燬為懼，深自葆藏，故未得見其原稿。今其書煌然四鉅冊，乃據手稿影印，考敦煌韻書者，莫不奉為典要，余固亦以為其書必毫髮無遺憾矣。前歲夏休，薄游巴黎，觀書國民圖書館。偶取姜君韻輯與原卷勘校，則訛誤累百千事不止，且有劉氏不誤而姜君轉誤者，甚矣治學之難也。於是頻往來巴黎倫敦，盡檢原卷，以校姜書，因得寫成瀛涯敦煌韻輯新編一冊。其有姜君闕略失採者，篇各綴以校記，又孜定為別錄一卷。並手寫付印，以就正當代學人。若云前脩未密，後出轉精，則吾豈敢。辛亥仲秋婺源潘重規序於九龍又一村師十駕齋。

巴黎藏伯二七一七號字寶卷子校記

巴黎國家圖書館藏伯二七一七號卷子，白楮，四界。正面字寶序，首缺。背面為學僮習字。劉復載入敦煌掇瑣，姜亮夫載入瀛涯敦煌韻輯，皆據此卷。余游巴黎倫敦，所見字寶凡五卷。除此卷外，巴黎有伯二〇五八卷，首為大乘方便北宗卷，次錄鄭氏字寶序全，訖「姡妗口吭□」。又伯三九〇六號一冊，前雜抄一卷，後字寶碎金一卷全。惟無標題，訖雨霎霎、軍轟音毒面酢皺，較伯二七一七卷多兩詞。末又有數詩云：

沈侍郎讚碎金

墨寶三千三百餘　展開勝讀兩車書　人間要字應來盡　呼作零金也不虛

白侍郎　同前

獨頭謫趕人難識　瀼滅婢嫋惱家心　寫向篋中甚敬

重　要來一字一䃎金

史部郎中王建　同前

一軸零書則未多　來要（規案：原卷要來二字抄寫誤

倒，故加乙號。）不得那人何　從頭至尾無閑字　勝

看真珠一百螺

白侍郎寄盧協律

滿卷玲瓏實碎金　展開無不稱人心　曉眉歌得白居

易　𩴾磓盧郎更敢尋

天福柒年壬寅歲肆月貳拾日技術院學郎知慈惠鄉書

手呂均書

倫敦有斯六一一九號字寶碎金殘卷，僅存二行。又有斯六二〇四卷，白紙質粗，凡七紙，兩面書。紙高十一吋，長十六吋，裝裱成冊。字不甚工，無四界。首葉已殘損，序文存十三行，起「被人間皆稱不識」，訖「面𩈎皺」。末附絕句四首，與伯三九〇六卷全同。紙尾有題記云：「壬申年正月十一日僧智貞記」。末葉背面有題記云：「同光貳載沽洗之月冥生壹拾貳葉迷愚小子汝南薩彥浚」。重規案：「據諸卷紙尾題記，後晉天福七年，當西元九百四十二年。後唐莊宗同光二年甲申當西元九百二十四年。壬申當為後梁太祖乾化二年（西元九一二年），知寫者為五代初年人，則此字寶碎金作者，必在晚唐以前。白居易王建諸人題詩或出依託，則此卷作者，蓋白玉以後人也。茲據伯二〇五八卷補抄全序，並以各卷校劉義所錄，俾唐代幸存之俗字書，昭顯於世云。

大唐進士白居易千金字圖　次鄭氏字寶

鄭氏字寶　千金亦曰碎金

凡人之運動（伯三九〇六起此句），足皆有名目（規案：「足」上疑脫「手」字），言常在口，字難得（伯三九〇六作德）。知，是以兆人之用，每妨下筆，修撰著述，費於尋檢，雖以談吐，常致疑之。又猥刺之字，不在經典史籍之內。閙（伯三九〇六作閙）。於萬人理論之言，字多僻遠，口則言之，皆不之識。至於士大夫及轉學之客，貪記書傳典籍之言計，心豈暇繁雜之字。每欲自書，或被人問（斯六二〇四起被人問），皆稱不識，何有恥之下輩，而慙顏於寡知。則有無學之子，劣智之徒，或云俗字不曉，斯言謬甚。今天下士庶同流，庸賢共處。語論相接，十之七八，皆以協俗。既俗字而不識，則言話之訛訛殘（規案：殘字誤。伯三九〇六、斯六二〇四皆作「𢦏」，蓋「土戈反」乃為「訛」字作音。案廣韻下平八戈：「訛，欺也。土禾切。訛，俗。」「土禾」與「土戈」同音，此卷設合「土戈」為殘字耳）反矣。在上者固不肯錄如（伯三九〇六、斯六二〇四「如」作「而」）示之，小學者又貪輕易而傲之。致使曖昧賢愚，蒙（庶）細無辯。余今討窮字統，援引眾書，翰苑玉篇，數家切韻，纂成較量（伯二七一七起較量。）一七，緝成一卷。雖未盡天下之物名（伯二七一七作「之口名」，之名二字亦殘，約略可辨。斯六二〇四、伯三九〇六亦作之物名。）〇，粗亦齊（斯六二〇四、伯二七一七、伯三九〇六作亦粗濟。）含毫之滯思。號曰字寶，有若碎金。然（「碎金然」伯二七一七作「碎口口」。）零取救要之時，則無大段，而副筆濟用之力，實（伯二五〇八「之力實」三字缺。）敵其金，謂之碎金。開卷有益，讀之易識。取音（伯二七一七上有「多」字。）「取」之字，注引假借。余思濟眾為大，因以飾潔為美。𢷎持疑後来（伯二七一七作「為美將持疑之来」，劉抄、姜抄皆誤為「為萎將侍口之来」。斯六二○四作「為美將持疑從来」。）者也。成之一軸，常為一卷，俯仰瞻矚，寔有所益，省費尋撿（伯二七一七撿作拎。）也。今分為四聲，傍通則之如後（「則」，伯二七一七、伯三九○六、斯六二○四作「列」。「後」，斯六二○四作「右」。）

平聲

肥膖體（筆苗反，肥窕反；[1]）又□ □□□苦[2]乘反又嗝

肥䏶䐹（烏懷反，丑乘反） □眵[3]音兜下傷友反

人膛眼丑庚反又惄視 □□下兼反又故[4]量

相偓倚烏皆反又挨 □䏍[5]音鍾調

人眼䀜音花又燈比[6] □䁜[7]（即焰反，即遹反）

面皺風知加反 婢婠音脾臍又仳倠[8]

聲聵々如咬反
曉眼古侯反曉
馬𧽶踏所交反
猪蝝地音灰
□□□□□
物鼓剝音披
物坳窊烏加反鳥話反
獶玀音婁羅又獸名
𤢄猳音麻遐
人嚾嘮[14]七官反索戈反
手嚾攦七官反下乃末反
人鬖孅七兼反七鹽反

人頻[9]顚音核莫胭項音燕
笑哯々曲伊反
語聲誓音西破[10]悲也
物甏聲音西破璺聲也
□□□□□
手擉[11]搜楚愁反以結反又以計反
人趍𧽿七將反扒減音詵[12]
巑[13]岏疾官反五官反
心崎嶇音欺駈
崢嶸土[15]爭反下橫
事蹣跚音蘭珊
胮肛疋江反許江反

瀛涯敦煌韻輯別錄

人[illegible]泥丑加反足踏泥
毛毹毭丁侯反素侯反
朋儕音柴
人[illegible]寒、[16]。蕭官反
相媕娿烏合反烏哥反
物諄正之勻反
鼓聲鼕。徒紅反
鼓聲鼞々徒楞反
聲韸々步霥反
齒齙齩音包五交反
草蔫萎於焉反下威
人囂虗虛嬌反

膖脹浦江反許丈反
磽確苦。交反口角反
人姦譎音乖
黐鳥兒丑知反
黐膠丑知反
相[illegible][illegible]測絨反
跧伏口開反
拴絆數。[17]關反
輕聦々蘇公反
鏡奩音廉頭[illegible]。[18]音須
趥集音鵃趑趄雎蛆
品娕々蘇鉤々。

又嘵嘘一賈反
湧浛滓之加反
倚俙音希
人謳譟五甘反蘇若反
赳[20]利音莎
瞋々女江反
蹱直丑凶反
紆惡衣俱反
心不嚁展音灘
貪婪音藍又惏
鳥鬮音油
筋𢱥夾音飲又劄

靴鞾韡素鈎反
色顆暈烏還反
物𣟎糊莫干反
狗𤞞吠乎刀反
人檀駮[21]徒蘭反補角反
石齎臼即兮反
兒襉褯百耕反七夜反
拳扠人丑皆反又擣
接酒素回反又牅
噿嚛土閑反下驟[22]反慵饞石容反土咸反
口齗齕知皆反人獗頭居靴反

上聲

物齖口雅反　又歌

口哆䏧丁我反

性懶惚[23]於講反　於交反

影語音顒

哂咍尺忍反

疷䐑丑甲反　爛也

物柔碊音盞

水睳濊音齾

亂氂々尺雨反[25]○

亂攘々而雨○反

人言言丑偃反○　魚偃反

蕪○麻音頊

揣度測淹反

垢圻音苟　古八反

詭譎音鬼決

矯詐居夭

黼黻音敢

兒嫩騃[24]魚解反

相憯即敢反

人鼾睡音汗

寬鞾尺者反　又鞸

銛鋂箬自侵[26]反

面縻。攞莫我反力我反
面齾齗之忠反五忠反
力擺撼莫解反
擬攇希偃反
輪輥動公穩反
又掍擲公穩反
相誁。惹而鹽也而者反
詒習音窕
綻馬音究
相謂誘吉遠反
人鬑魖映奄反下虛
人䂬䂭音比姿

瀛涯敦煌韻輯別錄

箭笴公罕反
口剳拚浦苟反
剜剮途果反
物䴾仰魚偃反
足籢蘇傳。我反于列反
獵獶音毯也下糅
人鼾鼻音喜
寒瘆々所錦反
穿窟音孔又窮
馬啌嗓自朗反
䵟黵公罕反又陂皵
人狡猾古咬反

手摑擘 尺粢反 一賴反
手垂鞸 乃我反
霤霂 鳥敢反 七敢反
色黯黮 烏陷反 直陷[29]反
義鬆子 知買反[30]
弄傀儡子 力外反 五每反
手抿抹 彌引反
人直䫴 直降反
人頹宕 其朕反
口噤 其朕反
顩頋 其朕反
睹賽 音舉

力擎𢱊 音許講
壯佬傋 麥講反 許[27]講反
暐曄[28] 于鬼反 于劫反
礦硬 古猛反
石上硾 直類反 石上杆
石懸縋[31] 直類反
匾㔸○ 必淺反 部兮反
人醜顏 多典反
人羞赧 女眼反
人体俥[32] 疋閭反
逆剩 七養反
人設誚[33] 所馬反 七笑反

小兒㑷𠎝烏瓦反[34]女瓦反
火炶〇爇音點
又跰脚脺著下掩反殂鷓反
手舀物一小反
命舛尺遠反
人拄杖拐子古懷〇反
錢辮[35]足善反
音聲相詒楚卯反
人䣸文而拱反
叵耐頗奈
駊騀博我反下我
嵬峨五會反下我

又而詴所馬反
草幹茇公罕反下鉢
點頭聳耳雙之上聲
人潸然所板反
衣紐繢女九反居類反
醂柿力敢反
早歉一毇反
身黶誌一奄反
眼瞫士錦反
物蟫士錦反
螺蚌蛤音棒
人伎倆音忌兩

湫溢 即了反
勦絶 即了反
庳汁○音虎[36]
傘蓋 蘇旱○反

去聲

人譋[37]譑 七嬌反下料
俵散 悲屆反
又作摽 悲屆反
物跛坐 音弃
妬妎 丁故反下亥[40]
佰圮 音備
人詿誤 音卦

手推攖 音竦
合巹 音謹
人昏懞
刃剻鈍 枯悴[38]反
驢騃[39]騄 力禁反
馬跙蹄 側慮反
瘡脪腫 希近反
口[41]吮哂 息願反
人墜碓 音隊碎
肥肬膁 丁暗反 呼紺反

飣[42]餖乃定反都勾反

縎綴則暗反知衛反

鍇釘則暗反

嫯嫙音叛換[45]

人膩胗女話反

皮皲音縣帶也

自矜衒音縣誇也

又眩曜音縣下鷄

不憒悗房例反下腕

鬼祟息季反

物精粹息季反

不𡐊尬音減介[47]

𠵧嗥噪知孝反素告反[43]

𠵧啗啄知減反

人戀[44]魈音皀色皀反

蹭蹬七鄧反下鄧

咀嚼七序反疾雀反

覬覦音既逾

人渝濫音逾勤暗反

貿[46]鬻音冒育

鳥窠巢○測慮反

插擩之甲反而喻反

人臂要○孤外反

斗[48]杝刲子孤外反

物窨窨音教蔭
倨傲音據鐵
凝[49]滯音疑帝
人緊趬吉要反
韁鞚苦貢反
驪馬疋善[52]反
酒泧酹音屋力外反
手揾蘸側陷反內水死反
物釂責即要反改醮
睡寱盯云〇藝
譈譪呼陷反呼介反
人毷臊音冒[53]燥

涴〇泥物烏過反
麥蟉蛙呼交反下注
日曬曝所介反
石琯瑒公困反直硬[50]反
趒驀音棠麥[51]
水瀺灂士〇陷士反士學反
人跁跒蒲下反口下反
躁性七到
水灌洗所患反又渲
人慥暴七造反志懆
人䞬頭土〇孝反
物眼音責睥睨疋契反五計反

入聲

毛𣰽毾音答反
人佊僾丁狹反下㜸
人矆盷之若反上虛钁
寛颾皶䐡答鬕音答
54 𢡟頭緅音輒
手捏搙嫛結反女角反
物皺皮丑悦反
人秆豁音岸谷
腌肉一劫反
又㵫浥一劫反
乾曝々音泣

人脉臍音麥折
硉矹力骨反五骨反
扒㰝音莫八反下䤀
澥◦沨音斛速
55 口呷歡户甲反尺悦反
物攝實直葉反又聕切
馬跑蹻音包下知主反
鞕揮捽所麥反
驢趯跂乃的反下跂
沸灘々七合反
物㦤㩁即六反子葛反

乾皺々口角反
聲擈々百角反
動𨅢々于聿反
動杌々五骨反
人脚瘃知玉反
人滛濇𢹾立反下澁
自◦醭出莫卜反
花䕷々莫卜反
汗霡霂音麥木
煮煠士甲反
心懘◦起必列反
水潗々即入反

手揩擦七曷反
弃犒◦㩧烏合反下废
𢬵[56]物𣏌人音側
手掉搰音銚下虛聿反
人嚬啾音頻下即六反
楦捋音宣勒木反
人𪓿𪓿音麥[57]角反 丑角反
肥頳頿音末曷
劄劄知角反 知訖反 𤣥甲同上[58]
手擸握音乇
心忸怩女交六反音尼
手𢶍物怜竭反 脚蹳蹶怜竭反 必列反

口嚗噍音博接
攫搦[59] 烏麥反 女革反
手援掐 即悅反 口甲[61]反
汗灢濊音末豁
人探賾士革反
人瞌睡音榼又瞌五答反
巧[62]劼苦八反又刋
猲頭尺若[63]反
走⿺走解○々音結能行皃
瀐洒音節
爒恪○於聿反下洛
奯眼明戶末反

兒頭毣々音木
眿[60]米扶八反
物黦色於列反
磣硤力末反
辛𨐨力末反
麁糲力末反
又蜂螫尺職反
蜂蜇人知列反
皮皺皵七合反
食餐[64]飶必列反
人齗齧音孽
語讞許○居列反

剳棺。乃耽反烏末反
物韓豁戶。末反烏末反
鑿地莫北反
齊齇々所云。反
匀斑々側六反
高嵽嵲乃列反五結反
潑水音潑又沸
手擒拉之蘖反下臈反
眨眼之甲反
扁塞之甲反
插。塞之甲反
麴麰音麴縮

人嗟咄丁列反盧割反
言嚆謈候角反下剝
人落韡音訛
口囁嚅而葉反下儒
人遴。巽音列挈
小瞪衉一決反下血
穿[65]扣音鶻穿穴也
熿作隻郭反殲殊一頰[66]反下恬
鞍[67]毬毪音越諾
馬行騒。楚甲反
慞慴之葉反
語謺之葉反

門𨉖皮碧反　　蹴踏七育反
𠯗喥口則末反　　飛趨起居列反
人砣々碌々音窟々祿々　　殗爤於劫反
噦逆氣於厥反　　輕蔑米列反
喘嗽々一頰反　　雨霎々所甲反

(1)原卷作「峀」，劉姜均誤抄為「者」。
(2)原卷作「苦」，劉姜均誤抄為若。
(3)眵，劉姜均作「口」缺文，原卷作「眵」，「下傷友反」即為眵作音，「友」蓋「支」之誤。廣韻五支：「眵，目汁凝，章移切，又尺支切。」規案：目汁凝，即俚語云眼屎也。
(4)故，劉姜誤作「故」。
(5)䏚，劉姜均作「口」缺文，原卷尚存半字，據「調」音，或是

景印本・第第十卷・第一期（下冊）

「⿰亻能」字。

(6) 比，劉姜均作「口」缺文，原卷作「比」。

(7) 「㖩」，劉姜均作「口」缺文，原卷尚存半字。據「即逾反」音，缺文當為「㖩」字。廣韻上平十虞：㖩，⿰口韱㖩，不廉。子于切。「子于」、「即逾」音同。又據「即焰反」音，「㖩」上缺文當即「⿰口韱」字，廣韻去聲五十五豔：⿰口韱，⿰口韱㖩，不廉，子豔切。「子豔」亦與「即焰」同音。

(8) ⿰亻隹，劉姜作「口」缺文，原卷作「⿰亻隹」。

(9) 「人頦頤（音核夷）」，劉姜誤作「人顏頔（音挨夷）」。伯三九〇六、伯二〇五八均作「人頦頣（音孩夷）」。

(10) 破悲，劉姜「破」誤作「波」，原卷作「破」。

(11) 手摛拽（以結反），劉姜抄作「手搯搣（以浩反）」，原卷作「手搯捵」、「浩」作「結」。伯三九〇六作「手擣捵」。

(12) 詵，原卷作「詵」，劉抄作「詵」，姜抄作「訨」，皆誤。伯二〇五八作「析斤反」。

(13) 巑岏，劉姜作「岏巑」；原卷作「岏巑」；依乙號當作「巑岏」。伯三九〇六、伯二〇五八作「巑岏𡵚二同上疾官反」。

(14) 嗙，姜作嗙，劉作嗙，原卷作嗙，蓋「唆」字。

(15) 崢嶸土爭反下橫，規案：六朝唐人俗書士土往往不分，此土當作士。廣韻下平十三耕：「崢，士耕切」，「士耕」與「士爭」音同。

(16) 人霶寒，霶，劉姜作霶，原卷作霶，蓋「霰」字。

(17) 拴絆數關反，原卷作「數開反」。劉作「口開反」，姜作「皷開反」，皆誤。伯三九〇六作「數關反」。

(18) 頭䪿音須，劉姜「䪿」誤抄作「顉」，原卷作「䪿」，蓋「䪿」字。

(19) 狗獋吠，狗，劉姜誤作「狥」，原卷作「狥」。

(20) 赳利，赳，劉姜誤作「坐」，原卷「坐」作「赳」。

(21) 人檀駮，劉姜「駮」誤作「駁」，原卷作「駮」。

(22) 土閑反，土咸反，規案：兩土字皆當作士。

(23) 性惼怮，怮，劉姜作「幼」，原卷作「怮」。

(24) 兒嫩騃，騃，劉姜作「騃」，原卷作「唉」，伯二〇五八、伯三九〇六均作「騃」。

(25) 亂氅々尺雨反，重規案：六朝唐人「雨」「雨」俗書往往不分，此反下「雨」字當作「雨」。

(26) 自侵反，「侵」，原卷作「假」，伯二〇五八、伯三九〇六均作「侵」。

(27) 許講反，原卷許作「虖」，劉抄作「虖」，姜抄作□缺文。伯二〇五八、伯三九〇六均作「許」。

(28) 暐曄，劉姜作「韡華」，原卷作「韡韡」，伯二〇五八同，伯三九〇六均作「暐曄」。

(29) 色黯黲烏陷反直陷反，兩陷字，劉姜誤抄作「諂」，原卷「諂」均作「陷」。

(30) 知罝反，劉抄「反」作「子」，姜抄作「反」，原卷作「子」。伯三九〇六作「反」。

(31) 石懸縋，原卷「縋」作「縺」，伯二〇五八、伯三九〇六均作「縋」。

(32) 俥、劉姜作「俥」，原卷作「俥」。

(33) 人詖詴所馬反七笑反，此卷無「詴」字；伯二〇五八作「人詖詴」，伯三九〇六作「人誐誚」，「所馬」為「誐」字作音，「七笑」為「誚」字作音。此卷蓋脫「誚」字。

(34) 小兒偪傴烏瓦反女瓦反、兩「瓦」字，姜誤作「丸」，劉抄作「瓦」，原卷作「瓦」。

(35) 錢辮，原卷「辮」作「辮」，伯二〇五八、伯三九〇六「辮」皆作辮。

(36) 㡳汁音虎，虎，姜抄作「虍」，劉抄作「虎」，原卷作「虎」，伯二〇五八、伯三九〇六作「虎」。

(37) 人讇讒，讇，劉姜抄作「闇」，原卷作「讇」。

(38) 㭘怙反，怙，姜抄作「㭘」，劉抄作「㭘」，原卷作「㭘」，伯三九〇六作「怙」。

(39) 驢騃膝，劉姜抄作「驢騃膝」，原卷作「驢騃膝」，伯三九〇六作「驢駿脥」。

(40) 姡姲丁故反下亥，劉姜抄「亥」作「亣」，原卷作「亥」，蓋「亥」字。伯三九〇六音「姡宮」。

(41) 口呪哂，劉姜「口」作「囗」缺文，原卷缺文作「口」。

(42) 飣餖，原卷「飣」作「飣」伯三九〇六作「飣」。

(43) 知孝反，劉姜「孝」誤作「索」，原卷作「孝」，伯三九〇六亦作「孝」。

(44) 人魒䰰，原卷「魒」作「魓」，伯三九〇六作「魒」。

(45) 嫛嫨音叛換，劉姜抄誤脫「換」字，原卷作「音叛換」，伯三九〇六作「音畔換」。

(46) 貿䴷音冒育，原卷作「貿䴷音育」，劉姜誤抄作「賀䴷音脊」，伯三九〇六作「貿䴷音冒育」。規案：貿䴷猶言貿易，作賀則義不可通，且與「音冒」不相應。

(47) 不𢥒𢤱音滅介，伯三九〇六作「不𢥒𢤱滅介」；本卷「介」誤作「反」。

(48) 斗杚刲子，劉姜「斗」誤作「汁」，原卷作「斗」。

(49) 瀿渧，劉姜誤作「瀿㴱」，原卷作「瀿渧」。規案：廣韻去聲十二霽：「渧，埤蒼云：渧㴔，漉也」。

(50) 直硬反，劉姜「硬」誤「便」，原卷作「硬」。

(51) 音棠麥，劉姜麥作「口」缺文，原卷作「麥」，「麥」即為「鷰」所作之音也。

(52) 騗馬疋善反，劉姜「善」誤抄作「著」，原卷作善。廣韻去聲卅三線：「騗，躍上馬，匹戰切」。南史卷六十一蘭欽傳：「在洛陽，恒於市騙橐駝」。騙即騗字。

(53) 人毦膘音冒燥，冒，原卷誤作「冐」，伯三九〇六作「音冒燥」。

(54) 幞頭緬，原卷作「幞」，伯三九〇六作「幞」。

(55) 口呷歠戶甲友尺悅友，姜誤抄作「口呷歠戶甲友戶悅友」，原卷作「口呷歠戶甲友尺口口」，伯三九〇六作「口呷歠戶甲尺悅二友」。

(56) 拋物搠人音側，劉姜抄誤「拋」作「拋」，「側」作「例」。原卷作「拋」、作「例」。規案：六朝唐人俗書「扌」「木」不分，「拋」即「拋」字，「搠」即「搠」字。廣韻下平五肴：「拋，拋擲」。入聲廿四職：「搠，打也」。拋物搠人，猶言擲物打人也。

(57) 丑角反，姜抄「丑」誤作「五」，劉抄作「丑」，原卷作「丑」。

(58) 击甲同上，劉姜「同上」誤作「同下」，原卷作「同上」。

景印本・第第十卷・第一期（下冊）

(59) 擭搦 烏麥反 女革反，劉姜「搦」誤抄作「搦」，「革」誤作「草」。原卷作「搦」、作「革」。

(60) ⿰白巿米 扶八反，原卷作「⿰白弟米」，劉姜誤作「⿰白弟朮」。伯三九〇六作「⿰白巿米」。規案：廣韻入聲十月：「⿰白市，舂米」。「⿰白市」即「⿰白巿」。

(61) 口甲反，劉姜誤作「口申反」，原卷作「口甲反」。

(62) 巧劧，原卷作「⿰王丂」，劉姜誤作「⿰王万」，伯三九〇六作「巧」。

(63) 尺若反，原卷「若」作「苦」，伯三九〇六作「若」。

(64) 食⿱敝食飽 必列反，劉姜「⿱敝食」誤抄作「⿱敝食」，「列」誤作「到」。原卷作「⿱敝食」、作「列」。

(65) 穿相，原卷作「穿相」，伯三九〇六作「穿相」。

(66) 一頻反，原卷「頻」作「頻」，伯三九〇六作「頻」。

(67) 鞍毧⿰毛差，原卷作「銨毧⿰毛差」，伯三九〇六作「鞍毧⿰毛差」。

詳觀此卷，抽繹序言，知作者有感於人々口中之語言，不能著於人々目睹之文字，口能言之，而筆不能書之，故曰：「言常在口，字難得知」。又通行俗字，用以記口中之語言，然其字不見於經典史籍之內，學士大夫多不能識，故曰：「猥刺之字，不在經典史籍之內，閒於萬人理論之言，字多僻遠，口則言之，皆不之識。」於是耳聆通俗語言，或不能書；目睹通俗文字，或不能識。故喟然歎曰：「今天下士庶同流，庸賢共處，語論相接，十之七八，皆以協俗。既俗字而不識，則言話之訛訑矣！」然在上者既不肯著錄以示人，小學家又輕忽而不屑，遂使日々宣於口中者不能書，日々書於紙上者不能識。故作者發憤成此一卷書，以濟時

景印本・第第十卷・第一期（下冊）

而救弊也。此書作意既明，則知卷中所採緝者皆當世口中之恒言，所著錄者皆通俗手寫之文字，倘能聆音識字，即可立曉其義。故卷中詞語注明音讀者至詳，而解釋意義者絕罕，僅平聲「語聲謍」下云：「破悲也」，「物𧢈聲」下云：「破璺聲也」，「獿玀」下云：「又獸名」，「人夢泥」下云：「足踏泥」，上聲「庶牒」下云：「爛也」，入聲「走邇〻」下云：「能行貌」。然時移語變，未注明意義者，則後世讀者多不能解。蓋邇〻一詞，冠以走字，知為走貌；特走貌甚多，如不釋為「能行貌」，則仍未克明其義也。其他如「人謳譟」、「人檀駭」、「人知欸」、「人狡猾」、「人礙僤」，知皆為人貌，然不知人貌果何若也。又如「手抵抹」、「手掉搰」、「手揄拉」，知皆為手貌，然終不知手貌果何若也！此作者拘墟於目前，以為世人通曉，不煩詳解其義，而不知文字語言常隨時空而流變，故其書不足通古今之郵也。至於本卷作音作字之例，亦略可推尋。其分為四聲，及以反切及直音注音，皆沿隋唐以來韻書之舊例。其俗書有異體者亦間注明，如平聲「犤[illegible]」或作「仳催」，故云「又仳催」，「仳催」見廣韻六脂，仳下云：「仳催，醜女」；催下云：「仳催，醜面」。又「寛奲」之「奲」或作「彈」，故云「又彈」。今廣韻上聲三十五馬「奲」下云：「寛奲大也」。其字之音義皆與本卷相應，知為注明俗書之異體也。此卷抄手訛誤甚多，取諸卷互校，已加改正。茲更就本卷正文與音切互校，有據正文可正音切之誤者，有據音切可正正文之誤者。如

平聲：面皻風反加反　案：廣韻下平九麻：「皻，皰鼻，側加切」。此卷「反」當為「支」形近誤字；支、側皆屬照母，

側為照母二等字，支為照母三等字也。

聲䎐子友咬反　案：廣韻五肴：「䎐，耳中聲。側交反。」交、咬音同。本卷「友」當為「支」形近之誤；支、側皆屬照母，側為照母二等字，支為照母三等字也。

磽礭若交反只用反　案：廣韻五肴：「磽，石地。口交切。」「若」當為「苦」字之誤，口、苦皆溪母字。礭蓋確之俗寫，廣韻入聲四覺：「確：靳固也，或作碻。苦角切。」此卷「只用反」疑為「口角反」之誤。

人霧寒蘇官反　案：「霧」當為「⿱雨浚」，缺末筆。廣韻二十六桓：「䨲，小雨。素官切。」「素官」與「蘇官」同音，「⿱雨浚」與「䨲」蓋同字。

皷聲鼕徒紅反　案：廣韻二冬：「鼕，鼓聲。徒冬切。」疑正文「鼕」為「鼟」之誤。

鼓聲鼟々徒楞反　案：廣韻下平十七登：「鼟，鼟々鼓聲，他登切。」疑「鼟」為「鼟」之誤。

品婡々蘇鉤々　案：蘇鉤為婡之音切，「蘇鉤」々當作「蘇鉤反」。

嗐嚗土閑下騾反　慵饞石咨土咸反反　案：二「土」字皆當為「士」。

口齵齗知皆反　案：廣韻入聲十一沒：「齗，齧也。」又上平十四皆：「齵，齧也。卓皆切。」「卓皆」與「知皆」音同，齵與齗義同，正文「齵」蓋「齵」形近之誤。

上聲𦼮麻音頃　案：廣韻上聲四十靜：「檾，枲草。去潁切。」與頃同音。正文「𦼮」當作「檾」。

亂氅々尺兩反　案：廣韻上聲三十六養：「氅，鷙鳥毛也

景印本・第第十卷・第一期（下冊）

。昌兩切。」「昌兩」、「尺兩」同音，「雨」蓋「兩」形近之誤。

亂擾々 而雨反 案：廣韻上聲三十六養：「擾，擾擾。如兩切。」「而兩」、如兩同音，「雨」蓋「兩」形近之誤。

人言言 丑偃反 魚偃反 案：廣韻上聲二十阮：「言，言言，脣急貌。去偃切。言，語偃切。」「魚偃」、「語偃」同音；「丑」蓋「去」之誤。

面糜攞 莫我反 力我反 案：廣韻上聲三十四果：「懡，懡㦬，人慙。亡果切。」又上聲三十三哿：「㦬，㦬懡，慙也。」玉篇又作𨣕醿。來可切。」正文「糜」當作「麼」。

足簸𥳑 傅我反 于列反 案：廣韻上聲三十四果：「簸，簸揚。布火切。」「傅」當作「博」。𥳑，見廣韻入聲三十帖，作𥳑，云「𥳑簸。徒協切。」

相䛁惹（而鹽也而者反） 案：廣韻下平廿四鹽：「䛁，多言。汝鹽切。」「汝鹽」與「而鹽」同音，「䛁」當作「講」。又廣韻上聲卅五馬：「惹，亂也。人者切。」

匾𠥷（必淺反　部兮反） 案：廣韻上聲廿七銑：「匾，匾𠥷，薄也。方典切。𠥷，湯奚切。」疑「匯」乃「𠥷」字之壞。

火炶爇（音點） 案：「炶」似「點」之省文，今俗字作「点」。岑參詩：「火點伊陽村」，俗云點火、點燈，皆炶爇之義。

人拄杖拐子（古懷反） 案：廣韻上聲十二蟹：「柺，老人拄杖也。乖買切。」此卷拐音古懷反，或當時俗讀平聲，或「懷」為誤字，未敢質言。

戽汁（音虎） 案：廣韻上聲十姥：戽，戽斗，舟中渫水器。呼古切。」此卷亦當作戽斗，「汁」蓋俗書與「斗」相亂。

傘蓋蘇早反　案：廣韻上聲廿三旱：「傘，傘蓋。蘇旱切」。此卷「早」當為「旱」之誤。

去聲：飣餖乃。定反都勾反　案：廣韻去聲四十六徑：「飣，貯食。丁定切」。此卷「乃」蓋當作「丁」。

鳥窠蕖測慮反　案：廣韻去聲十遇：「蕖，鳥窠。蒭注切」。此卷「蕖」，即「蕖」字。

人臂要孤外反　案：廣韻去聲十四泰：「臂，腰痛。古外切」。此卷「要」即「腰」字。

沘泥物烏過反　案：廣韻去聲卅九過：「涴，泥著物也。烏卧切」。此卷「沘」即「涴」字。

水瀺灂土陷土反土學反　案：廣韻上聲五十三豏：「瀺，瀺灂。士減切」。又入聲四覺：「灂，瀺灂。士角切」。此卷當作

「士陷反士學反」。

手搵醶（側陷反　內水反）　案：廣韻去聲五十八陷：「醶，以物內水，莊陷切。」此卷「內水反」之反字，當為衍文。

睡寱盯（云藝）　案：廣韻下平十二庚：「盯，矃盯，視皃。直庚切。」又去聲十三祭：「寱，睡語，魚祭切。」「寱」與「藝」音同，疑此卷「云藝」乃「音藝」之誤。

人趠頭（土孝反）　案：去聲卅六效：「趠，行皃，丑教切。」此卷「土」蓋誤字。

入聲：寬𪑾皶（臘荅）　案：廣韻入聲廿八盍：「䶌，䶌皶，皮瘦寬皃。盧盍切。」又：「皶，䶌皶，都盍切。」此卷正文「𪑾」當作「䶌」。

澥泂（音解連）　案：據「音解連」，正文「澥」似當作「𤅩」。

瀛涯敦煌韻輯別錄　四一

弇𣟴榼 烏合反 案：廣韻入聲廿八盍：「擸，擸搕。」此卷正文當從手旁作「擸搕」，六朝唐人「扌」「木」偏旁往往相亂不分。

自醭出 莫卜反 案：廣韻入聲一屋：「醭，醋生白醭。普木切。」集韻入聲一屋：「醭，酒上白。普木切。」疑此卷正文當作「白醭出」。

心憋起 必列反 案：廣韻入聲十六屑：「𢠳，𢠳然瞋也。普蔑切。」集韻入聲十六屑：「憋，惡也，或書作𢠳。蒲結切。」此卷音作「必列反」，正文「憋」當作「憋」。

走邂々 音結 能行皃 案：廣韻入聲十六屑：「趌，走皃。古屑切。」此卷正文「邂」當作「趌」。

爩烙 於聿反 下洛 案：廣韻入聲八物：「爩，煙氣。紆物切。」又十九鐸：「烙，燒烙。盧各切。烙，敬也。苦各切。」此卷云：「下洛」，謂下字「烙」音「洛」，「烙」當作「烙」，音義方合。

語钀許 居列反　案：廣韻入聲十七薛：「許，許發人私。居列切。」又「钀，正獄，說文作獻，議辠也。與法同意。魚列切。」此卷「居列反」為「許」作音，「許」當為「訐」之誤。

刮栝 乃刪反 烏栝反　案：廣韻入聲十三末：「栝，栝取也。烏栝切。」此卷栝即栝字，六朝唐人「扌」「木」偏旁，俗寫往往不分也。

物斡豁 戶末反 烏末反　案：廣韻入聲十三末：「斡，轉也。烏括切。豁，豁達，呼括切。」此卷第一音「戶末」乃注豁字，第二音「烏末」乃注「斡」字，此卷注音有時失次。

齋矗々所云反　案：廣韻一屋：「矗，初六切。」集韻同。初、所同為齒音，此卷「云」疑「六」之誤。

人𡘋𡘋音列挈　案：廣韻入聲十六屑：「𡘋，𡘋𡗥，多節目也，練結切。」又「𡗥，頭傾皃。古屑切。」集韻十六屑：「奊𡘋，力結切。奊𡗥，頭衺態。一曰：多節目也。或作𡘋。」「𡗥，奊𡗥，多節目。一曰：頭傾。詰結切。」案：𡘋𡘋，乃奊𡗥之俗書。說文矢部：「𡗥，頭傾也。从矢，吉聲，讀若孑。奊，頭衺骫奊態也，从矢，圭聲。（胡結切，又練結切。）

手揄之葉反拉下臈反　案：廣韻入聲廿七合：「拉，盧合切。」集韻入聲廿七合：「拉，落合切。」疑此卷「下臈反」之「反」，乃衍字，謂下「拉」字音「臈」也。

馬行䮔楚甲反　案：廣韻入聲卅一洽：「䮢，䮢々，馬騄。士洽切。」「楚甲」為初紐狎韻，「士洽」為牀紐洽韻，音極相近，䮢為馬行騄貌，此卷「䮔」為「䮢」之誤。

捶塞之甲反　廣韻入聲卅一洽：「插，刺入。楚洽反。」此卷「捶」亦「插」之誤字。

校勘一過，此卷書粗可觀覽。雖注音釋義，頗爲觕疏，未臻懿美；然作者之意，則未可忽也。觀周禮大行人曰：「王之所以撫邦國諸侯者，七歲，屬象胥，諭言語，協辭命；九歲，屬瞽史，諭書名，聽聲音。」漢志亦云：「書者，古之號令，號令于衆，其言不立具，則聽受施行者弗曉。古文讀應爾雅，故解古今語而可知也。」大戴記曰：「爾雅以觀于古，足以辨言矣。」是知古之為治者，慎然於語言文字隨時隨地而變遷，故命象胥聲史深察名號；而爾雅之作，不獨觀古，亦以曉今。漢世子雲，洞明斯旨，所著輶軒使者絕代語釋別國方言，舉古今方俗語而溝通之。倘後世學者繼繩不絕，則可使古今如旦暮，別國如比鄰，何至「俗」字不識，言語「訛謬」乎？惜夫字寶作者有子雲之志，而無其學，故不能當紹述之任；繼志善事，固有待後世之揚子雲矣！辛亥七夕寫定於九龍又一村師十駕齋。

附姜亮夫（瀛涯敦煌韻輯卷十八之三）P二七一七卷字寶碎金跋

本卷共存一百八十六行，前後皆有殘損，餘皆完好。起序文「較量緡成一卷」句，終入聲「雨霎「」」一辭。凡存序文六行，口語一百八十行。楮白紙，質甚疏鬆。匡格不具。

每行皆分寫兩語，成工下截。然亦有三語黏一行者，多于下截錄兩語。如平聲之胭項抨減頭領趦趄慵饞等皆是。字極劣，墨極薄，行款尚疎朗。全卷以四聲分。所錄皆唐時口語或俗語，而于不甚通俗之字，註以反音或直音。一語中有但註一字之音者，有註二三字者。其語今世雖尚有存者，如「瞠眼」「橋鳥」「鼩鼱」「䕶泥」(今讀上聲)諸語，而不可解者為多，如「面皺風」「孱嘌」「皺袋」等不可勝計。其字亦多當時俗書譌造，如𧀮音所交反𪂇音西嚫撁音七官楕二反乃齎卿反兮縺殖直反類律延閉反𩑈皺音臘答，又如尫之作𡯁贊見上傘之作傘，皆當時俗譌或新造之字矣。

註語亦有釋義者，如語聲警條下註云：「音西彼悲也」，物𩑈聲條下云：「音西破壘聲也」，人䕶泥條註云：「足踏泥」，皮鞙條註云：「音縣帶也」，自矜衒條註：「音縣誇也」，邂字註云：「音結能行皃」，穿相註云：「音鵲穿穴也」等皆是。然為量極少，皆當為當時不甚流行，或殊語之在別域，而不甚通行者，懼覽者不知，故附之以義也。

以卷首序文而論，書名當為字寶碎金。此名不見隋唐宋志著錄，而敦煌卷子中余所見者尚有藏倫敦者一卷，藏巴黎者一卷，與此卷大約相似，倫敦一卷較本卷為多，約二百五十行。惜余所製影片已散失，無由考之。然此卷亦完整可貴。故宮藏中有否同類之書雖不敢必，然此為當時流行一方之作，想亦必有殘段（手中無陳垣氏書，不及一檢。）。六朝以來字形變亂，隋唐學人已多著書糾其失者，如李虔、顏之推、顏愍楚、顏師古諸家之作，皆考論經史，定正俗音；雖與俗語無關，而亦必有相互影响之處。且時人亦有注意世俗用語之作，如王劭之俗語難字一卷，鄒里之要用雜字三卷，見于隋志；李少通之俗語難字，見于舊唐志。當時字學之風甚盛，則村野江湖之士，亦奮筆留意。其書雖不登秘府，固當流行偏方。今觀本卷所載，語皆俚野，字多鄙俗，而序文文理未通；書曰字寶，曰碎金，亦非大雅之作。則其未嘗流行于文士學人之間，無為之張皇幽渺者，遂使名號亦不永世，史志雖不載，吾人因得以想像而論之也。且其為書，可以考隋唐之語言，明文字之變遷，亦學術工重要之資料，學者所留心者也。

重規案：方師鐸教授曾據此卷撰「明刻行書本碎金與敦煌唐寫字寶碎金殘卷之關係」一文，載東海學報六卷一期。可參閱。

影寫瀛涯敦煌韻輯P二七一七卷抄本

較量緝成一卷雖未盡天下之□□亦粗濟含毫之滯思號曰字寶有若碎金□零取救要之時則無大段而副筆濟用□□□敲其金謂之碎金開卷有益讀之易識多取音之字注引假借余思濟眾為大同以飾潔為美將侍□之來者也成之一軸常為一卷仰仰瞻矚實有所益省費尋捦也今分為四聲傍通列之於後

平聲

肥膿體　箄若反　肥兖反　又□　□□□若乖反　又嗢

肥𦙶膭　烏懷反　丑乖反　□□音隤下傷支反

人瞠眼　丑庚反　又憝覩　□□下兼反　又故量

相傞倚　烏皆反　又挨　□□音鐘調

人眼蘇 音花又燈□

面皾風 友加反

聲矂々 反咬反

膮脤 古侯反曉

馬䟕踏 所交反

猪㻉地 音厌

□□□ □□

物趚剢 音披

物坳窊 烏加反烏詁反

獶玀 音婁羅又戲名

㹮猳 音麻遐

□□ 即焰反即逾反

焊𪖙 音屛㦝又佌□

人顏頔 音搞夷胭項音燕

篓哯々 由伊反

語聲謦 音西波悲也

物㪍聲 音西破璺聲也

□□□ □□

手揹摵 楚慈反以浩反又以計反

人趍躄 七將反抙減音让

屼囋 疾官反五官反

心崎嶇 音欺駈

人嚷唦 七官反 宗戈反
手攛撲 七官反下 乃來反
人嬖𡢃 七兼反 七鹽反
人𡨋泥 丑加反 足踏泥
毛𣯛𣮯 丁侯反 素侯反
朋儕 音柴
人𩅾寒 𧄼官反
相媕婀 烏合反 烏哥反
物諄正 之勺反
皷聲𪔂 徒紅反
皷聲鼕 々 徒撈反

崢嶸 土爭反 下橫
事躝跚 音蘭珊
胮肛 足江反 許江反
膖脹 浦江反 許丈反
磽確 若交反 只用反
人姦譎 音乖
𥡴鳥兒 丑如反
𥡴膠 丑如反
相戲𤕤 㴱城反
跧伏 口開反
拴絆 皺開反

聲聛々 争家反

齒䶌齩 音包下五交反

草蔫萎 於馬反下威

人囂虛 虛嬌反

又嘵噓 一胥反

湯浾滓 之加反

倚俙 音希

人讛謏 五甘反 蘇若反

坐利 音莎

𦗢々 女江反

蹱直 丑凶反

輕聡々 蘇公反

鏡奩 音廉 頭顉 音須

越集 音鵻 趑趄 雌蛆

品婇々 蘇鉤々

靴𩌦鞋 桑鉤反

色黰暈 烏還反

物槾糊 莫干反

狗獋吠 乎刀反

人檀㲉 徒蘭反 補角反

石齏臼 即兮反

兒繃褯 百耕反 七夜反

紆忽衣俱

心不嘽展音灘

貪婪音藍又惏

烏圈音油

觔犄夾音飢又剞

上聲

物罰口雅反又歌

口哆脣丁我反

性惝怳扵講反扵交反

影語音顆

哂哈尺忍反

拳扠人丑皆反又搲

挼酒素回反又摧

嚩嚓土閑反下驟反慵饞石咨反土咸反

口鯠鮀知皆反人瘷頭居反反靴

蘱麻音頃

揣度測洩反

垢坋音苟古八反

詭譎音鬼決

嬌詐居放

燕𦢊丑甲反爛也
物柔碊音盞
水𥄂濊音谿
亂鼈々尺兩反
亂攘々而兩反
人言言丑偃反魚偃反
面摩攞莫我反力我反
面𪘲齗之忍反五忍反
力擺撼莫解反
擬攇希偃反
輪輥動公穩反

韛袋音敗
兒嫩騃吳解反
相憯即敢反
人𠦑睡音汗
寬奢尺者反 又鐔
銛鐔箸自假
箭笱公牢反
口割拚補苟反
剗割逢果反
物齴仰魚偃反
足簸簌傳我反于列反

又掍擲 公穩反
相講惹 而塩也而者反
詒習 音兗
緂馬 音兗
相詞誘 言遠反
人魕魖 睞奄反下虛
人妣炊 音匕姿
手擱擘 尺染反一頰反
手垂髀 乃我反
霫褰 鳥敢反七敢反
色黯黮 烏淊反直淊反

獵獠 音遼也下燎
人𩋾皐 音喜
寒瘆 乜所錦反
穿窋 音孔又𥨊
馬啌喨 自朗反
馯驓 公罕反又破瞰
人狡猾 古咬反
力擎擷 音許講
壯佹傋 叉講反□講反
䏚葦 于鬼反丁劫反
礦硬 古猛反

義𩮲子　知買反
弄傀儡子　力外反　五每反
手抵抹　獨引反
人直顴　直降反
人顮𡧖　其朕反
口噤　其朕反
顧頋　其朕反
賭賽　音擧
小兒㒱𠋥　烏丸反　女丸反
犬炶爇　音點
又踦脚脟著　下掩反　殂鶴反

石上磕　直類反　石上杵
石懸縺　直類反
區匪　必滲反　都兮反
人醜顏　多典反
人羞赧　女眼反
人体俸　尺悶反
逆刺　七養反
人談　叱馬反　七笈反
又而誚　叱馬反
草幹关　公竿反　下鉢
點頭聫耳　雙之上聲

手𡇼物 一小反
命舛 尺遠反
人拄杖拐子 古懷反
錢辮 足善反
音聲相詺 楚卯反
人酵文 而拱反
叵耐 頗奈
駊騀 博我反 下我
嵬峨 五會反 下我
湫溢 即了反
勦絶 即了反

P二七一七 五頁

人潛然 所板反
衣紐繢 居九反 上類反
醂柿 力敢反
旱歎 一鍛反
身黶誌 一奄反
眼瞫 士錦反
物蟫 士錦反
螺蚌蛤 音棒
人伎倆 音忌兩
手推𢺋 音竦
合巹 音謹

瀛涯敦煌韻輯別錄

屑汁　音屑
傘蓋　蘇旱反

去聲

人闇譫　七焰反下料
俵散　悲廟反
又作摽　悲廟反
物跂坐　音弃
妬妎　丁故反下夾
伾圮　音備
人詿誤　音卦
飣餖　乃定反　都句反

人昏懞
刃削銑　枯鉗反
驢駿膝　力禁反
馬跙蹄　側慮反
瘡脪腫　希近反
口吪哂　息顧反
人墜碎　音隊碎
肥肬臟　丁暗反　呼紺反
䕯啅噪　知家反　桑告反

纘綴則暗反知衛反

鐕釘則暗反

嫯娭音叛

人臟胗女話反

皮皶音縣帶也

自矜衒音縣誇也

又昡曜音縣下鷂

不憤惋房刎反下腕

鬼祟息季反

物精粹息季反

不尷尬音減反

嵛啗啄知減反

人䬈𩙯音臾色臾反

蹭蹬七鄧反下鄧

咀嚼七序反疾雀反

覬覦音既逾

人渝濫音逾勒暗反

賀鶺音脊

鳥窠藁測慮反

插擩之甲反而喻反

人臀要孤外反

汁杌划子孤外反

物窖窨 音教蔭
倨傲 音據鏉
瀿渧 音綵帝
人緊趬 吉安反
韁鞚 苦貢反
䮤馬 尺若反
酒泼酹 音座力外反
手搵醮 側陷反 內水反
物醻貴 即安反 改醮
睡𥨎盯 去藝
譈譪 呼陷反 呼介反

洮泥物 烏過反
变螺蛙 呼交反下注
日曬曝 所介反
石琯瑒 公困反 直便反
趒騖 音桀门
水滰潪 土陷土反 土學反
人跑跔 蒲下反 口下反
躁性 七到反
水瀣洗 所惠反 又澶
人慥暴 七造反 志懆
人趠頭 土孝反

人𣍴臊 音胃臊

入聲

毛𣰉𣯐 音答反

人㑴偞 丁狹反 下[illegible]

人矍昫 之若反 上虛钁

寬𩨸皺 朧答 聾 音答

㦒頭緅 音輙

手捏搙 怒結反 女角反

物被皮 丑悅反

人豻狢 音岸谷

腌肉 一劫反

物服 音賣 睥睨 足契反 五計反

人脉臍 音妾拆

硉兀 力骨反 五骨反

扒檝 音莫八反 下截

澥泝 音斛速

□呷歠 戶甲反 戶悅反

物𡓝寶 直葉反 又暗切

馬跑𨇾 音包 下知主反

鞭揮捽 所芟反

𧇊趯跂 乃的反 下跂

又濕浥　一劫反

乾䮾々　音泣

乾皷々　口角反

聲㩧々　百角反

動颶々　于聿反

動杌々　五骨反

人脚瘃　知玉反

人潝濇　勑立反下澁

自醭出　莫卜反

花穙々　莫卜反

汗霡霂　音麥木

沸灘々　七合反

物戲抄　即六反子葛反

手指攃　七葛反

弃樢檶　烏合反　下㞙

杝物栵人　音例

手掉搰　音銚下虛聿反

人嚬嘁　音頻下即六反

楦捋　音宣勒末反

人齙齪　音麥角反五角反

肥頼頣　音末曷

舒劉　知角反知訖反　古甲　同下

煮煠士甲反

心憋起必列反

水潗々即入反

口𡁉嗟音愽接

擭搨乌麦反女草反

手援搯即悦反口申反

汗濺涐音来谿

人搩賾士革反

人驢𩣡音櫨又騾五答反

坊劶苦八反又刋

猲頭尺苦反

手搤搱音厄

心忸怩女交六反音尼

手擨物怜羯反脚蹶蹩怜羯反必列反

兒頭毣々音木

睇木扶八反

物黦色於列反

磣碌力来反

辛辣力末反

鹿糲力来反

又蜂螫尺職反

蜂蜇人知列反

走䞶々 音結 能行貞
瀐洒 音節
[illegible]挌 於韋反 下洛
㦰眼明 戶末反
剟棺 乃彫反 烏末反
物斡豁 戶末反 烏末反
[illegible]地 莫北反
齊矗々 所去反
勻斑々 側六反
高𡾋嵲 乃列反 五結反
潑水 音潑 又沸

皮皺皺 七合反
食餮飽 必到反
人齗齒 音戛
語讝許 居列反
人嗐咄 丁列反 盧華反
言嗃謈 侯角反 下剝
人落𥳐 音託
口囁嚅 而葉反 下儒
人[illegible][illegible] 音列挈
小瞠𧖴 一決反 下血
穿搰 音鶻 穿穴也

手揄拉〈之葉反 下臘反〉
眨眼〈之甲反〉
屧塞〈之甲反〉
揷塞〈之甲反〉
麴䴷〈音麴縮〉
門樽〈皮碧反〉
皃嗷口〈則亦反〉
人矻々碌々〈音窟々祿々〉
嘁逆氣〈於厥反〉
喘嗽々〈一頻反〉

熿作〈隻郭反〉爆殜〈一頞反 下怗〉
毯毬毲〈音越諾〉
馬行驊〈楚甲反〉
憧慴〈之葉反〉
語讋〈之葉反〉
蹴踏〈七育反〉
飛趨起〈居列反〉
殗爛〈於劫反〉
輕蔑〈米列反〉
兩霎々〈所甲反〉

新抄S六一八九字寶碎金殘卷

白楮，四界。字大。僅存二行。

又直志反或也非用悮 用支 上蒲別反 不禁 音金力不加也

項同行江反又苦含徒古二反非也 棖觸 上宅庚反 窓牖 音酉 泄洩

同私

S6204字寶碎金殘卷題記

白楮質粗，凡七紙，兩面書。紙高十一吋，長十六吋，裝裱成冊。字不甚工，無四界。首葉已殘損，序文存十三行，起「被人間皆稱不識」，訖「面皵皺」。末附絕句四首，與P3906卷全同。紙尾有題記云：「壬申年正月十一日僧智貞記」。末葉背面有題記六行云：

同光貳載沽洗之月蓂生壹拾貳葉迷愚小子汝南薛彥俊

殘水之魚不得精妙之詞略詠七凡認

童兒學業切殷懃　累習誠望德人欽

但似如今常尋諮　意智逸出盈金銀

不樂利潤願成道　君子煩道不憂貧
數年讀誦向得晚　孝養師父求立身

末有題字一行云：「乙亥年潤二月〻生六日張老將物麥伍斗粟伍斗」，蓋别一人書。

巴黎藏伯二〇一二號守温韻學殘卷校記

白楮，十一紙。正面佛畫。背記韻學三截，劉復載入敦煌掇瑣，題云：守温撰論字音之書。姜亮夫瀛涯敦煌韻輯未載。兹從原卷迻寫，並校正掇瑣誤字。

△南梁漢比丘。守温。述

脣音 不芳並明　舌音 端透定泥是舌頭音 知徹澄日是舌上音　牙音 見君溪群来疑等字是也

齒音 精清從是齒頭音 審穿禪照是正齒音　喉音 心邪曉是誰[1]中音清 匣喻影亦是喉中音濁

定四等重輕兼辯聲韻不和無字可切門

高 此是喉中音濁[2]於四等中是第一字与歸審穿禪照等字不和 若[3]審穿禪照中字為切將高字為韻定無字可切但是四等喉音第一字惣如高字例也

交 此字是四等中第二字與歸精清從心邪中字不和若將精清從心邪中字為切將交字為韻定無字可切但是四等第二字惣如交字例也審高反精交反是例諸字也

四 等重輕例

平聲

高古豪反 交肴 嬌宵 澆蕭
觀古桓反 關刪 勬宣 涓先
樓落侯反 〇 流尤 鏐幽[5]
裒薄侯反 〇 浮尤 濅幽[6]

檐都甘反 鵮咸 霑鹽 敁添[4]
丹多寒反 譠山 邅仙 顛先
呣亡侯反 〇 謀尤 繆幽
齁呼侯反 〇 休尤 休幽

上聲

幹歌旱反[7] 簡產 蹇獮 璽銑
埯烏敢反 黤檻 掩琰[8] 黶琰

滿莫伴反 鬗潸 免選 緬獮
杲古老反 姣巧 鐈小[9] 皎篠[10]

去聲

盰古案反 諫諫 建願 見霰
岸五旰反 鴈諫[12] 彥線 硯霰

但徒旦反 綻襇 纏線 殿
半布判反縏 扮相[13] 變線 遍く借奇正上聲

乙入聲

勒郎德反 䮚麥 力職 歷錫
北布德反 蘗麥 逼職 壁錫

刻苦德反 緙麥 隙陌 喫錫
棫古德反 革麥 棘職 擊錫

䶣奴德反 搦陌 匿職 溺錫
忒他德反 坼陌 敕[14] 職 惕錫

特徒德反 宅陌 直職 狄錫
餩烏德反 䭆陌 憶職 益昔

□呼德反 赤[15] 陌 □職 □錫
墨莫德反 麥々韻 窨職 覓錫

重規案：以上倒數第六紙背寫

□□□□□精清從心邪審穿禪然九字中字只有兩等重輕聲[16]歸精清心從邪中字與歸審穿禪照兩[17]等中字第一字不知若將歸精清從心邪中為切將歸審穿禪照中一第字為韻定無字何□[18]尊生反舉一例諸也又審穿禪照中字却與歸精清從心邪兩等字中第一字不知若將審穿禪照中字為切將歸精清從心

邪中第一字為韻定無字口切　生尊反舉一例諸也

規案：以工倒數第三紙背寫草書字大

兩字同一韻憑切定端的例

諸（章魚反）　辰（常鄰反）　禪（市連反）　朱（章俱反）　承（署陵反）　賞（書兩反）[19]

葅（側魚反）　神（食鄰反）　潺（士連反）　偒（疾俱反）　繩（食鄰反）[20]　爽（疎兩反）[21]

聲韻不和切字不得例

切生　聖僧　床高　書堂　樹木　草鞋　仙客

夫類隔切字有數般須細辯輕重方乃明之引例於後

如都教切罩　他孟切牚[22]　徒幸切瑒（此是舌上隔舌頭）

如方美切鄙　芳逼切堛　符巾切貧　武悲切眉（此是切重韻隔輕）

如父[23]問切忿　鋤里切士（此是切輕韻隔重）

恐人只以端知透徹定澄等字為類隔迷於此理故舉例以更須

子細〻〻 24

詩云在家疑是客別國却為親 多見上流不明此語身說多般故註釋於後

在家疑是客 即是類隔傍韻切也如韻中都江切椿字迷者言都字歸端字椿字歸知字云眷屬不用字生疑或不知

端字與知字俱是一家家故言在家疑是客也

別國却為親 緣都字歸端字椿字歸知字歸處不同便成25別國雖歸處不同其切椿字是的親之故言別國却為親也

辯宮商徵羽角例

欲知宮舌居中　欲知商口開張　欲知徵舌柱齒

欲知羽撮口聚　欲知角舌縮却

辯聲韻相似歸處不同

不風楓偑方戎反　封葑室犎𡩧府容反　飛扉26緋非婓甫微反27　跗膚

夫趺鴂鈇甫無反　分分坌饙府文反28　覂方勇反　匪棐餥篚非尾反29

甫斧俯府俌腑方矩反　粉方吻反　反阪軓返坂府遠反　腇膚妃反

瀛涯敦煌韻輯別錄

七五

諷 方諷反 沸 疿 誹 方未反[30] 癈 癈 方肺反 販 畈 方願反 富 方副反 付

賦 傅 方遇反[31] 福 腹 複 幅[32] 輻 蝠 踾 輹 方六反 弗 紱[33] 髴 黻[34] 綍 不 鄜 由 紼

髮 分勿反 發 犮[35] 颰 方伐反 哹 紑 䳕 不 甫鳩反 糞 奮 方問反 方 邡 枋

坊 匚 肪 趽 府倉反[36] 蕃 藩 匪垣反[37] 芳 豐 豐 酆 灃 僼 敷融反 峯 鋒 蜂 烽

敷容反 霏 妃 菲 芳非反 敷 麩 孚 郛 俘 芳無反 芬 芬 紛 氛 撫文反 棒

敷龐反 斐 悱 斐 蜚 敷尾反 附 方武反 忿 魵 敷粉反 釠 峯妃反 賵 麷

敷鳳反[38] 費 髴 方未反 肺 杮 方廢反 㚲 娩 怲 疲 嬔 芳万反 赴 訃 芳遇反

蝮 覆 蕧 復 芳福反 拂 拂 茀 刜 艴[39] 祓 鬒 髴 敷勿反 怫 拂伐反 忿 瀵

芳問反 芳 妨 滂 敷方反 翻 翻 幡 孚袁反

規案：以上倒數第二紙背寫

(1) 誰 案：劉復抄作誰，誤。原卷作誰，當是「喉」字。

(2) 喉中✓音 案：✓為乙倒符號，原文當為「喉音中」也。

(3) 若審　若下劉抄有將字。

(4) 故　案：劉抄誤作故。

(5) 鏐　案：劉抄誤作鏒。

(6) 淲　劉抄作滤。案：廣韻平聲二十幽：「滮，亦作淲，皮彪切。」韻鏡內轉第三十七開脣音濁平聲四等作淲。切韻指掌圖第四圖並母平聲四等亦作淲。惟巴黎伯二〇一一號刊謬補缺切韻殘卷及倫敦斯二〇七一號切韻殘卷幽韻皆作「滮，扶彪反」，原卷「淲」似當作「滮」。

(7) 旱　案：劉抄誤作早。

(8) 掩　案：劉抄誤作俺。

(9) 矯　案：劉抄誤作嬌。

(10) 皎　案：劉抄誤作晈。

(11) 諫　韻　案：劉抄韻作韽，誤。此注明諫乃韻部也。

(12) 鴈　諫　案：劉抄諫誤諱。

(13) 扮　相　案：相，當作襉。

(14) 圻　陌　案：陌，劉抄誤伯。

(15) 赤　案：赤當作赫。

(16) 聲　案：劉抄聲字缺。

(17) 兩　案：劉抄誤作丙。

(18) 何口　案：劉抄作何切。

(19) 書　案：劉抄誤作晝。

(20) 繩　飡隣　案：食隣似當作食陵。

(21) 踈兩　案劉抄兩誤作雨。

(22) 牚　案：劉抄誤作掌。

(23) 父　案：劉抄作匹。

(24) 子細々々　案々々即子細重文，劉抄作ろろ，似了字。

(25) 成　案：劉抄誤作似。

(26) 扇　案：扇似當作扉。

(27) 微　案：微，劉抄缺。

(28) 文　案：劉抄誤作这。

(29) 尾　案：劉抄缺。

(30) 方未　案：劉抄方誤万。

(31) 方遇　案：劉抄遇誤過。

(32) 愊　案：劉抄作幅。

(33) 絨　案：劉抄誤作紋。

(34) [illegible]　案：蓋𢿱之俗寫。

(35) 泧　案：劉抄誤作洨。

(36) 倉　案：劉抄缺。

(37) 匪垣　案：劉抄誤作府桓。

(38) 鳳　案：劉抄誤風。

(39) 鞄　案：劉抄誤作鞠。鞄，蓋鞄字。

重規案：劉半農先生手抄此卷回國後，羅莘田教授曾撰敦煌寫本守溫韻學殘卷跋一文（載中央研究院歷史語言研究所集刊第三本第二分），多所闡發。其言有云：

半農先生亦嘗據其紙色及字蹟，斷為唐季寫本。故舊傳守溫為唐末沙門，殆可徵信。……今案卷中四等重輕例所舉，「觀古桓反關刪勸宣涓先」及「滿莫伴反彎潸免選緬獼」二例，勸字廣韻屬仙韻合口，而此注為宣韻；免字屬獼韻合口，而此注為選韻；其宣、選二目與夏竦古文四聲韻所據唐切韻同。而徐鍇說文解字篆韻譜所據切韻，徐鉉改定篆韻譜所據李舟切韻，尚皆有宣無選；陸詞、孫愐、王仁昫等書則並無之。據王國維書古文四聲韻後謂：「其獮韻中甇字註人兗切，而部目中選字上註思兗切。二韻俱以兗字為切，蓋淺人見平聲仙、宣為二，故增選韻以配宣，而其反切則未及改。其本當在唐韻與小徐本所據切韻之後矣」。又古文四聲韻引用書目有祝尚丘韻、義雲切韻、王存義切韻及唐韻四種，則其所據韻目當不外乎祝尚丘、義雲、王存義所為。若就增選韻以配宣一點言，其成書尚在李舟切韻後。王國維李舟切韻考既據杜甫送李校書二十六韻斷定李舟在唐代宗乾元之初年二十許，切韻之作當在代、德二宗之世。則守溫、夏竦所據之切韻必不能在德宗以前。……以等分韻，不知始自何時。然日本藤原佐世之日本現代書目著錄切韻圖一卷，大矢透謂即韻鏡之原型；是宋代之等韻圖，唐初已存其蹟。今此殘卷第一截所載四等重輕例：……其各等分界與韻鏡卷合，可證等韻起源，必尚在守溫以前，與大矢透說可相參驗。

重規案：劉半農先生據紙色及字蹟，斷此卷為唐季寫本，其說良是。余細察此卷，蓋僧徒隨手摘錄守溫韻學之所為、故任意寫於一佛畫卷之背面，且一截在倒數第二紙，一截在倒數第三紙，一截在倒數第六紙，並不貫聯銜接。第二紙、第六紙，字體較接近，第三紙字大而尤草率，似非同時所書。且行款參差錯落，極不整齊，亦非經意之作。前無標目，後無題款，首尾皆不完備，與紙墨遭受殘損，以致書缺有間者不同。余意僧徒蓋據守溫韻學完具之書，隨手摘抄數截於卷子之背，並未全錄原書，故僅存此片段遺文耳。又案：此卷首署「南梁漢比丘守溫述」，述之云者，前有所因之詞，疑守溫此作，蓋亦本於前修。更即此卷內容觀之，凡文字切音，皆稱為反，此在唐人寫本韻書莫不皆然，唐以後則否。即此一端，已足證此卷為唐人之作。又羅莘田先生據卷中四等重輕例，勸字注為宣韻，兔字注為選韻，指出宣選二目與夏竦所據唐切韻同。余案巴黎藏伯二〇一四號韻書卷子，姜亮夫先生曾影寫載入瀛涯敦煌韻輯中，跋謂：「本卷大體皆唐末五代刊本。知者，以第三葉之背有清泰五年正月六字一行，清泰乃唐廢帝年號也。」姜氏又云：「據伯里和目錄共九紙，余所得者僅七紙而實九面。」重規案：余游巴黎，諦觀其卷，知清泰五年為一狀文用作襯裱紙之文字。首敘起居，兼申陳謝，末云：「伏維亮察，謹狀。清泰五年五月廿五日□吏燉煌令呂□。」考後唐廢帝清泰僅二年，五年已及後晉高祖天福三年（西元九三八年），正朔改移，邊邑僻遠，往往不知，不足為異。其襯裱廢紙為五代時物，則原卷必在五代以前。又姜所未見第八、九二紙，余得補抄，第九葉末署「大唐刊謬補闕切韻一部」。其第四紙三十仙之後，有三十一宣。惜上聲殘缺，不能確知猶韻之後有無選韻。然卷本出五代以前，而署號大唐、其為唐代流行之韻書，自無可疑。唐人據切韻增補注釋、添益韻部，愈後愈繁，守温所據及夏竦所本之唐切韻，殆皆當日流行之此類韻書。韻學家分析等第輕重，依韻書製圖，其源亦必甚早。觀此卷撰人自署為述，知內容多有所本。如辯宮商徵羽角例，與玉篇廣韻附錄頗同；脣舌牙齒喉音字母分類與斯五一二卷唐寫本歸三十字母例相合。卷中辨明類隔，特引詩云：「在家疑是客，別國卻為親」。注云：「多見上流，不明此語，身說多般，故注釋於後」。此尤足明詩語乃守温以前所傳之歌訣，類隔亦守温以前所傳之門法。大抵字母等韻之學，源流茫昧，後人每疑其晚起。然觀此卷四等重輕例如高交嬌澆、觀關勸涓等，幾全與宋人切韻指掌圖、韻鏡吻合。此卷確然為唐人之撰述，則指掌圖、韻鏡必本於唐人舊製，殆無可疑。此如四聲八病之說，本盛於六朝初唐，而早期著述多歸湮沒，僅流傳轉述於宋人詩話中，學者亦或疑宋人鑿空為之；然自見日本空海文鏡秘府論所載六朝初唐人聲病之著述，其真相遂大白於世。今此卷雖非完璧，亦足以辨明等韻門法之淵源，有關韻學者甚鉅，是則劉羅諸先生傳播考訂之功為不細矣！

新抄P二〇一二卷

南梁漢比丘守溫述

脣音 不芳並明　舌音 端透定泥是舌頭音 知徹澄日是舌上音　牙音 見君溪群來疑等字是也　齒音 精清從是齒頭音 審穿禪照是正齒音　喉音 心邪曉是喉中音清 匣喻影亦是喉中音濁

定四等重輕兼辯聲韻不和無字可切門

高。此是喉中音濁於四等中是第一字與歸審穿禪照等字不和若將審穿禪照中字為切將高字為韻定無字可切但是四等喉音第一字總如高字例也。

交。此字是四等中第二字與歸精清從心邪中字不和若將精清從心邪中字為切將交字為韻定無字可切但是四等第二字總如交字例也

審高反　精交反。是例諸字也

四等重輕例　平聲

高古豪反　交肴　嬌宵　澆蕭
觀古桓反　關刪　勬宣　涓先
樓落侯反　(無)　流尤　鏐幽
裒薄侯反　(無)　浮尤　淲幽
擔都甘反　鵮咸　霑鹽　敁添
丹多寒反　譠山　邅仙　顛先
呣亡侯反　(無)　謀尤　繆幽
齁呼侯反　(無)　休尤　烋幽

上聲

䡓歌旱反　簡產　蹇獮　蠒銑
埯烏敢反　黤檻　掩琰　魘琰
滿莫伴反　矕潸　免獮　緬獮
杲古老反　姣巧　矯小　皎篠

乙去聲

○旰古案反　諫韻　建願　見霰

○岸五旰反　鴈諫　羨線　硯霰

乙入聲

○勒郎德反　畧麥　力職　歷錫

○刻苦德反　緙麥　隙陌　喫錫

○[illegible]奴德反　搦陌　匿職　溺錫

○特徒德反　宅陌　直職　狄錫

○□呼德反　赤陌　□包職　□欠錫

△俚徒呈反　綻襉　纏線　殿

△半布判反　撲　扮相　變線　遍借奇　ゝ正上聲

乙北布德反　蘗麥　逼職　壁錫

乙械古德反　革麥　棘職　擊錫

乙忒他德反　坼陌　勑職　惕錫

乙餩烏德反　餲陌　憶職　益昔

乙墨莫德反　麥ゝ韻　密職　覓錫

類集　以上寫於卷背倒數第六紙

□□□□　精清從心邪審穿禪照
九字中字只有兩等重輕聲歸精清心從
邪中字與歸　審穿禪照兩等中字
第一字不知若將歸精清從心邪中爲切將
歸審穿禪照中一第字爲韻定無字何
尊生反舉一例諸也又　審穿禪照中
字却與歸精清從心邪　兩等字中第
一字不知若將審穿禪照中字爲切將歸
精清從心邪中第一字爲韻定無字
□切　生尊反　舉一例諸也

重規案以上寫於卷背倒數第三紙字大草書

○兩字同一韻憑切定端的例

○諸（章魚反）○辰（常隣反） ○禪（市連反）○朱（章俱反）○承（署陵反） ○賞（書兩反）

○菹（側魚反）○神（食隣反）○潺（士連反）○傷（[illegible]俱）○繩（食陵反） ○爽（踈兩反）

○聲韻不和切字不得例

○切生○聖僧 ○床高 ○書堂 ○樹木 ○草鞋 ○仙客

○夫類隔切字有數般須細辨輕重方乃明之（引例於後）

○如都教切罩 ○他孟切牚 ○徒幸切瑒（此是舌頭舌上隔） ○如方美切鄙

○芳逼切愊 ○符巾切貧 ○武悲切眉（此是切輕韻重隔） ○如父問切忿

○鋤里切士（此是切重韻輕隔） ○恐人只以端知透徹定澄等字為類隔迷於此理故舉例以更須子細々々

○詩云在家疑是客 別國却為親（以多見上流不明此語負說多般故詳釋於後）

○在家疑是客 ○（即是類隔僧韻切也如韻中都江切椿字迷者言都字歸端字椿字歸知）字云眷屬不用字生疑或不知端字與知字俱是一家故言在家疑是客也

○別國却為親 ○（緣都字歸端字椿字歸知字歸處不同 ○便成別國雖歸處不同其切椿字是的親之故言別國却為親也）

辯宮商徵羽角例

○欲知宮舌居中 ○欲知商口開張 ○欲知徵舌柱齒

○欲知羽撮口聚 ○欲知角舌縮却

辯聲韻相似歸處不同

○不風楓佩方戎反 ○封葑㚎犎崶封－府容反 ○飛扉緋非斐甫微反
○跗膚夫趺鳺鈇～甫無反 ○分汾坌饙～府文反 ○垂之～方勇反 ○匪棐蜚篚非尾反
○甫斧俯府俌腑～方矩反 ○粉方吻反 ○反阪皈返坂府遠反 ○腹膚妃反
○諷方鳳反 ○沸疿誹～方未反 ○廢癈方肺反 ○販畈方願反 ○富方副反 付賦傅方遇反
○福腹複幅輻蝠踾輹～方六反 ○弗紱髴蔽紼不郙甶韍～分勿反 ○髮發泼颩匚
方代反 ○孛紑鴀不～甫鳩反 ○糞奮～方問反 ○方邡枋坊匚肪趽～府倉反 ○蕃藩匪扣反
○芳豐豐酆灃僼～敷融反 ○峯鋒蜂烽～敷容反 ○霏非妃菲芳非反 ○敷敷孚
鄜俘芳無反 ○芬芬紛氛～撫文反 ○棒～敷隴反 ○斐悱斐蜚～敷尾反 ○弣方武反
忿魵敷粉反 鈗～峯妃反 ○瞷豐～敷鳳反 ○費歸方未反 ○肺柹方廢反 ○嬔娩恢
瘦嬔～芳万反 ○赴訃芳遇反 ○蝮覆複複傷～芳福反 ○拂拂茀刜艴
枝鬚歸敷勿反 ○怫～拂伐反 ○忿瀵～芳問反 ○芳妨滂敷方反 ○翻番翻幡□□反

糸

規案以上寫於卷背倒數第二紙

P二〇一二守温韻學殘卷

白楮，十一紙，兩面佛畫。背面有韻書三截，一截題南梁漢比丘守温述。劉復收入敦煌掇瑣中，間有失誤，因臨抄如右。

漢代爵位制度試釋

廖伯源

目錄

序言

中國大一統皇朝之建立，就政治制度而言，廢封建置郡縣爲其關鍵，然功在國家之臣不能不有所賞賜，新爵位制度乃由此而產生。新爵位制度與周代封建之爵位制度之最大不同點，在於周爵制之受封國者在政治與軍事上獨立於宗主國，造成列國並峙之局面；而新爵制之受封國者但食租稅，不與政治，受中央政府之控制。就行政系統而言，新爵制下之封國與縣實無異處，新爵位制度乃爲中央集權政治而設計者。郡縣制度爲主，新爵位制度爲輔，成爲君主專政之中央集權國家之基礎。秦漢二朝建立起疆域空前龐大之中央集權國家，實賴此二制度實施運用之得宜。項羽滅秦，大封諸王，其無繼秦之後，建立中央集權皇朝之心，而只欲達到齊桓、晉文霸主地位之意，甚爲明顯；其昧於時勢，至其所封諸王皆爲私利而叛之，卒以此敗亡。漢高祖參透此中形勢，除爲承認已成之勢力外，不封異姓之王；漢五年誅項羽後至十二年崩，七年之間，所作主要爲淸除異姓諸侯王。至其封建諸子爲王，似有違建立中央集權國家之政策，然其實有不得不然者。漢初羣臣皆從龍之士，其才具足以興邦致亂者，不知凡幾，若不封諸子於外爲藩輔，恐繼嗣之君不能控制諸功臣而喪亂隨之而起也。然諸侯王之疆土權力終爲中央集權之阻礙，故自文帝已開始削弱諸侯王，終於武帝之世用主父偃之策而竟其功，主父偃策畧之成功，却在其對爵位制度之利用。漢高祖之承襲秦爵制，功臣皆封爲列侯，封侯爲漢天子所擅，列侯只隸屬於漢天子而不屬諸侯王，列侯不與其所食國之政事而由漢政府置國相爲之治，國相且監視列侯，列侯完全受漢政府之控制。另一方面，列侯從漢政府獲得巨大之經濟利益及崇高之身份地位，漢皇朝之存亡興衰，與列侯之利益息息相關；爲其自身之利益，列侯勢必維護漢皇朝之安全，此是漢高祖承襲秦爵而封功臣爲列侯之用意之一也。及主父偃推恩分封之策令諸侯王分其國封諸庶子爲列侯，列侯隸屬於漢天子，侯國屬漢郡，諸侯王國乃日漸削弱，數十年來諸侯王過强，威脅中央政府之大問題乃徹底解決，此爵位制度對漢代政治影响之顯例也。

漢高祖所任用皆是功臣列侯，功臣列侯同事日久，利益一致，自成一集團，在漢初勢力雄厚，對朝政之影响極大，然終於冰消瓦解，在武帝以後宰割任由天子。其何以不能保持其政治勢力，成爲一人專制政治過度發展之阻力，此亦可於列侯制度見之。爵位制度爲身份之等級制度，列侯除身份之高貴外，並有食邑以食租賦，但列侯制度却沒有規定列侯在政治上確定不變之權力。列侯能否參與政治，不由其制度規定，而視天子之任用與否，雖然漢初丞相皆以列侯任之，但此只是漢天子在列侯集團勢力大時對其利用安撫之措施，及列侯集團之勢力衰弱，隨即更改。

自漢初始，漢政府對列侯之控制越來越緊，而列侯之地位及經濟之利益也越來越低，參與政治之機會更是越來越少，由此角度去觀察中國一人專制政治之形成與發展，將會對中國之政治型態有所了解。而且關內侯以下之其他爵級，由於賜爵賣爵之故，平民有爵者極爲普遍。對爵位制度之研究可從而了解漢代之社會，地方行政與乎經濟狀況。

對漢代爵位制度之研究分爲二部份，第一部份爲漢代爵位制度之考釋，考其淵源，內容與演變。第二部份爲爵位制度與政治之關係，明其與政治之相互影响。第一部份之研究已經完竣，今所發表者是也；分前論與上下二篇，前論考漢代爵位制度之淵源，上編爲列侯制度之考釋，下編爲關內侯以下十九等爵制度之考釋。至於第二部份爵位制度與政治之關係，已完成一部份，其他將會陸續寫出，以與第一部份互相佐證。

本文爲筆者在新亞研究所之畢業論文，由嚴耕望師指導。又曾多次問學於徐復觀師，獲益不少，特誌於此。

廖伯源　一九七三年一月十七日

前論　二十等爵淵源畧論

漢代之爵位是二十等爵。漢書卷十九上百官公卿表曰：

「爵，一級曰公士、二上造、三簪褭、四不更、五大夫、六官大夫、七公大夫、八公乘、九五大夫、十左庶長、十一右庶長、十二左更、十三中更、十四右更、十五少上造、十六大上造、十七駟車庶長、十八大庶長、十九關內侯、二十徹侯，皆秦制。」

二十等爵本秦制，漢承襲之。二十等爵之創設，可上溯至商鞅變法。自周室東遷，五霸迭興，諸侯國互相併吞；到戰國時，七雄並峙，戰爭頻繁，而且規模越來越大，各國皆欲富國强兵。秦孝公任用商鞅，於孝公三年（紀年前三五九年）開始變法（見史記卷五秦本紀），變法內容有關於爵位制度者，史記卷六十八商君列傳曰：

「有軍功者，各以率受上爵……宗室非有軍功論，不得爲屬籍。明尊卑爵秩等級，各以差次名田宅。臣妾衣服以家次。有功者顯榮，無功者雖富無所芬華。」

其內容大概有三點：

一、賜予爵位之唯一標準是軍功，雖宗室無軍功不得有爵。

二、爵分等級，而且等級尊卑分明。

三、賜田宅之多少，社會地位之高低，乃至其服飾皆由其爵級之高低而決定。

若與漢代二十等爵比較，以上三點可說是二十等爵之基本精神，因此說二十等爵應當上溯到商鞅變法。商鞅變法之後，執法嚴厲，秦公室諸公子無軍功不得享有爵位，地位大降，對政治的參預隨之減少，秦之君主專政之中央集權亦逐漸形成。而將士爲取得爵位及與爵位與俱之各種利益，皆勇於戰陣，故秦兵强於天下，始皇帝業之基礎奠定於商鞅變法。

商鞅變法雖然制定二十等爵之基本精神，但二十等爵是否成於商鞅之時，尚待考證。二十等爵恐非突然創造，而是經過長期改良發展而成。遠在商鞅變法之前，二十等爵之部份爵號已見於史記。如卷五秦本紀曰：「寧公卒，大庶長弗忌、威壘、三父廢太子而立出子爲君。」秦出公元年爲紀年前七〇三年，此二十等爵爵號見於史記之最早者。稍後有「庶長鮑」（見於史記卷十四十二諸侯年表）、「庶長將兵拔魏城」、「左庶長城南鄭」、「庶長鼂殺懷公」、「庶長改迎靈公太子，立爲獻公，誅出公。」（皆見史記卷十五六國年表）近人曾資生謂商鞅變法以前庶長非爵號，而多由諸公子爲之，參預政治，故能擅權廢立。及商鞅變法以後，立相制，庶長始不關實際政權，轉化爲左庶長、右庶長、駟車庶長與大庶長之四爵。（見曾資生中國政治制度史第二冊第五篇）其他二十等爵之爵號見於商鞅變法以前者，齊、魯有關內侯，魏、趙、楚有五大夫，（曾著第一冊第六篇）秦有不更（曾著第二册第五篇）。秦創新爵制，或者借用了他國之官爵名號。商鞅變法之後，秦國爵號增多。如商鞅爲左庶長、大良造、列侯。秦惠王時有庶長疾、庶長章，昭襄王時有左更白起、五大夫禮、中更胡陽，（皆見史記卷五秦本紀）惠王時又有右更（史記卷七十一樗里子列傳）、不更（後漢書卷八十六南蠻西南夷傳）。前引史記商君列傳謂商鞅制定之爵位制度內容之一是爵分等級，既分等級，則爵號非一，而且商鞅變法後爵號增多，故可以肯定商鞅變法在提出二十等爵基本精神之同時，亦借用秦或他國之官爵名號，制定有若干等級之爵位制度。然其爵制是否與漢書百官公卿表所述之二十等爵相同，仍是疑問。下文試引史記及商君書以考之。

史記卷六十八商君列傳曰：「（秦孝公十年，）以鞅爲大良造，將兵圍魏安邑，降之。」

卷五秦本紀曰：「（秦惠王）十三年，庶長章擊楚於丹陽……（秦武王三年）使甘茂、庶長封伐宜陽……（昭襄王六年，）庶長奐伐楚……十四年，左更白起攻韓、魏於伊闕……十五年，大良造白起攻魏。」

卷七十九范雎列傳曰：「（秦昭襄王）使五大夫綰伐魏，拔懷。」

上述領兵官皆稱爵號，有官、爵不分之跡象。商君書境內篇第十九曰：

「（征戰有功，論盈，則行賞，）故爵公士也，就爲上造也；故爵上造，就爲簪褭，就爲不更……故客卿、相論盈，就正卿，就爲大庶長（註一）；故大庶長，就爲左更；故四更也，就爲大良造。」

謂有戰功則得進爵。所提及爵位之名號如公士、上造、簪褭、不更、左更、大良造、大庶長皆二十等爵爵號，而客卿、相、正卿插在中間。又史記卷七十三白起列傳曰：

「昭王十三年，而白起爲左庶長……其明年，白起爲左更……起遷爲國尉……明年，白起爲大良造。」

國尉非二十等爵之爵號而夾在中間。由二段引文看，客卿、相、正卿、國尉與公士等爵號並無分別。至此可作二解釋：一是客卿、相、正卿、國尉是爵號，此說證據不足，且相、尉在秦代無疑是官號。二是客卿、相、正卿、國尉非爵號，若此，則官爵混淆，可以互通。從上述二解釋，都可以說起碼在商鞅死後四十餘年（註二），秦國之爵位制度與漢書百官公卿表所謂「皆秦制」之二十等爵有差別。其時秦國之官、爵尚沒有完全分離，爵位不但是高貴身份之表示，而且含有職責之意思。二十等爵非成於商鞅之手甚明。但商鞅變法時制定含有二十等爵精神之爵位制度，以後秦爵大概是以此爲基礎，不斷改良。史記卷六秦始皇本紀謂始皇二十八年作琅邪台，立石刻曰：「『列侯武城侯王離、列侯通武侯王賁、倫侯建成侯趙亥、倫侯昌武侯成、倫侯武信侯馮毋擇。』」列侯之外又有倫侯。曾資生中國政治制度史第二冊第五篇謂「爵制二十等，每一等之中，當又有一定的級數。」其意即謂列侯與倫侯同屬爵級之第二十級，兩者之間又有高下之分。倫侯不見於他處，不能作較中肯之解釋，按漢代爵制第二十級爵但稱列侯，無倫侯之目。恐怕是秦爵制相當複雜，漢代爵制只採用其一部份，而非全部承襲。

商鞅變法以後，秦爵位制度之內容究竟如何，有不可詳考者，然部份情形，亦可由古籍中見之。商君書境內篇第十九曰：

「故爵五大夫，皆有賜邑三百家，有賜稅三百家。」

商君書之作者近人有疑之者（註三）。即使商君書是商鞅本人所作，據商君書以論秦制度亦不穩當，因爲書中所述可能只是著作者之政治理想，並不一定已實現於政治之中。故上引商君書謂五大夫賜邑三百家，不一定是秦制度，但在統一中國以前，秦有以食邑賜予列侯，則可見於史記：

卷五秦本紀曰：「（秦孝公二十二年，）封（衛）鞅爲列侯，號商君。」

卷六十八商君列傳曰：「衛鞅既破魏還，秦封之於、商十五邑，號爲商君。」

卷七十二穰侯列傳曰：「（秦昭王）乃封魏冄於穰，復益封陶，號曰穰侯。」

卷八十五呂不韋列傳曰：「莊襄王元年，以呂不韋爲丞相，封爲文信侯，食河南雒陽十萬戶。」

三人皆是在秦滅六國前，以列侯受賜食邑者。始皇統一中國之後，則賜功臣以賦稅。史記卷六秦始皇本紀謂始皇二十六年李斯議天下皆爲郡縣，「『諸子功臣以公賦稅重賞賜之，甚足易制。』」爲秦始皇所接納。是秦統一中國後，擁有高爵者得食賦稅。至於賜食之方法如何，則不可知。

秦爵是否世襲，可見資料甚少。史記卷七十二穰侯列傳：穰侯免相國，就封邑，「卒於陶，而因葬焉，秦復收陶爲郡。」按穰侯免相國時在政治上失勢。穰侯之爵位是否傳後，不得而知。卷七十九范睢蔡澤列傳曰：范睢封爲應侯，及蔡澤入秦說范睢曰：讓賢則可「『長爲應侯，世世稱孤。』」卷八十七李斯列傳：趙高說李斯立胡亥曰：「『高……管事二十餘年，未嘗見秦免罷丞相功臣有封及二世者也，卒皆以誅亡。』」按其時李斯爲列侯。趙高此語明顯暗示出秦制丞相功臣封侯得世襲，然秦王無道，誅殺丞相功臣，故無有能傳二世者。所以趙高接着又說曰：「『君聽臣之計，即長有封侯，世世稱孤。』」綜上所述，秦制大概列侯得以世襲，關內侯以下無考。

秦列侯在滅六國前有食邑，在統一中國後則得賜食賦稅，而且世襲，此與漢代列侯制度相似。漢書百官公卿表謂二十等爵「皆秦制」，非無據也。

上編　列侯制度試釋

二十等爵之最高一等是列侯。漢書卷十九上百官公卿表曰：

「徹侯，金印紫綬，避武帝諱曰通侯，或曰列侯。」

據漢書百官公卿表，丞相、太尉金印紫綬，至御史大夫，雖位上卿，僅是銀印青綬。列侯是爵，與丞相、太尉、御史大夫等官銜雖不能相提並論，但由其印綬，可以看出其地位在御史大夫之上，與丞相、太尉略相等。史記卷十孝文本紀曰：

「孝景皇帝元年十月，制詔御史：『……其與丞相、列侯、中二千石、禮官具為禮儀奏。』」

列侯名次在中二千石之上，百官公卿表注引臣瓚曰：「茂陵書，御史大夫秩中二千石。」此又可見列侯在御史大夫之上。然此是西漢初期之情形，後御史大夫由於實際掌執政務，地位漸升，乃凌越列侯之上，但列侯位次始終高於中二千石（註四），此在規定之禮儀中可見。

後漢書續志卷五續禮儀志曰：「歲首為大朝，受賀……公、侯璧，中二千石二千石羔。」

續志卷三十續輿服志曰：「佩雙印……乘輿、諸侯王、公、列侯以白玉，中二千石以下至四百石皆以黑犀。」

列侯是爵，沒有行政責任，在行政系統中沒有地位（詳後文），而且自西漢到東漢，列侯對政治之影响力漸漸減弱，但列侯在禮儀中及社會上之地位並不因此降低，因為爵位制度本就是身份的等級制度，與參與政治與否無關。列侯表示最高之榮譽身份，所以張良受封爲留侯後，乃曰：「『封萬戶，位列侯，此布衣之極，於良足矣。』」（史記卷五十五留侯世家）列侯除表示崇高之身份外，尚有其他特權，如食邑之賜予及相當程度對政治之參與。但也正因爲其身份力量有異於平民，漢政府對列侯也有某些特別限制，下文以次論之。

第一章　列侯受封之資格及侯國之封法

嚴耕望師秦漢地方行政制度第一章論列侯受封之資格曰：

「封侯資格先後非一。據班固釐定，其類有三，曰武功臣，曰王子，曰外戚恩澤，是也。」

商鞅之制定新爵位制度，其目的是想富國强兵，樹立君主專政之中央集權政治。其封爵之對象只是軍功臣，王子與外戚恩澤皆不與焉。及至承平時期，封侯由賞賜軍功擴大到賞賜功勞，不一定限於軍功。但對封侯之功勞，要求仍相當嚴格，如漢書卷六十八金日磾傳：昭帝欲封金建，霍光難之，「上笑曰：『侯不在我與將軍乎？』光曰：『先帝之約，有功迺得封侯。』」霍光引用漢高祖白馬之盟，以拒絕昭帝之欲封金建。至於王子侯及外戚恩澤侯之所以受封，是根據其身份。如身份爲王子、外戚、丞相、降者、公主子及宦官，其身份特殊，不可能冒充。所以皇帝對於其所寵幸而無功又無外戚恩澤之身份者，只能想辦法加其功勞，以功臣侯之名義封之。如漢書卷九十三董賢傳曰：

「（哀帝寵愛董賢，）欲侯賢而未有緣，會待詔孫寵，息夫躬等告東平王雲后謁祠祀祝詛……於是令躬、寵爲因賢告東平事者，迺以其功下詔封賢爲高安侯。」

哀帝欲侯董賢，以賢不應封侯之科，故以他人之功附賢，乃得封之。丞相王嘉疑其非是，乃與御史大夫賈延上書請暴露董賢等奏東平王雲祝詛之奏章，「『延問公卿大夫博士議郎，考合古今，明正其義，然後乃加爵土，不然恐大失衆心。』」（見卷八十六王嘉傳）可見封侯資格執行之嚴。卷九十三淳于長傳：長來往通語兩宮，使趙飛燕立為皇后，成帝德之，乃以長前奏請罷作昌陵為功，封之為列侯。後漢書卷五十四楊震傳謂故朝陽侯劉護之再從兄劉瓌以婚安帝乳母王聖女伯榮，乃得紹封為朝陽侯。楊震上奏以為「『不稽舊制，不合經義。』」安帝以乳母故，欲封劉瓌，然苦無籍口，乃以其再從兄劉護前此無子國絕，因以瓌紹封，然護尚有同產弟威見在，紹封依次輪不到劉瓌。列侯國絕，紹封與否純為皇帝私恩，而列侯之始封，則起碼要有封侯之理由，故寧可忽視紹封之非正，亦不願無理由而封侯。可見封侯之資格即使在東漢已破壞，仍然有多少約束力。下文依次論漢代封侯之資格。

秦漢地方行政制度第一章論封功臣侯曰：

「漢高祖方謀出關，即從韓信之言定封功之策（見史記卷九十二淮陰侯列傳）……及既統一中國，乃論功行封。訖於十二年，侯者凡百四十三人，具詳漢書高惠高后文功臣表（卷十六）。並與羣臣作白馬之盟，立非功不侯之誓，事見史記漢興以來諸侯年表敘（卷十七）及高祖功臣侯表敘（卷十八）。其後，景有吳楚之事，武宣興胡、越之伐，亦循舊約，封爵將帥，詳漢書景武昭宣元成功臣表（卷十七）。光武中興，亦大封功臣，凡一百二十七人，明帝四人，章帝二人，和帝一人，安帝十四人，順帝三人，沖帝三人，桓帝十七人，靈帝二十四人，獻帝一百三十七人，詳見錢大昭後漢書補表卷三、四（見二十五史補編）。」

又論封王子侯曰：

「高、惠之世已有王子封侯之制。及武帝從主父偃之謀，行推恩之令，王國分支爲侯者爲數極多。其後……代有封建……東漢承之。」

漢王子封侯之制爲武帝所利用，其時因諸侯王疆土過大，威脅中央，防碍中央集權之君主專政；又鑒於景帝時强削諸侯王疆土而引起七國之亂，乃採用主父偃推恩分封之策，使諸侯王分土封其庶子，故自武帝以後，王子侯數量特別多。

秦漢地方行政制度第一章論封外戚恩澤侯曰：

「恩澤之屬……外戚、丞相、降者，是也。外戚之侯始於高后。」

按外戚之侯，可上推至高帝時。漢書卷九十七上外戚呂后傳曰：

「高祖呂皇后父呂公……高祖爲漢王元年，封呂公爲臨泗侯。」

漢書外戚恩澤侯表列高祖時外戚恩澤侯者三人，即呂公及呂后兄呂澤、呂釋之。呂后二兄皆有軍功，可以功臣侯視之。（周呂侯呂澤及建成侯呂釋之，司馬遷列之爲功臣，見史記卷十八高祖功臣侯者年表。）至於呂公，漢書卷十八外戚恩澤侯表曰：「臨泗侯呂公，以漢王后父賜號。元年封，四年薨。」高祖在平定天下定封以前所封賜皆非實封，故此處謂呂公「賜號」臨泗侯。但名義上仍是封以侯爵，所以漢書補注引齊召南曰：「史表所無，然漢世后父封侯，權輿於此。」自高祖始到東漢末，每代皆有封外戚爲侯，至有不封，反引以爲奇。後漢書卷十上皇后紀曰：

「建初元年，欲封爵諸舅，太后（明德馬皇后）不聽。明年夏，大旱，言事者以爲不封外戚之故。有司因此上奏宜依舊典……（章帝）復重請曰：『漢興，舅氏之封侯猶皇子之爲王也……』……四年……帝遂封三舅廖、防、光爲列侯。」

恩澤侯中之以丞相而封侯者。秦漢地方行政制度第一章曰：

「丞相封侯始於公孫弘……其後以爲故事。而潛夫論三式篇云：『建武乃絕。』」

按漢書卷五十八公孫弘傳曰：

「（弘）元朔中代薛澤爲丞相。先是漢常以列侯爲丞相，唯弘無爵，上於是下詔曰：『……封丞相弘爲平津侯。』其後以爲故事，至丞相封自弘始也。」

謂至丞相才封侯自公孫弘始，然申屠嘉前此拜相時才封爲列侯。史記卷九十六張丞相列傳曰：

「（孝文元年，嘉賜爵關內侯。後）乃以御史大夫嘉爲丞相，因故邑封爲故安侯。」（漢書卷四十二申屠嘉傳，補注引齊召南曰：「漢初丞相俱以功臣已封列侯者爲之。嘉本功臣而由關內侯爲相，則破格之事也。後因丞相封侯，遂起於此。」）

拜丞相才封爲列侯以申屠嘉始。申屠嘉拜相前已爵爲關內侯，爵位已高，其封列侯不過進爵一級而已；且其曾從高祖，有軍功，故其封侯，人以爲理所當然。若公孫弘者，則無尺寸之功，由白衣而至丞相封爲列侯，特別顯著，故後人多論之。公孫弘以後成爲故事，丞相皆封爲列侯。至成帝綏和元年，置大司馬、大司空與丞相並爲三公，三公皆封爲列侯。漢書卷十成帝紀曰：

「綏和元年……夏四月，以大司馬票騎大將軍根爲大司馬，罷將軍官。御史大夫爲大司空，封爲列侯。益大司馬、大司空奉如丞相。」

丞相封爲列侯，只是西漢制度。秦漢地方行政制度引潛夫論三式篇謂此制度「建武乃絕」（王符潛夫論卷四三式第十七），是也。東漢三公不再是封侯之資格。

漢高祖起於草莽而爲天子，只不過是羣豪之首而已，同時起事者雖爲臣屬，勢不能不以爵祿安撫之。且高祖出身低微，與儒生隔膜，所用儒生不多，所親所用多同時起事之功臣，即位後自然地任功臣以政事。而功臣列侯同事日久，利益一致，也自然成一勢力集團，對漢初的政治影响非常大；丞相爲百官之首，掌理萬機，輔佐天子，功臣列侯在勢力雄厚時，自不會放棄丞相之職位。而皇帝爲國家之安定，政事易於推行，也不得不任功臣列侯爲丞相。（註五）因此，漢初丞相到申屠嘉止，全部是高祖功臣；申屠嘉之後又全部是功臣子孫，直至公孫弘止。其時功臣列侯經歷數世，力量已衰減，而漢天子之正統地位也穩如泰山。武帝要樹立絕對的一人專政，掌理萬機之丞相首當其衝，武帝極力損害丞相權力，所用丞相，但能阿指恭順，至於是何出身，則不計及。由於習慣上丞相皆是列侯，故對本非列侯者在拜相時也封爲列侯，成爲西漢制度。及光武中興，其時劉氏爲天子之觀念已深入人心，光武與功臣之關係也大異於高祖與功臣之關係。且光武出身儒生，儒生自漢武以後數量大增，參與政治也多，光武平定天下之後，鑒於西漢權臣之把持朝政，故不任功臣以政事而任用儒生，也不再封侯以崇高丞相之地位。

秦漢地方行政制度第一章又曰：

「降者封侯始於景帝，見景武昭宣元成功臣表叙（卷十七）。後漢循之，亦封降豪，見後漢書補表三。」

所謂降者，是指邊疆民族之歸順者。漢代之邊疆民族對漢代政治影响很大，將專文論之。此處不贅。

秦漢地方行政制度第一章又曰：

「皇女封縣公主者，傳其子爲侯，見後漢書皇后紀。（卷十下）」

公主子襲母爵爲侯之制，不見於西漢史籍。史記卷十一孝景本紀曰：「（景帝五年五月）丁卯，封長公主子蟜爲隆慮侯。」據漢書卷九十七上外戚孝文竇皇后傳，此長公主即竇后女館陶長公主嫖。蟜封侯時長公主尚在，蟜非襲母爵可知，與東漢之公主子襲公主爵邑不同。西漢是否有公主子襲母爵爲列侯之制度，不可知。

秦漢地方行政制度第一章又曰：

「東漢中葉以後又頗封宦者，亦皆恩澤之類也。」

按宦者以恩澤封侯，始自高后。史記卷九呂太后本紀曰：

「（高后八年）封中大謁者張釋爲建陵侯。」

漢書卷十八外戚恩澤侯表謂「建陵侯張釋，寺人，以大謁者勸王諸呂，侯。」勸王諸呂事詳史記卷五十一荆燕世家。漢書卷三高后紀補注引錢大昭曰：「恩澤侯（當作宦者封侯）自張澤卿始，張卿、張釋，傳表互見。」（見錢大昭漢書辨疑卷一，此文稍異，且有刪削。）先謙曰：「古釋、澤同字。」東漢宦者封侯始於鄭衆，衆佐和帝誅大將軍竇憲，以功「封爲鄛鄉侯，食邑千五百戶。」及後孫程等十九人誅閻顯，立順帝；單超等誅梁冀，皆封侯。（見卷七十八宦者列傳）其有功皇室，視之功臣侯可也。然羣宦因此把持朝政，「手握王爵，口含天憲」。到靈帝之時，宦者竟以任久依例封侯。卷七十八宦者列傳呂强傳曰：

「靈帝時例封宦者，以强爲都鄉侯。」

爵位制度徹底破壞，東漢之亡，已見其徵矣。

綜上所述，兩漢之列侯受封之資格可分爲功臣、王子、恩澤三大類，此班固漢書侯表所分也。恩澤又分外戚、丞相、降者、公主子及宦者。此分法據秦漢地方行政制度。

侯國之封法，秦漢地方行政制度第一章曰：

「西漢封侯，多者數萬戶，少者或至百餘戶，是其制以戶數爲斷，差次功勞而酌予之，固無疑也。然既畧準食戶以定疆域，即以區域爲限矣。」

定封後以疆域爲準，侯國疆域內之戶口增長歸侯所有，其證見原書。至東漢侯國之封法，則曰：

「光武封侯……以戶數爲限，不以里數爲準也……列侯所食或僅爲其國境戶口之一部份，故鄉亭等侯更不必特劃所封鄉亭別立爲國。」

東漢封侯既以戶數爲限，列侯不一定食其國境內之全部戶口，則侯國境內戶口之增長與侯無關。且鄉亭侯不「劃所封鄉亭別立爲國。」但向令長領取其應得之稅賦而已。

第二章 列侯之等級

秦漢地方行政制度第一章曰：

「西漢列侯僅縣侯一等，或雖食僅一鄉，然皆離故縣而獨立，至於爵位，更無殊判也。東漢則有縣侯、鄉侯、亭侯之別……此外有都鄉侯……又有都亭侯……至於此等侯之地位高低……縣侯最高，都鄉侯次之，鄉侯又次之，都亭侯再次之，亭侯最低。」

東漢列侯分縣侯、都鄉侯、鄉侯、都亭侯、亭侯五等，或是根據受封時之功勳或親近及戶口之多少而劃分，故以所食戶數來說，大致上是縣侯最多，以次遞減，亭侯最少（註六）。而在朝廷之位次上，又有特進侯、朝侯、侍祠侯、猥諸侯之等級。後漢書續志卷二十八續百官志本注曰：

「舊列侯奉朝請在長安者位次三公。中興以來，唯以功德，賜位特進者次車騎將軍。賜位朝侯，次五校尉，賜位侍祠侯，次大夫。其餘以肺腑及公主子孫奉墳墓於京師者，亦隨時見會，位在博士、議郎下。（章懷注引胡廣制度曰：是爲猥諸侯。）」（註七）

「特進」是加官，所加限於列侯。「特進」之詳細情形，下面兩漢特進表可見之。

兩漢特進表

賜位特進者之姓名	賜位特進者之爵位	封侯之時間	賜位特進之理由	賜位特進之時間	出處
許廣漢	平恩侯	地節三年	立皇太子，以皇太子外祖父	地節三年	卷九十七上、卷七十一
王禁	陽平侯	初元元年	女立爲皇后	初元元年	卷九十八、卷二十七中上
許嘉	平恩侯	初元元年	罷免大司馬車騎將軍，以特進就朝位	建始三年八月	卷九十七下、卷十八、卷十九下
王譚	平阿侯	河平二年六月乙亥	成帝舅	陽朔三年	卷八十五、卷九十八、卷十八、卷十九下
張禹	安昌侯	河平四年六月丙午	爲丞相，以老病乞骸骨，許之，罷就第，朝朔望。	鴻嘉元年	卷八十一、卷十九下
王商	成都侯	河平二年六月乙亥	成帝舅	永始元年	卷十八、卷九十八、卷八十五、卷十九下

王立	紅陽侯	河平二年六月乙亥	成帝舅	永始二年	卷九十八、卷十八、卷十九下
薛宣	高陽侯	鴻嘉元年四月庚辰。永始二年免，其年復封	以丞相免，後復爵加寵	永始二年	卷八十三、卷十八、卷十九下
傅晏	孔鄉侯	綏和二年四月	女爲哀帝皇后，傅氏既盛，晏最尊重	綏和二年四月後月餘	卷十八、卷十九下、卷九十七下
王莽	新都侯	永始元年五月乙未	以大司馬避哀帝外家，乞骸骨。罷。安車駟馬就第	綏和二年十一月	卷九十九上、卷十八、卷十九下
傅喜	高武侯	建平元年正月丁酉	以不從傅太后指，王莽嘉之	元壽二年	卷八十二、卷十八、卷十二
孔永	崇祿侯	元始五年閏月丁酉	爲大司馬乞骸骨，以特進就朝位	始建國五年	卷九十九中
唐林	建德侯	天鳳四年五月	爲師友祭酒，有名譽	天鳳四年五月。封侯同時。賜位特進。	卷九十九下
紀逡	封德侯		爲諫議祭酒，有名譽		
王匡	褒新侯		太師		卷九十九下以上西漢，見漢書

樊宏			世祖之舅	建武元年	卷三十二
李通	固始侯	建武二年	上司空印綬，罷，以特進奉朝請	建武十二年	卷十五、卷一下
鄧禹	高密侯	建武元年	爲右將軍，其後左右將軍官罷，以特進奉朝請	建武十三年	續志卷七、卷十六、卷一下
賈復	膠東侯	建武元年	爲左將軍，罷左右將軍官，以列侯就第，加位特進	建武十三年	卷十七、卷一下
竇融	安豐侯	建武八年	免大司空	建武廿一年	卷二十三
郭況	陽安侯	建武二年	顯宗即位，以光武郭皇后兄弟	光武中元二年	卷十上、卷二
陰識	原鹿侯	建武元年	顯宗即位，以帝舅爲執金吾，位特進	光武中元二年	卷十上、卷二、卷三十二
陰就	新陽侯	建武九年	顯宗即位，以帝舅爲少府，位特進	光武中元二年	卷十上、卷二、卷三十二
竇固	顯親侯	光武中元元年	有軍功	永平十七年	卷二十三
馬廖	順陽侯	建初四年	明德馬皇后兄，以章帝舅爲衛尉，自求免，以特進就第	建初四年，封侯之後。	卷二十四、卷十上
馬防	潁陽侯	建初四年	明德馬皇后兄，以章帝舅爲車騎將軍城門校尉，自求免，以特進就第		
馬光	許陽侯	建初四年	明德馬皇后兄，以章帝舅爲執金吾，自求免，以特進就第，帝特親愛之	建初八年後	卷二十四

竇篤	郾侯	永元二年	竇太后兄弟	永元三年	卷二十三
竇景	汝陽侯		竇太后兄弟，爲執金吾，不法，免官，以特進就朝位		
陰綱	吳房侯	永元八年	女爲和帝皇后	永元八年封侯之後	卷三十二、卷四
梁棠	樂平侯	永元九年冬	和帝親政，以帝舅	永元九年冬，封侯以後	卷三十四、卷四、續志卷十五
梁雍	乘氏侯				
梁翟	單父侯				
鄧騭	上蔡侯	建光元年	太后崩，以太后弟	建光元年封侯之後	卷十六
鄧康	夷安侯	永初六年	爲太僕，有方正稱，名重朝廷，以病免	順帝立後陽嘉三年之前	卷十六
伏晨	不其侯	（嗣侯）	女孫爲順帝貴人		卷二十六
梁商	乘氏侯	永建元年	女爲皇后，妹爲貴人	陽嘉元年	卷三十四
孫程	浮陽侯	延光四年	病甚，加位特進	陽嘉元年	卷七十八、卷六
胡廣	安樂鄉侯	本初元年	爲司空，告老致仕，位特進	元嘉元年	卷四十四、卷七
曹騰	費亭侯	本初元年	定策立桓帝功，遷大長秋	（封侯之後）	卷七十八、卷七

趙戒	廚亭侯	本初元年		元嘉二年十二月見	卷二十七、卷七
鄧演	南頓侯	永興中	女爲采女，絕幸	永興中	卷十下
趙典	廚亭侯	(桓帝時嗣侯)	尊爲國師		卷二十七注
曹節	育陽侯	建寧元年	免車騎將軍，復爲中常侍	建寧二年	卷七十八
朱儁	錢塘侯	光和元年	以軍功拜右車騎將軍，還京師，爲光祿大夫，加位特進	光和二年	卷七十一
袁逢	安國亭侯	(桓帝時嗣侯)	爲司空，(光和二年免司空)執金吾，薨，加號特進	(薨後)	卷四十五、卷八
劉寬	逯鄉侯	(薨前)	薨後賜位特進	中平二年	卷二十五
楊賜	臨晉侯	中平元年	爲尚書令，出爲廷尉，固辭，以特進就第	封侯之後中平二年九月之前	卷五十四 以上東漢，見於後漢書
			爲司空，薨後追位特進	中平二年九月	

附釋例：

一、西漢封侯之年份，可查之侯表，然其賜位特進之年份則要考之紀傳；而後漢書闕侯表，二者皆無可查，考之紀傳，史文多無明言，須曲折考證，然後得之。如王立賜位特進之年份，漢書卷九十八元后傳曰：「特進成都侯（王）商代（王）音爲大司馬衛將軍，而紅陽侯（王）立位特進領城門兵。」王立賜位特進在王商爲大司馬衛將軍之時。漢書卷十九下百官公卿表：王商爲大司馬衛將軍在永始二年，由此知王立賜位特進之年份。又如後漢書卷十六鄧禹傳曰：「其後左右將軍官罷，（鄧禹）以特進奉朝請。」考之光武紀，左右將軍官罷於建武十三年，乃知鄧禹賜位特進之年份爲建武十三年。故本表注明之出處若同一人有數條，則當數條結合參考，方能得之。

二、東漢初列侯多徙封。此表封侯之時間以最早者爲準，但若在更始時受封則不計算在內。

三、有封侯及賜位特進之時間無考者，然以史文之先後及文理可斷定封侯在賜位特進之前。如伏晨嗣父爲侯，不知其年份，後其以「女孫爲順帝貴人」而賜位特進。女孫爲貴人，則伏晨之年齡不小，推測其嗣侯之年份在賜位特進之前。又如趙典，其嗣父爲侯後始歷任九卿，注謂其尊爲國師乃賜位特進，其嗣侯當在賜位特進之前。

四、有其年份無考者，然史文同時謂其爲列侯及位特進，如鄧演「爲南頓侯位特進」，則視其賜位特進時已是列侯。

五、表，傳不同者，如漢書卷八十三薛宣傳謂宣免丞相，「後二歲……徵宣，復爵高陽侯，加寵特進」。漢書卷十八外戚恩澤侯表謂其「永始二年……免，其年復爵。」卷十九下百官公卿表亦曰：永始二年免相。表謂免官爵之同一年復爵，傳謂後二年。從表。

「特進」於兩漢書可見者最早爲許廣漢。許廣漢爲宣帝許皇后父。宣帝立許后子爲太子，后父廣漢爲平恩侯，位特進（卷九十七上外戚孝宣許皇后傳）。考之宣帝紀，宣帝立太子在地節三年。是兩漢可考之特進，最早見於地節三年。

由兩漢特進表可見，西漢特進十五人，東漢特進三十三人，除樊宏一人外，全部是列侯。後漢書卷三十二樊宏傳曰：

「樊宏……世祖之舅……世祖即位，拜光祿大夫，位特進，次三公。建武五年封長羅侯。」

光武即位時天下大局尚未可知，正須將士效命之際，諸大功臣始得封侯，功小者仍不得封。樊宏外戚無功，故初不得封侯，及建武五年，天下粗定，乃封爲長羅侯。然其前此位特進，非列侯而加特進，時戰亂之際，無制度可言，以例外視之可也，就上表可以說，特進限加之於列侯。下列史料亦可見之。

後漢書續志卷二十八續百官志本注曰：「列侯……中興以來唯以功德賜位特進者次車騎將軍。」

後漢書卷四和帝紀章懷注曰：「漢官儀曰：諸侯功德優盛，朝廷所敬異者，賜位特進。」

蔡邕獨斷卷下曰：「徹侯……功德優盛，朝廷所異者，賜位特進。」

和帝紀注所謂「諸侯」即是列侯，蔡邕獨斷且明謂徹侯。因爲特進例只加之於列侯，故史書之稱謂有不稱其侯而但稱特進者，如：

後漢書卷四和帝紀曰：「（永元）十四年……六月辛卯，廢皇后陰氏，后父特進綱自殺。」

卷五安帝紀曰：「建光元年……五月……特進鄧騭……自殺。」

卷六十一黃瓊傳曰：「（桓帝欲褒崇大將軍梁冀。）特進胡廣……等咸稱冀之勳德。」

卷七桓帝紀曰：「（元嘉）二年……十二月，特進趙戒爲司空。」

卷八靈帝紀曰：「（中平）二年……九月，特進楊賜爲司空。」

皆是只稱之爲特進，考陰綱、鄧騭、胡廣、趙戒、楊賜皆在賜位特進前已是列侯（參見兩漢特進表），固不可以此而誤會「特進」可加於列侯之外其他官爵之上。

由兩漢特進表可見，凡賜位特進者，其身份地位都是比一般列侯高貴，其中外戚所佔比例很大。西漢特進十五人中，外戚八人。（按傳喜亦外戚，然其賜位特進時傳氏已敗，其位特進非因其爲外戚也，故不計入。）東漢特進三十三人，十七人爲外戚。兩漢之特進都是外戚佔一半以上。其他是曾經任高官者。

由兩漢特進表所見之「賜位特進」者，無有任三公或大司馬大將軍等輔政之職者。身任輔政之職者不加賜特進，因其地位已崇高，又可以其官職留在京師並參與政事，不必由加賜特進得之。加賜特進者都是皇帝所寵異，然以某些理由不得任輔政之職，乃加賜特進以崇其位或使留在京師參與政治，如王譚、王商、王立兄弟，本可輔政，以輔政之職已有人選，乃加賜特進。漢書卷八十五谷永傳曰：

「上諸舅皆修經書，任政事，平阿侯譚年次當繼大將軍鳳輔政……鳳病困，薦從弟御史大夫音以自代，上從之，以音爲大司馬車騎將軍領尚書事。而平阿侯譚位特進領城門兵。」

主譚加位特進領城門兵，而王商則「位特進領城門兵得舉吏如將軍府。」（卷八十五杜鄴傳）不得爲大司馬大將軍輔政而加位特進使領城門兵及得舉吏如將軍府，使其地位得比大將軍並得參與政事。又如東漢之功臣鄧禹、李通、賈復等，皆以光武不欲任功臣以政事而罷其官，然其功大，故賜位特進以高其位並使留於京師以及參與朝政。至有曾爲輔政高官，以老病乞骸骨或其他理由而罷官，然寵未衰，不欲使離開京師就國，乃加位特進。例如：

漢書卷八十一張禹傳曰：「（禹爲丞相封安昌侯，）鴻嘉元年，以老病乞骸骨，上加優再三，迺聽許……以列侯朝朔望，位特進，見禮如丞相，置從事史五人。」

卷九十九中王莽傳曰：「大司馬孔永乞骸骨，賜安車駟馬，以特進就朝位。」

卷九十七下外戚許皇后傳曰：「后父嘉自元帝時爲大司馬車騎將軍輔政已八、九年矣。及成帝立，復以元舅陽平侯王鳳爲大司馬大將軍與嘉並……久之，上欲專委任鳳，迺策嘉曰：『將軍家重身尊，不宜以吏職自絫。賜黃金二百斤，以特進侯就朝位。』」

後漢書卷二十三竇融傳曰：「（建武）二十年 ，大司徒戴涉坐所舉人盜金下獄。帝以三公參職，不得已，乃策免融，明年加位特進。」

卷四十四胡廣傳曰：「拜司空，告老致仕，尋以特進徵。」

兩漢之列侯甚多，武帝以後例遣之國，對於特別親近及尊重者，乃加特進之號，使得居於京師，而地位只稍次於宰相等輔政之職，以示特別寵異或欲使之參與朝政，此在上文已可見之，下再舉數例以更明之。

漢書卷八十一張禹傳曰：「（禹罷相，以安昌侯居家。）禹雖家居，以特進，爲天子師，國家每有大政，必與定議。」

卷八十四翟方進傳曰：「（司隸校尉涓勳奏言丞相薛宣）『甚誖逆順之理……願下中朝，特進列侯、將軍以下正國法度。』」

後漢書卷六冲帝紀曰：「詔三公、特進侯、卿、校尉舉賢良方正幽逸修道之士各一人。」

賜位特進得與定議國家大政，參與廷議論丞相是否合法，又得爲舉主選舉人材，可見列侯賜位特進則可以參與政治。按一般之列侯間中亦得參與廷議及選舉，但到東漢時，列侯參與此二種政治活動之機會已極少，以列侯身份參與者，主要是特進侯，此在後文列侯之身份地位一章將會論及。

特進侯身份比一般列侯高貴，上文已有所述，今再舉數例以更明之。

後漢書卷四十三何敞傳注曰：「臘賜大將軍、三公錢各二十萬（續禮儀志注作三十萬、見註釋二十三）……特進侯十五萬，卿十萬……見漢官儀也。」

卷七桓帝紀曰：「（建和）二年春正月甲子，皇帝加元服……賜……公主、大將軍、三公、特進侯、中二千石……帛各有差。」

續志卷三十續輿服志曰：「天子、三公、九卿、特進侯，侍祠侯祀天地明堂。」

特進侯所得賞賜多於九卿，列侯之國，多不得賞賜，即得賞亦遠少於特進侯。特進侯居於京師，得參與天子之祭祀。此外，特進侯之地位崇高，更可從列侯卒後賜位特進見之。由兩漢特進表可見劉寬、袁逢、楊賜皆死後賜位特進。賜位特進本是對親近或尊重之列侯之加號，久之，「特進」成爲尊重之名號，對某些死去之列侯也賜予以表示榮寵。

漢初公卿皆以功臣列侯任之，且列侯皆居於京師，故對漢初朝政有很大的影響。然到武帝之世，列侯經歷數世，在政治上勢力大衰，宰割任由天子，例遣之國。但對特別親近或尊重之列侯，則使居於京師，加特進之號，提高其地位或使參與朝政。特進之出現，顯示出列侯之政治力量已不足重視。

前引後漢書續百官志本注謂西漢列侯奉朝請，在長安者位次三公。按「奉朝請」，加官也。漢書卷六十五東方朔傳：武帝姑館陶長公主嫖自謂得「奉朝請」。卷六十杜延年傳：延年子緩，「以列侯奉朝請，成帝時乃薨。」東漢亦有加官爲奉朝請者，後漢書卷二十一任隗傳：隗嗣父爲列侯，有名譽，「顯宗聞之，擢奉朝請。」關於東漢「奉朝請」之史料尚多，例如：

後漢書卷四和帝紀曰：「（永元三年，）賜諸侯王、公、將軍、特進、中二千石、列侯、宗室子孫在京師奉朝請者黃金。」（注曰：「奉朝請，無員，三公、外戚、宗室、諸侯多奉朝請，漢律春曰朝，秋曰請。」）

續志卷二十七續百官志曰：「河南尹一人，主京都，特奉朝請。」

「奉朝請」不但加於列侯，且加於三公、外戚、宗室及河南尹，凡加奉朝請則可留於京師，朝請天子。後漢書續百官志本注只提及西漢列侯奉朝請，而不提及東漢，却謂東漢有朝侯。後漢書中可見列侯奉朝請者不少，疑續百官志本注所謂「朝侯」即是列侯奉朝請之稱號。蔡邕獨斷卷上曰：「朝侯，諸侯有功德者天子特命爲朝侯。」後漢書卷三十九劉般傳曰：劉般爲居巢侯，永平十年「還爲朝侯」。又卷十七岑彭傳曰：交阯太守錫光以郡屬漢，封爲列侯。集解，惠棟引華陽國志謂「世祖嘉其忠節，徵拜爲大將軍朝侯祭酒。」（見華陽國志卷二漢中志）若此條可靠，則京師之朝侯有其首長，稱爲「朝侯祭酒」。

前引後漢書續百官志本注謂列侯有賜位侍祠侯者，侍祠侯之例子可見如下：

後漢書卷三十九劉般傳曰：「（般爲杼秋侯，建武）二十年復與車駕會沛，因從還洛陽……留爲侍祠侯。」

卷三十五張奮傳曰：「（張奮嗣父純爲列侯，）永平四年隨例歸國……十年……來朝……引見宣平殿，應對合旨，顯宗異其才，以爲侍祠侯。」

卷十六鄧禹傳曰：「（鄧康紹封兄良國爲列侯，）以侍祠侯爲越騎校尉。」

劉般是宗室；鄧康是太后從兄，外戚；而張奮則與皇室無戚屬關係，是爲侍祠侯之資格只是列侯，不必是宗室或外戚。侍祠侯皆留於京師，從「侍祠侯」之名稱看，恐是由其得參與皇室之祠祀而得名。續志卷三十續輿服志曰：

「天子、三公、九卿、特進侯、侍祠侯祀天地明堂。」

侍祠侯得參與祠祀。

前引後漢書續百官志本注謂「以肺附及公主子孫奉墳墓於京師者，亦隨時見會。」章懷注引胡廣制度曰：「是爲猥諸侯。」（註八）猥諸侯是以宗室、外戚、公主子孫之身份留於京師之列侯。續百官志本注謂其「亦隨時見會」，卷十六鄧禹傳注引漢官儀謂其「亦隨時朝見。」是特進侯、朝侯、侍祠侯、猥諸侯皆居於京師，得以「隨時朝見」，其餘依例歸國之列侯則居於其封邑中。續志卷三十續輿服志注引胡廣曰：

「車駕巡狩幸其國，諸侯衣玄端之衣，冠九旒之冕，其盛法服以就位也。今列侯自不奉朝請，侍祠祭者，不得服此。皆當三梁冠，皁單衣，其歸國流黃衣皁云。」

是就國之列侯之地位，較留於京師之朝侯、侍祠侯之屬爲低。

西漢列侯只有縣侯一級。中葉以後，對於親近或尊重之列侯加銜「奉朝請」或「特進」，使居於京師，參與政治。及至東漢，列侯初封時分縣侯、都鄉侯、鄉侯、都亭侯、亭侯五等。封定之後而由其朝位之高低，與皇帝關係之親疏及參與政治權力之大小，又可分爲特進侯、朝侯、侍祠侯、猥諸侯及歸國之列侯五等。

第三章 統隸關係及列侯之封拜

一 統隸關係

秦漢地方行政制度第一章論述侯國之統隸關係曰：「侯國爲縣級行政單位。其在漢初，郡及王國中皆領有之。」而大約在文景之世，則確定王國例不轄侯國之制度。然「西漢末年，此種王國不轄侯國之限制是否存在，頗有問題……若以東漢之制例之……侯國所食既非本侯國內之全部戶數，東漢封王本準戶數而封者，可能國王亦不一定盡食本國之全部城戶，王食有餘，則不妨有侯國在境，王食不足，則徙封侯國於他郡也。」東漢侯國有領轄於王國者，亦有轄於郡者。侯國爲縣級行政單位，故在地方行政系統中有所謂統隸關係。至於列侯本身是爵位，只有漢天子才可以封賜，而列侯也只隸屬於漢中央政府。漢書卷二十四上食貨志謂朝錯說文帝曰：「爵者，上之所擅。」注，師古曰：「擅，專也。」是即封爵乃天子所專。史記卷一百一十八淮南衡山列傳謂孝文帝六年，有司論淮南厲王長罪狀有：「賜人爵關內侯以下九十四人。」又漢書卷五十三景十三王傳謂江都王建所爲非法，「置……拜爵封侯之賞。」諸侯王賜人爵關內侯以下，即構成其罪，賜人列侯更加非法矣。此制在漢高祖時已有。漢高祖與功臣刑白馬曰：非功不得侯。所謂功臣者，有功於漢之臣也，而是否有功於漢，是由漢天子以其標準衡量，是只有漢天子才可以封賜列侯。史記卷五十二齊悼惠王世家曰：

「（齊王肥子）哀王三年，其弟章入宿衞於漢，呂太后封爲朱虛侯……後四年，封章弟興居爲東牟侯，皆宿衞長安中。」

漢初，齊與漢最親，所封最爲大國，而其王子弟亦要由漢封爲列侯。其他武帝以前由漢所封之諸侯王子弟甚多，可見於史記、漢書之世家、列傳。若諸侯王有封侯之權力，則不勞漢天子矣。及至漢武帝行主父偃推恩分封之策，則最爲明顯。史記卷二十一建元已來王子侯者年表曰：

「制詔御史：『諸侯王或欲推私恩分子弟邑者，令各條上，朕且臨定其號名。』」

漢書卷五十三中山靖王勝傳更明之曰：

「令諸侯以私恩自裂地分其子弟，而漢爲定制封號，輒別屬漢郡。」

諸侯王以私恩自裂國土分予其子弟，亦要由漢天子制定號名，封侯爲天子所擅，至爲明顯。且所裂土地既立爲侯國之後，即別屬漢郡而不屬王國矣。王國經漢中央政府有計劃之侵削，到西漢末，「諸侯惟得衣食稅租，不與政事……勢與富室亡異。」（漢書卷十四諸侯王表）更無封侯賜爵之能力。至於東漢，秦漢地方行政制度第一章論東漢封諸侯王曰：「但豐其衣食，無復藩輔之意義矣。」東漢諸侯王亦但食租稅，其無能力封侯，自不待言。而由後漢書諸王傳可見諸王子弟封爲列侯皆由漢天子所封，絕無例外。

漢列侯要朝貢天子，漢書卷六武帝紀曰：

「（元封五年）春三月，還至泰山……因朝諸侯王、列侯。」

卷十五上王子侯表曰：

「東莞侯吉……（元朔）五年，痼病不任朝，免……重侯擔……元狩二年坐不使人爲秋請，免。」

有痼病不任朝與不使人爲秋請，爲免侯之理由，是列侯要朝請天子之證也，漢書卷八宣帝紀曰：

「神爵元年……六月……詔曰：『……其令諸侯王、列侯……當朝二年者皆毋朝。』」

謂「當朝」，則有「不當朝」者，列侯之朝天子，或是若干年輪流一次，細思之，是也。古代交通不便，列侯之封國有遠在瀕海江南之地，遠離京師；若每年都要到京師朝請，則其奔波跋涉之日多，安居其國之日少，諒無是理。然據上引王子侯表重侯擔條，大概列侯不當朝之年亦要使家臣朝請。列侯又要貢獻天子，下列例子可見之：

漢書卷九十九上王莽傳曰：「（羣臣議益莽封滿百里，莽謝曰：）『臣莽國邑足以共朝貢。』」

卷九十一貨殖列傳曰：「秦漢之制，列侯封君食租稅……朝覲聘享出其中。」

卷十五上王子侯表曰：「建成侯拾……元鼎二年坐使行人奉璧、皮薦賀元年十月，不會，免。」

皆是列侯要朝貢天子之證。列侯以酎金助天子祭祀是列侯朝貢天子之具體事例。後漢書續志卷四續禮儀志曰：

「八月，飲酎上陵。」（章懷注引丁孚漢儀曰：「酎金律，文帝所加。以正月旦作酒，八月成，名酎酒，因合諸侯助祭貢金。漢律金布令曰：皇帝齋宿，親帥羣臣承祠宗廟。羣臣宜分奉請，諸侯、列侯各以民口數，率千口奉金四兩奇，不滿千口至五百口亦四兩，皆會酎，少府受。又大鴻臚食邑九眞、交趾、日南者用犀角長九寸以上，若瑇瑁甲一；鬱林用象牙長三尺以上，若翡翠各二十，準以當金。」）

所謂飲酎，是祭祀宗廟。丁孚漢儀謂酎金律是文帝所加，史記卷十孝文本紀謂景帝元年十月詔書有「高廟酎」、「孝惠廟酎」等語，是孝景元年已有飲酎之證。及武帝時擊胡開邊，國用匱乏；卜式入財，又願父子效死，武帝乃褒賞卜式，布告天下，欲天下法之也。然「天下莫應，列侯以百數，皆莫求從軍擊羌、越。至酎，少府省金，而列侯坐酎金失侯者百餘人。」（史記卷三十平準書）而漢書卷六武帝本紀曰：

「（元鼎）五年……九月，列侯坐獻黃金酎祭宗廟不如法奪爵者百六人。」

今考漢書侯表，以酎金失侯者，王子侯表六十八人，高惠高后文功臣表二十一人，景武昭宣元成功臣表七人（註九），外戚恩澤侯表四人，共一百人；其中在元鼎五年失侯者九十人（註十），而前引武帝本紀謂百六人，或是侯表有遺漏（註十一）。又前述酎金律是文帝所加，考之漢書侯表，以酎金失侯者最早在武帝元鼎五年，最遲在宣帝五鳳四年。除不知其失侯年份之六人及宣帝時二人外，其餘以酎金失侯者全部在武帝朝。此並不說明其他漢朝皇帝不行酎金律，而是執法之態度問題。既然稱為助祭貢金，有如送禮，正常的情形下都不會以黃金色惡或少了一點而加以懲罰，除非是少得太多，皇帝認為其有輕視向天子貢獻之意。如在宣帝朝以酎金失侯之二人皆是。漢書卷十五上王子侯表謂趙敬肅王子朝節侯義孫「侯固城嗣，五鳳四年坐酎金少四兩，免。」廣川繆王子襄隄侯聖「地節四年坐奉酎金斤十兩少四兩，免。」據前引續禮儀志注，食邑五百口以上酎金四兩，千口以上率每千口四兩。少金四兩，所少在比例上很大，故宣帝引酎金律以罰之。至於在武帝朝者，則但謂「坐酎金，免」，並不語及所少若干。由元鼎五年以酎金失侯者之多，大概武帝苛其律，計較於毫厘之間，而武帝之所以反常，是憤怒於天下列侯皆不支持其開邊之政策，故趨極端。此在前文言之詳矣。在後漢書及錢大昭之後漢書補表找不到有東漢列侯坐酎金失侯之例子，但却不可因此謂後漢已不行酎金律，因爲上引後漢書續禮儀志已明謂東漢有飲酎之禮。而所以找不到以酎金失侯之例子者，東漢沒有性格如武帝之皇帝。再者，所見西漢列侯以酎金免廢者，絕大部份是只見於漢書之侯表，後漢書却沒有侯表，司馬彪之續志亦付闕如。至於錢大昭之後漢書補表作於清代，所用資料主要是後漢書，後漢列侯數百，如食租之地主，其失侯非大事也。凡後漢書記載列侯失侯之原因者，都是其在政治上有表現，及其失勢，則順筆記其失侯。至於散布各地食租之列侯，其失侯無關宏旨，後漢書不贅也。後漢書既缺，則其事隱於後世矣。

列侯要以酎金助天子祭祀宗廟，即是要向天子朝貢。是列侯隸屬於天子之明證。以酎金失侯者有王子侯、功臣侯、恩澤侯，是所有列侯皆隸屬於漢天子。

二　列侯之封拜

列侯既然只是漢天子才有權封賜，亦只臣屬於漢天子，在漢中央政府，有專主列侯之官職。漢書卷十九上百官公卿表曰：

「主爵中尉，秦官，掌列侯。景帝中六年更名都尉。武帝太初元年更名右扶風……列侯更屬大鴻臚。」

武帝太初元年以前列侯屬主爵中尉（都尉）所掌，以後更屬大鴻臚。大鴻臚本稱典客，其官司演變見下列資料：

百官公卿表曰：「典客，秦官，掌諸歸義蠻夷，有丞。景帝中六年更名大行令。武帝太初元年更名大鴻臚，屬官有行人……武帝太初元年更名行人爲大行令。」

史記卷十一孝景本紀曰：「（中六年四月）更命……大行爲行人。」

由上文可推知，典客本有屬官大行。景帝中六年改典客爲大行令，則改其屬官大行爲行人，至武帝太初元年更名大行令爲大鴻臚，而原先是大行令屬官之行人改稱爲大行令。（註十二）列侯於武帝太初元年更屬大鴻臚後，大鴻臚之屬官大行令主要職掌之一大概就是主掌列侯。漢書卷六十八金日磾傳曰：秺侯金日磾傳子金賞，無子國絕。王莽封金賞弟建孫金當爲秺侯，以奉日磾後。而「當母南即莽母功顯君同產弟也，當上南大行爲太夫人。」列侯母稱爲太夫人。金當以支庶上繼大宗，其母不得稱太夫人。金當恃與王莽有親戚關係，故上其母名於大行，欲著於籍錄，使其母爲太夫人。此大鴻臚屬官大行令掌列侯之證。又漢書卷七十三韋賢傳，賢爲丞相封扶陽侯，及賢病篤，嗣子弘以職事廢下獄，罪未決，賢不肯別立後，賢門生與家人「共矯賢令，使家丞上書言大行，以（賢少子）大河都尉玄成爲後……徵至長安。既葬，當襲爵，以病狂不應召，大鴻臚奏（補注，先謙曰：官本奉作奏，是。）狀。」列侯薨，嗣子是何人，得上書言之於大行。及玄成佯狂不肯襲爵，大鴻臚上奏言其狀。是大鴻臚掌列侯，乃總領其事，而關於列侯之實際事務，則由其屬官大行令負責，又漢書卷五景帝紀曰：

「（景帝中）二年春二月，令……列侯初封及之國，大鴻臚奏……策，列侯薨……大行奏諡誄。」

按列侯在武帝太初元年才由屬主爵都尉轉屬大鴻臚，在景帝時列侯仍屬主爵中尉（都尉）。此云大鴻臚奏策，大行奏諡誄，或是以武帝太初元年以後官制說景帝時事，（註十三）或是典客（即大鴻臚）及大行本就担任這些職掌，故武帝改主爵都尉爲右扶風時，就理順成章地把列侯改屬大鴻臚，此是推測，事實如何，無考。

東漢承襲西漢之制，列侯屬大鴻臚，後漢書續志卷二十五續百官志本注曰：

「（大鴻臚）掌諸侯……皇子拜王，贊授印綬；及拜諸侯、諸侯嗣子及四方夷狄封者台下，鴻臚召拜之。」

（按此條將王及諸侯並列，諸侯指列侯無疑。）

卷一上光武本紀曰：

「（建武）二年春正月……庚辰，封功臣，皆爲列侯……下詔曰：『……其顯效未酬，名籍未立者，大鴻臚趣上，朕將差而錄之。』」

卷四和帝紀曰：

「（永元）三年……十一月……詔曰：『曹相國後容城侯無嗣……大鴻臚求近親宜爲嗣者，須景風紹封，以章厥功。』」

是東漢大鴻臚主掌列侯之證，然大鴻臚，卿也，但總領其事，列侯之實際事務仍如西漢一樣，是由其屬官大行令主之。如東觀漢紀卷十三張純傳：張純爲武始侯，病篤，謂家丞翕曰：不欲傳後。及薨。「大行移書問嗣，翕上（純子）奮，詔封奮。」

大鴻臚主列侯之封拜，上列數例已見之。正常情形，受封者由大鴻臚在京師召而封拜之。然某人能否受封爲列侯，則決定於天子。在西漢，先由丞相等朝議討論，再由天子作最後決定。下詔使大鴻臚封拜之。史記卷五十七絳侯周勃世家曰：

「（周亞夫爲丞相，竇太后欲景帝侯皇后兄王信，）景帝曰：『請得與丞相議之。』丞相議之。亞夫曰：『高皇帝約「非劉氏不得王，非有功不得侯，不如約，天下共擊之。」今信雖皇后兄，無功，侯之，非約也。』景帝默然而止。其後匈奴王〔唯〕徐盧等五人降，景帝欲侯之以勸後，丞相亞夫曰：『彼背其主降陛下，陛下侯之，則何以責人臣不守節者乎？』景帝曰：『丞相議不可用。』乃悉封〔唯〕徐盧等爲列侯。亞夫因謝病。」

是在漢初，封侯與否，丞相之議決權甚大，但最後之決定權仍在天子。此制度在西漢保持不廢，以下例證可見之。

漢書卷七十陳湯傳曰：「（甘延壽爲西域都護，與陳湯矯制而誅滅匈奴郅支單于，有功。）初，中書令石顯嘗欲以姊妻延壽，延壽不取。及丞相、御史亦惡其矯制，皆不與湯……論功，石顯、（丞相）匡衡以爲延壽、湯擅興師矯制，幸得不誅，」（不可加以爵土。）「元帝內嘉延壽、湯功而重違衡、顯之議，議久不決……於是天子下詔曰：『……其赦延壽、湯罪勿治，詔公卿議封焉。』議者皆以爲宜如軍法捕斬單于令；匡衡、石顯以爲郅支本亡逃失國，竊號絕域，非眞單于。元帝取安遠侯鄭吉故事，封千戶，衡、顯復爭，迺封延壽爲義成侯，賜湯爵關內侯，食邑各三百戶。」（至成帝時，議郎耿育上書論此事曰：）「『先帝……數使尚書責問丞相，趣立其功，獨丞相匡衡排而不予，封延壽、湯數百戶。』」

卷七十一平當傳曰：「（太后姊子淳于長來往通語兩宮，使趙飛燕得立爲皇后，成帝甚德之，故籍議罷昌陵，封之爲侯。〔見卷九十三淳于長傳〕）上既罷昌陵，以長首建忠策，復下公卿議封長。（光祿勳平）當又以爲長雖有善言，不應封爵之科。坐前議不正，左遷鉅鹿太守。後上遂封長。」

平當謂淳于長不應封爵之科，所謂封爵之科，即是封爵之條件。陳湯傳謂議者以爲甘延壽、陳湯「宜如軍法捕斬單于令」受封，此或是封爵之科之一，其詳已不可考。然自武帝後，諸侯王子依例多封侯，而外戚之封侯，亦成慣例，故所謂封爵之科當是主要針對功臣侯者而言。至若議封王子及外戚，但議封多少戶而已，以其受封之資格，早已肯定。淳于長雖外戚，然與皇室關係太疏，要以其他籍口封侯，以至平當得以其不應封爵之科難之。自漢初始，封侯之最後決定權在皇帝。漢初丞相權力大，故有時依理反駁，皇帝亦不得不接受。如周亞夫之反對侯后兄王信是也。元帝時丞相權力已衰，中朝官得與政事，故丞相匡衡之反對侯甘延壽及陳湯，要聯同中書令石顯。然元帝終封延壽、湯。及平當之反對封淳于長，成帝乃籍故左遷其爲鉅鹿太守，卒封長。一人專政之政治，不欲臣下反對。及至東漢，光武開國就貶抑三公之權，專制政治發展更進一步。東漢中葉以後，外戚，宦官相叠掌權，或僭越自專，或欺罔昏主，干涉破壞封侯之制度。但由朝議論功封侯之制度仍或多或少地存在。如下諸例可見之。

後漢書卷六十一黃瓊傳曰：「桓帝欲褒崇大將軍梁冀，使中朝二千石以上會議其禮。特進胡廣……等咸……以宜比周公，錫之山川土田附庸，瓊獨建議曰：『……今諸侯以戶邑爲制，不以里數爲限……冀可比鄧禹，合食四縣……』朝廷從之。」

卷五十六張綱傳：「(張綱上書劾梁氏，及綱爲廣陵太守平亂有功。)朝廷論功當封，梁冀遏絕乃止。」

卷六十四盧植傳曰：「時皇后父大將軍竇武援立靈帝，初秉機政，朝議欲加封爵。」

是東漢之封侯猶先朝議以論其宜，及外戚、宦官從中弄權行私，致其制大壞。卷三十八滕撫傳：撫領兵平亂，「不交權勢，宦官懷忿。及論功當封，太尉胡廣時錄尚書事，承旨奏黜撫，天下怨之。」卷五十八傅燮傳：燮領兵討黃巾，上書奏中官罪惡。「及破張角，燮功多當封，（宦者趙）忠訴譖之，靈帝猶識燮言，得不加罪，竟亦不封。」胡廣官任太尉錄尚書事，阿指從邪，黜抑功臣；宦者趙忠則譖於帝側，此類例子甚多。外戚、宦官之破壞，朝議封侯之制已失其原意。

朝議封侯，經天子決定後，下詔令有司行封拜之禮。如史記卷十二孝武本紀曰：

「制詔御史：『……其以二千戶封地士將軍（欒）大爲樂通侯。』」

制詔御史封侯，並非御史掌列侯之意，「制詔御史」是漢代詔書下行方式之一，此處不贅。

封侯之儀式如何，其詳已不可考。大概在封拜時賜予印綬符策。漢書卷十九上百官公卿表及後漢書續志卷二十八續百官志皆謂列侯金印紫綬。卷六續禮儀志曰：「諸侯王、列侯始封……皆令贈印璽、玉柙、銀鏤。」諸侯王之印稱璽，列侯之印稱印。封拜列侯時，即賜予印綬。此外又有符策。王符潛夫論卷四三式第十七曰：「列侯皆剖符受策。」史記卷八高祖本紀：漢六年，「乃論功，與諸列侯剖符行封。」所謂剖符，漢書卷一下高祖本紀顏師古注曰：「剖，破也。與其合符，而分授之也。」（註十四）大概符是一物分成兩半，半藏於天子，半賜與列侯，兩半相合成完整之一物，列侯持其半作爲受封之憑據之一。策即是封侯之策書，其內容可考者大致分二部份。第一部份述受封者得以封侯之原因，封於何地，名號如何，食戶多少（註十五）。其例如下。

漢書卷七十四丙吉傳曰：「制詔丞相，『朕微眇時，御史大夫吉與朕有舊恩，厥德茂焉。詩不云虖，亡德不報。其封吉爲博陽侯，邑千三百戶。』」

後漢書卷四十七班超傳曰：「（和帝永元七年下詔曰：）『往者匈奴獨擅西域……故使軍司馬班超安集于寘以西。超遂踰葱嶺，迄縣度，出入二十二年，莫不賓從，改立其王而綏其人，不動中國，不煩戎士，得遠夷之和，同異俗之心，而致天誅，蠲宿恥，以報將士之讎。司馬法曰：賞不踰月，欲人速覩爲善之利也。其封超爲定遠侯，邑千戶。』」

各列侯封侯之理由不一，名號戶邑有異，故各人不同，於其傳中可見。而史記、漢書侯表所列封侯之理由，大概就是錄自策書之此部份。故漢書卷十八外戚恩澤侯表謂丙吉「以御史大夫關內侯，有舊恩，功德茂，侯。」與前引丙吉傳所述之理由相同。至第二部份是皇帝對列侯之誓言及儆戒之訓詞，則各人一樣。可考者如下。

史記卷十八高祖功臣侯者年表曰：「封爵之誓曰：『使河如帶，泰山若厲，國以永寧，爰及苗裔。』」（註十六）

後漢書卷一上光武本紀曰：「（建武）二年春正月……庚辰，封功臣，皆爲列侯……策曰：『在上不驕，高而不危，制節謹度，滿而不溢。敬之戒之，傳爾子孫，長爲漢藩。』」

這些或者都是封侯策書第二部份之內容。列侯在受封時，接受皇帝賜予之印綬符策，此四物既是封侯之憑據及列侯身份之證物，免侯除其國時大概亦要收回，後漢書卷七十八宦者孫程傳曰：

「（宦者孫程封宜城侯，有罪免官之國。）程既到國，怨恨恚懟。封還印綬符策，亡歸京師。」

印綬符策是賜予列侯者，而在京師，天子則藏有丹書鐵券。漢書卷一下高祖本紀曰：

「（高祖崩，大臣頌高祖功德曰：）『又與功臣剖符作誓，丹書鐵券，金匱石室，藏之宗廟。』」（注引如淳曰：「金匱，猶金縢也。」師古曰：「以金爲匱，以石爲室，重緘封之，保愼之義。」補注，先謙曰：「通鑑胡注：以鐵爲契，以丹書之，謂以丹書盟誓之言於鐵券。〔見資治通鑑卷十二，漢紀四，高帝十二年。其文稍異。〕」）

所謂盟誓，當是前引封侯策書中之盟誓。高祖之爲天子，功臣之力大矣。而其時功臣勢力大，賜邑封侯以安撫之，又與誓使其國世世勿絕，以示有福同享之義，亦有使功臣不生異心，長爲漢藩輔之意也。以丹書之於鐵券，藏於金匱石室，示愼重耳。

漢初侯國有領轄於郡，亦有領轄於王國者。大約在文景之世，侯國只轄於郡而不轄於王國，然到西漢末，侯國不得轄於王國之限制是否存在，却成問題。至東漢則王國及郡皆可領轄侯國。此嚴耕望師秦漢地方行政制度說也。按漢代王國相自漢初至漢末，皆由漢中央政府委任，西漢中葉以後王國相且有監視諸侯王行爲之職責，故無論侯國轄於郡抑是轄於王國，皆是轄於漢中央政府所委任之官吏，而不轄於諸侯王。至於列侯，只有漢天子才可以封拜，要向漢天子朝貢，因而只臣屬於漢天子。在漢中央政府中，初期有主爵中尉（都尉），武帝太初元年後有大鴻臚主掌有關列侯之事務。至於列侯之封拜，先經朝議討論其可否及邑戶之多少，再由天子作最後之決定，下詔使大鴻臚行封拜之禮，賜予受封者印綬符策。由這些漢中央政府與列侯的關係看，列侯之隸屬於漢中央政府，無可懷疑。

列侯隸屬於漢中央政府，其利益與漢皇朝之安危不可分割，漢皇朝之滅亡，列侯也會隨之失去其所享有之利益。故列侯皆會盡心捍衛漢皇朝之安全。此是漢高祖採用列侯制度以封功臣之用意之一。再者，由於列侯隸屬於漢中央政府，侯國屬漢郡，故主父偃推恩分封之策得以成功推行，解決漢初諸侯王疆土過大之問題，君主專政之中央集權得以順利地建立發展。此爵位制度影响及政治之明顯例子。然其問題很大，當另作討論。

第四章　列侯之國、家

侯國爲縣級之地方行政單位。縣長官稱爲縣令或縣長，列侯所食縣改稱爲國，其長官則改稱爲相。漢書卷十九上百官公卿表曰：「改（列侯）所食國令長名相。」後漢書續志卷二十八續百官志曰：「列侯所食縣爲侯國……每國置相一人，其秩各如本縣。」陳直漢書新證卷一曰：

「直按：臨菑封泥文字叙目畧云：『列侯食縣曰國，其令長改稱侯相，縣丞曰國丞，縣尉曰國尉。十鐘山房印舉舉二，五頁，有綏仁、金鄉、石山、徵羌（徵字爲征字之誤）四國丞印。歙縣黃氏藏有同心國丞、立解國丞二印。瞿氏集古官印考證，有柳裴國尉（柳當作「抑」）、蔡陽國尉諸印是也……』（陳氏原注：此條僅畧摭原文，仍多參己意。）」（註十七）

列侯所食縣曰國，其令長改稱侯相，縣丞曰國丞，縣尉曰國尉，是也。

侯國相之職掌，秦漢地方行政制度第五章謂掌治其國，一如縣令長之治縣，又引後漢書卷二十三竇融傳及卷八十二下方術公沙穆傳，謂侯國相之職掌比縣令長多一項，即是監察列侯。

侯國相與列侯之關係，後漢書續志卷二十八續百官志本注謂侯國相「不臣也，但納租於侯。」侯國相由漢中央政府派出治理侯國，且監察列侯，謂其不臣，是也。然後漢書卷八十二下公沙穆傳曰：

「公沙穆……遷繒相，時繒侯劉敞東海恭王之後也……穆到官，謁曰：『臣始除之日，京師咸謂臣曰：繒有惡侯……故朝廷使臣爲輔。』」

侯國相到任要謁見列侯，且對列侯自稱爲臣。漢書卷九十九上王莽傳曰：新都侯王莽就國，新都相孔休「謁見莽……後莽疾，休候之。」亦是國相謁見列侯之例。大概漢封列侯，但食租稅，別遣國相治理侯國政事，侯不得干預，侯國相亦不對列侯負責，而隸屬於郡太守，故由行政上說，侯國相不臣於列侯。但列侯既受封國，雖然實際上完全沒有行政之權力而且受監視，在名義上仍然是一國之君，否則就不必改稱其所食縣爲國而令長爲相了。漢代列侯制度承襲秦制。秦列侯制度是鑑於周代所封之諸侯自成獨立國反噬宗主國，乃不與列侯權力，使不能對中央政府作絲毫反抗，但是周代諸侯之儀式，或多或少仍然保留在列侯制度中。周代之諸侯君臨其國人，則漢代列侯國之吏民稱臣於列侯亦非不可能。雖然列侯對其國之治理權已完全喪失，但這種名義上之稱謂仍然可以保留，而且正因爲列侯對其國完全沒有治理權，漢政府才放心其國人及官吏名義上對之稱臣。續百官志本注曰：「（列侯）得臣其所食吏民。」後漢書卷二十四馬防傳：馬防爲明帝馬皇后兄。馬氏敗，徙「防翟鄉侯……不得臣吏民。」卷四十二楚王英傳：楚王英反死。「建初二年，肅宗封英子楚侯種五弟皆爲列侯，並不得置相，臣吏人。」卷二十三竇憲傳：竇氏失勢，竇瓌「徙封羅侯，不得臣吏人。」三條皆謂在政治上失敗之列侯不得臣吏人，是則一般之列侯得臣吏人明矣。所謂臣吏人，或有二意思。其一是名義上其所食吏民對之稱臣。其二則是得役使其所食之吏民。漢書卷十六高惠高后文功臣表，信武侯靳亭「坐事國人過律，免。」列侯得役使其國人，固無疑問，但不得超過限制之員額。

上文列侯受封之資格及侯國之封法一章，已述東漢鄉亭侯不別立國，附食所在縣，是鄉亭侯無侯相。侯國之行政組織、制度，一如縣制，其制度見於秦漢地方行政制度第五章縣廷組織。

列侯所食之縣稱國。但封拜列侯不曰「國」列侯，却曰「家」列侯。史記卷六十三王世家：羣臣請武帝立諸子爲諸侯王，武帝「制曰：『……其更議以列侯家之。』」羣臣議謂以諸侯王子得爲列侯，「『而家皇子爲列侯，則尊卑相踰。』」武帝又「制曰：『……家以列侯，可。』」司馬貞索隱曰：「時諸王稱『國』，列侯稱『家』也。」按此或有周代「諸侯之國，大夫之家」之意，「家列侯」之「家」字，含有國之意思；不過列侯之地位、疆域皆遠小於諸侯王，故以「國」、「家」區分之。

列侯之私家亦曰「家」，陳直漢書新證卷一證侯表，引書籍記載之漢代器物有「高成侯家銅器」、「曲成家高鐙」（卷十六高惠高后文功臣表，蟲達封曲成侯）、「南皮侯家銅鐘」、「筑陽家鐙」（卷十六，蕭何子延封筑陽侯）、「隆慮家連釘」（卷十六，周竈封隆慮侯）、「平恩侯家銅鼎」、「陽信家銅鍇鏤」（卷十六，呂青封陽信侯）、「汲紹家行鐙」（卷十六，公上不害封汲紹侯）、「帜家甑」（卷十七，李朔封帜侯）。證陽陵侯傅寬曰：「有陽陵侯家行鐙，甘露四年造（拓本）。」證陽平侯王禁曰：「阮氏積古齋鐘鼎欵識卷九，二十五頁有建昭雁足鐙，後有『今陽平家畫一至三，陽朔元年賜』刻字。」又卷二謂西北大學文物陳列室有取自博望侯張騫墓之「幾何紋墓磚四方，『博望家造』陶模。」皆是列侯之家稱家之證。長沙馬王堆一號漢墓發掘簡報謂所出土的漆器上多數有文字，「文字內容有的寫明器物誰屬，如『軑侯家』」，且附有圖片爲證。漢代列侯之家稱「家」，無可懷疑矣。

列侯之家有家臣。漢書卷十九上百官公卿表謂列侯「又有家丞、門大夫、庶子。」後漢書續志卷二十八續百官志曰：

「列侯……其家臣置家丞、庶子各一人。」（本注曰：「主侍侯，使理家事。列侯舊有行人、洗馬、門大夫凡五官。中興以來，食邑千戶已上置家丞、庶子各一人，不滿千戶不置家丞，又悉省行人、洗馬、門大夫。」）

漢書百官表謂列侯有家丞、門大夫、庶子，是也。其例散見於漢書侯表及列傳，詳後文。而續百官志本注則謂西漢列侯除此三家臣之外，尚有行人、洗馬。漢書卷十五上王子侯表曰：

「建成侯拾……元鼎二年坐使行人奉璧、皮薦賀元年十月，不會，免。」

是侯之家臣有行人之證。至於洗馬，於漢書無徵。然以行人例之，續百官志本注大致不謬。或者凡是西漢列侯之家皆置家丞、門大夫、庶子三家臣，而行人、洗馬則是有特異而欲崇之以禮者，才得加置，非常制。班氏百官公卿表但書其常制，不及特異者，故闕之。然此只是推測，其眞實情形，無考。上引續百官志本注謂東漢列侯食邑千戶以上置家丞、庶子各一人，不滿千戶者不置家丞。其不滿千戶者只置庶子乎？抑是家丞、庶子皆不置，史文含糊，亦不可確知。按由後文所考，列侯之家臣以家丞之職掌爲重要，總理侯家事務，庶子之職掌反而無考，推想不置家丞，亦當不置庶子。

漢書卷一下高祖本紀曰：

「（十二年）三月詔曰：『吾立爲天子……其有功者上致之王，次爲列侯，下乃食邑，而重臣之親或爲列侯，皆令自置吏。』」

此所謂自置吏，是自置其家臣。是高祖時，列侯得自置其家臣。史記卷九十二淮陰侯列傳謂韓信欲反，「乃謀與家臣夜詐詔赦諸官徒、奴。」漢書卷十六高惠高后文功臣表曰：留侯張良子不疑嗣侯，「孝文五年，坐與門大夫殺故楚內史，贖爲城旦。」卷十五上王子侯表：葛魁侯劉戚「（武帝）元鼎三年坐縛家吏，恐猲受賕，棄市。」卷十八外戚恩澤侯表曰：周子南君姬當，「（宣帝）地節三年坐使奴殺家丞，棄市。」卷十五下王子侯表謂陵鄉侯劉訢「（成帝）建始二年坐使人傷家丞……免。」由時間看。早期列侯與其家臣關係較爲親密。韓信與其家臣共謀反漢，而張不疑與其門大夫共殺故楚內史，皆棄市滅族之大罪，非關係親密，利益一致，不能共爲之。由此推測孝文以前列侯之家臣由列侯自置。西漢後期列侯與其家臣關係較疏，且有勢成敵國者，葛魁侯劉戚在武帝時以縛家吏而得罪，周子南君姬當於宣帝時使奴殺家丞而棄市，陵鄉侯劉訢使人傷家丞而免侯。家丞與列侯之利益衝突，列侯憤而殺之，要以謀殺去解決而不能罷免之，其時家臣非列侯自置，而是漢政府爲置可知。列侯家臣西漢前期由列侯自置，後期由漢政府爲置，其轉變期間，大約在景武之際。然王子侯表謂河間孝王子陽興侯劉昌於成帝「建始二年坐……使庶子殺人，棄市。」時間在武帝之後，與上文矛盾，但却不可以此條完全否定上文；人情難測，有同處千日而不交一語者，亦有一見而頓成莫逆者，陽興侯劉昌與其庶子特別投契，亦有可能。但上文謂列侯家臣之委任權在景武間有轉移，亦不可成爲定論。資料過少，且有矛盾，只能作推測之辭。

侯國相職如縣令長，治侯國，漢代後期列侯之家臣大概是由侯相委任。請觀下列兩例。

漢書卷五十五衛青傳曰：「（衛青）父鄭季，河東平陽人也，以縣吏給事侯家……季與主家僮衛媼通，生青。」

卷六十八霍光傳曰：「霍光……票騎將軍去病弟也，父中孺，河東平陽人也。以縣吏給事平陽侯家，與侍者衞少兒私通而生去病。中孺吏畢歸家，娶婦生光。」（注，師古曰：「縣遣吏於侯家供事也。」）鄭季、霍中孺皆以平陽侯國小吏給事平陽侯家，且與侯家侍婢私通生子，則其給事侯家，當是長時間，既以縣吏（侯國爲縣級之行政單位，其吏與縣吏無異，且亦稱縣吏。）派到侯家，一定不是爲徭役苦作，大概是到侯家爲家臣。

除上述之列侯家臣外，列侯之家尚有舍人。史記卷九十二淮陰侯列傳謂韓信欲反，「其舍人得罪於信，信囚，欲殺之，舍人弟上變。」卷一百七魏其武安侯列傳則曰：灌夫父張孟「嘗爲潁陰侯嬰舍人。」卷二十八封禪書曰：李少君者，「故深澤侯舍人，主方。」漢書卷二十五上郊祀志注引如淳曰：「侯家人，主方藥也。」舍人亦當是列侯之家臣。又漢書卷五十一賈山傳：賈山「嘗給事潁陰侯爲騎。」注，師古曰：「爲騎者，常騎馬而從也。」補注，先謙引胡注通鑑曰：「騎者在侯家爲騎士。」（按資治通鑑卷十三，漢紀五，文帝前二年，胡注作「騎者，蓋在侯家爲騎從也。」與王先謙所引稍異。）史記卷一百一十一衞將軍票騎列傳曰：衞青「壯，爲侯家騎，從平陽主。」是侯家亦有騎士也。漢書卷六十五東方朔傳曰：武帝「與侍中、常侍、武騎及待詔隴西北地良家子能騎射者……微行……常稱平陽侯。」又漢書卷二十七中上五行志曰：「（成）帝爲微行出游，常與富平侯張放俱，稱富平侯家人。」 武帝、成帝之微行，起碼數十人與俱，而稱爲侯家人，是列侯之家除家臣外，尚有騎士。列侯出入，亦是前呼後擁，威儀甚盛也。後漢書續志卷二十九續輿服志曰：「列侯（出），家丞、庶子導從，若會耕、祠主，縣假給辟車、鮮明卒，備其威儀導從，事畢皆罷。」所謂祠主，祠祭宗廟之謂也。至於「耕」， 續志卷四續禮儀志曰：「正月始耕。」 注引月令曰：「天子親載耒耜，措之（于）參保，介之御間，帥三公、九卿、（諸侯、大夫）躬耕帝籍。」（注引月令篇有刪畧，今據孫希旦注禮記集解月令第六之一補括弧內之五字。）古者上農，天子亦躬耕，以示天下不可廢農事也。列侯既受封國，名義上是一國之君，故亦有躬耕之禮，且由縣給辟車及鮮明卒，以盛其威儀。由此可見，漢代列侯雖然完全沒有行政權力，且行爲亦受其國相監察，但名義上仍是一國之君，而且有家臣、騎士之屬爲其私臣，禮儀相當尊重。

列侯家臣之職掌，後漢書續志卷二十八續百官志本注曰：「主侍侯，使理家事。」史記卷一百七魏其武安侯列傳謂魏其侯竇嬰與丞相武安侯田蚡衝突，竇嬰客灌夫爲所繫，罪至族。竇嬰上書謂景帝遺詔使其得便宜論上，「而案尚書大行無遺詔，詔書獨藏魏其家，家丞封。」裴駰集解引漢書音義曰：「以家臣（常作「丞」）印封遺詔。」漢書卷十五下王子侯表謂昌鄉侯劉憲「坐使家丞封上印綬，免。」卷八十一匡衡傳：匡衡爲丞相，封樂安侯。國界不定，丞相主簿陸賜「以爲舉計令郡實之，恐郡不肯從實，可令家丞上書。」上文引韋賢傳謂賢封扶陽侯而嗣子有罪，賢怒，不肯立他子。賢門生與賢家人計議，「共矯賢令，使家丞上書言大行，以（賢少子）大河都尉玄成爲後。」後漢書卷三十五張奮傳曰：奮父純封武始侯，「臨終敕家丞曰：『……身死之後，勿議傳國。』」長沙馬王堆一號漢墓發掘簡報謂墓中「出土竹笥共四十八件……竹笥外面全部用染色的繩子纏縛，並加封泥印和系挂木簽，封泥文字多數爲『軑侯家丞』，個別作『右尉』等。」又謂出土的「陶器類型很多……出土時，硬陶罐、壺的口部用草塡塞，草外敷泥，上置封泥匣，封泥文字爲『軑侯家丞』」。並附有照片爲證。簡報推斷曰：「可以斷定這座墓是軑侯的家屬，很可能是軑侯的妻子的墓，墓中的隨葬器物是經掌軑侯家事的『家丞』檢驗查封下葬的。」天子賜列侯之詔書，由其家丞印封收藏；列侯自免，使家丞封上印綬；侯國界不定，使家丞上書；列侯未立嗣子而薨，由家丞上書言當嗣立者；至於列侯或其家屬死去，亦由家丞主理喪事，隨葬器物亦要經家丞檢驗查封然後下葬。是列侯之家丞，總理列侯家事。景武以後，列侯之家丞由漢政府爲置，則列侯之緇珠小事，皆無隱於有司，漢政府對列侯之控制，亦可謂徹底矣。至於庶子及門大夫之職掌，前引續輿服志謂列侯出，庶子導從。而後文引漢書金日磾傳：金欽謂金當曰：金賞故國君，「『使大夫主其祭。』」「大夫」當是「門大夫」之簡稱。這是庶子、門大夫職掌之僅可考者。史料所限，不能詳之。

列侯既然受封國，名義上是一國之君，則其母其妻之地位亦很高。下例可證之。

漢書卷四文帝紀曰：「七年冬十月，令列侯太夫人、夫人、諸侯王子及吏二千石，無得擅徵捕。」（注引如淳曰：「列侯之妻稱夫人。列侯死，子復爲列侯，乃得稱太夫人，子不爲列侯不得稱也。」）

列侯母稱太夫人，上文引金日磾傳謂金當上母南大行爲太夫人已可見之。至列侯妻稱夫人，漢書新證卷二證任敖爲廣阿侯曰：「直按：金石索金索五，二十頁，有『廣阿侯夫人印』。」列侯夫人印是否由漢政府所頒賜，不知，然列侯之妻稱夫人可確定矣。且列侯之母、妻之地位與諸侯王子及吏二千石等。漢書卷十五上王子侯表曰：東城侯劉遺，「元鼎元年爲孺子所殺。」注，師古曰：「孺子，妾之號也。」卷九十七上外戚衛太子史良娣傳曰：「太子有妃、有良娣、有孺子，妻妾凡三等。」列侯之妾亦稱孺子，是列侯之妻妾亦分等級也。至列侯之嗣子則稱太子，例如：

漢書卷四文帝紀曰：「二年冬十月……詔曰：『……其令列侯之國，爲吏及詔所止者，遣太子。』」（補注引周壽昌曰：「漢制王及列侯長子皆稱太子。」〔見周壽昌漢書注校補卷三。〕）

史記卷一百一十八淮南衡山列傳：「（羣臣奏淮南王長）『與棘蒲侯太子奇謀反。』」列侯之母稱太夫人，妻稱夫人，且妻妾分等級，列侯之嗣子稱太子。此外列侯國得立宗廟，且可能有社稷。漢書卷六十八金日磾傳曰：

「（金欽、金當皆在元始中繼絕世紹封爲侯。）欽因緣謂當：詔書陳日磾功亡有賞語，當名爲以孫繼祖也，自當爲父、祖父立廟。賞故國君，使大夫主其祭。時甄邯在旁，庭叱欽，因奏劾曰：『……則欽亦欲爲父明立廟而不入夷侯常廟矣。』」

按金日磾二子，長子賞嗣爲秺侯，無子國絕，次子建即金當之祖父。日磾弟倫，倫子安上，封都成侯，安上子常、明，常嗣侯，無子國絕，明即金欽之父。金當母乃王莽母之女弟。金欽教金當請爲其祖父建及父立廟，恃與王莽有親戚關係，欲以此破「支庶上繼大宗，不得顧其親」之例。然其時王莽立平帝而黜平帝親屬，金欽所言，違反王莽之政策，罪至自殺，此且不論。而由金欽教金當請爲其祖父及父立廟，加上始封國祖之廟，可知列侯宗廟之數目起碼有三。（註十八）又由甄邯叱金欽「『欲爲父明立廟而不入夷侯常廟。』」可見列侯薨，立廟，其兄弟之牌主，只得附於其廟中。

漢書卷九十九上王莽傳曰：

「（居攝元年，安衆侯劉崇舉兵，敗，誅。崇族父劉嘉詣闕自歸莽，奏曰：）『……嘉……願爲宗室倡始……馳之南陽，豬崇宮室，令如古制，及崇社宜如亳社，以賜諸侯，用永監戒。』」

按此謂社者，當是社稷之謂。社稷，土穀之神，古諸侯之國皆有社稷，列侯既封侯立國，其保留周代諸侯國立社稷之禮亦非不可能。後漢書續志卷二十八續百官志本注曰：

「諸王封者受茅土，歸以立社稷，禮也。」（章懷注引胡廣曰：「諸王受封皆受茅土，歸立社稷……至於列侯歸國者不受茅土，不立宮室。」）

王莽傳謂列侯有宮室，有社。此注胡廣謂列侯不受茅土，不立宮室。蔡邕獨斷卷下亦謂列侯「不受茅土，亦不立社也。」按古諸侯以所受茅土歸國立社稷，不受茅土，則無從立社稷。胡廣、蔡邕東漢人，其但述東漢之制歟？抑謂兩漢制度皆是如此？又後漢書續志卷九續祭祀志下曰：「郡縣置社稷，太守令長侍祠。」侯國爲縣級之行政單位，按理亦當立社稷。然史無明文，證據太少，不能作肯定之辭。

列侯所食縣曰國，置國相以治之，如縣令長之治縣，此外，侯國相尚有監察列侯之責任。但國相在名義上仍對列侯稱臣。列侯之家有家臣。西漢列侯之家臣有家丞、門大夫、庶子；東漢列侯則但有家丞、庶子，且食邑千戶以下不置家丞。西漢初列侯之家臣由列侯自置，大約在景武之際轉變成由漢政府爲置，而且家丞之職掌總理侯家事務，列侯完全受漢政府之控制。但列侯名義上仍是侯國之君，其所食吏人對之稱臣，且有限度爲其勞役。列侯之出入，威儀甚盛；列侯之母稱太夫人，妻稱夫人，嗣子稱太子，且列侯國得立宗廟及可能有社稷。國君之氣象，在表面上仍然維持。

第五章　列侯之身份地位

二十等爵是一種身份之等級制度，擁有爵位表示有榮譽之身份。列侯是二十等爵最高一級，爵爲列侯是異姓臣子所能得到之最高榮譽，第宅衣飾，皆異於常人。漢書卷一下高帝紀十二年「三月詔曰：『……爲列侯，食邑者皆佩之印，賜大第室，吏二千石徙之長安受小第室。』」卷二十五上郊祀志謂封欒大爲樂通侯，「賜列侯甲第。」是其第宅，較吏二千石所居更爲高尙。史記卷五十一荊燕世家曰：「田生盛帷帳共具，譬如列侯，張卿驚。」其宅內之裝飾，又有定制，非常人所能及也。在漢代社會，列侯可說是貴族階級。漢書卷八宣帝紀曰：

「（霍光廢昌邑王，迎立武帝曾孫，）入未央宮見皇太后，封爲陽武侯。已而羣臣奏上璽綬，即皇帝位，謁高廟。」（注，師古曰：「先封侯者，不欲立庶人爲天子也。」）（註十九）

欲立之爲皇帝，先封侯，隨之即皇帝位，其目的是想高其身份；師古謂不欲以庶人爲天子，蓋得之矣。及至東漢殤帝崩，鄧太后及車騎將軍鄧騭迎立安帝，先封爲長安侯，已而立之爲帝（卷五安帝紀）。冲帝崩，梁太后及大將軍梁冀立質帝，亦先封爲建平侯，然後登基（卷六質帝紀）。以疏屬已淪爲庶人，及徵之以繼大宗絕世，先封之侯，欲其身份相配也。爵位制度是身份之等級制度，（註二十）列侯表示高貴之身份，於此明矣。下例亦可見之。漢書卷九十七下外戚孝成趙皇后傳：趙飛燕本陽阿公主家舞姬，成帝幸之，爲倢伃。後欲立之爲皇后，「皇太后嫌其所出微，甚難之……上立封趙倢伃父臨爲成陽侯，後月餘，乃立倢伃爲皇后。」封趙飛燕父爲列侯，用以提高趙飛燕之身份，以便立之爲皇后。及王莽請平帝立皇后曰：「『請……博采二王後及周公、孔子世列侯在長安者適子女。』」（卷九十九上王莽傳）以列侯嫡女爲皇后之候選人，同姓不婚，異姓身份最高貴者是爵爲列侯，故皇室選擇列侯之女爲婚姻之對象。假如皇后非出身列侯之家，在立爲皇后之後亦封其父乃至兄弟爲列侯，此即是以外戚封侯，前文已述之矣。皇室婦女出嫁，亦例選之於列侯。漢書卷七十二王吉傳：王吉爲諫大夫，上疏言得失曰：「『漢家列侯尚公主。』」卷六十八霍光傳：昭帝姊鄂邑蓋主寡，幸河間丁外人。上官桀「欲爲（丁）外人求封，幸依國家故事，以列侯尚公主者，光不許。」所謂「國家故事」，是以前慣例以列侯尚公主也。故史記卷四十九外戚世家褚先生補曰：「平陽主寡居，當用列侯尚主，主與左右議長安中列侯可爲夫者。」漢書卷三十六楚元王傳：楚王延壽爲其後母弟趙何齊（補注引宋祁曰：後疑是后字。）取武帝子廣陵王胥女爲妻，「與何齊謀曰：『……使廣陵王立，何齊尚公主，列侯可得也。』」又史記卷一百七魏其武安侯列傳：武帝初即位，令列侯就國。「時諸外家爲列侯，列侯多尚公主，皆不欲就國。」從以上諸條看，西漢以列侯尚公主是慣例。爲清楚起見，下文把可考之西漢公主及其所適列出：

高祖女一人：

魯元公主——適宣平侯張敖。（卷九十七上外戚孝惠張皇后傳）

文帝女二人：

館陶長公主嫖——適堂邑侯陳午。（卷九十七上外戚孝武陳皇后傳）

公主——適絳侯周勃太子勝。（卷四十周勃傳）

景帝女四人：

陽信長公主——適平陽侯曹壽，後又適長平侯衞青。（卷五十五衞青霍去病傳）

平陽孫公主——適汝陰侯夏侯頗。（卷四十一夏侯嬰傳、卷九十七上孝景王皇后傳、卷十六高惠高后文功臣表）

南宮公主——適張侯耐申。（卷十六高惠高后文功臣表）

隆慮公主。（卷六十五東方朔傳）

武帝女五人：

當利公主——適樂通侯欒大。（史記卷十二孝武本紀）

陽石公主。（卷六武帝紀）

諸邑公主。（卷六武帝紀）

（史記卷五十四曹相國世家，謂衛長公主「陽石公主或諸邑公主」適平陽侯曹襄。）

鄂邑長公主——適蓋侯王受。（卷六十三燕剌王旦傳）

夷安公主——適隆慮公主子昭平君。（卷六十五東方朔傳）

宣帝女二人：

館陶公主施——適西平侯于永。（卷七十一于定國傳）

敬武公主——適營平侯趙欽。（卷九十九上王莽傳、卷六十九趙充國傳）

元帝女三人：

平都公主。（卷九十七下孝元傅昭儀傳）

平陽公主。（卷九十七下外戚中山衛姬傳）

潁邑公主——適建平侯杜業。（卷六十杜周傳）

此外尚有二公主不知何帝女：

陽阿公主。（成帝時見在）（卷九十七上外戚孝成趙皇后傳）

陽邑公主——適博成侯張建。（建始四年免）（卷十七景武昭宣元成功臣表）

東漢之公主，全部見於後漢書卷十下皇后紀，此處不贅。而光武帝姊，東海恭王强女，東平憲王蒼女、琅邪孝王京女皆特封爲縣公主如皇女；又安帝、桓帝妹亦封長公主同之皇女，皇后紀皆付闕如；故以紀、傳補足之：

光武帝姊二人：

光武姊新野節義長公主元——適西華侯鄧晨。（卷十五鄧晨傳）

光武姊湖陽公主——適胡珍。（卷二十六宋弘傳集解）

東海恭王女三人。（卷四十二東海恭王彊傳）

沘陽公主——適安豐侯竇穆子勳。（卷二十三竇融傳）

東平憲王蒼女五人。（詳無考。卷四十二東平憲王蒼傳）

安帝姊妹五人：

安帝姊舞陰長公主別得——適高密侯鄧褒。（卷十六鄧禹傳、卷五十五清河孝王慶傳）

安帝妹湼陽長公主侍男——適細陽侯岑熙。（卷十七岑彭傳）

安帝妹陰城公主——適定遠侯班始。（卷六孝順帝紀、卷四十七班超傳）

安帝妹濮陽長公主久長——適好時侯耿良。（卷五十五清河孝王慶傳、卷十九耿弇傳）

安帝妹平氏長公主直得——適征羌侯來定。（卷十五來歷傳、卷五十五清河孝王慶傳）

桓帝姊妹二人：

桓帝姊長社公主——適陰麋侯耿援。（卷十下孝崇匽皇后紀、卷十九耿弇傳）

桓帝妹益陽長公主——適寇榮從兄子。（卷十六寇榮傳）

（上列各條之出處，除注明史記外，凡西漢者出於漢書，東漢者則見於後漢書。）

西漢公主適列侯百份比表

	適侯主 列嗣 侯子 或之 列公	適身之 非份公 列無主 侯考 或者	所考 適之 何公 人主 無	總 數
高祖女	1			1
文帝女	2			2
景帝女	3		1	4
武帝女	3	1	1	5
宣帝女	2			2
元帝女	1		2	3
無　考	1		1	2
總　數	13	1	5	19
百分比	68.5%	5.3%	26.2%	100%

東漢公主適列侯百分比表

	適列侯或列侯嗣子之公主	適非列侯或身份無考者之公主	所適何人無考之公主	總數
光武帝女	4	1		5
明帝女	6	1	4	11
章帝女		1	2	3
和帝女	1		3	4
順帝女			3	3
桓帝女	1		2	3
靈帝女			1	1
光武帝姊	1	1		2
東海恭王強女	1		2	3
安帝姊妹	5			5
桓帝姊妹	1	1		2
東平憲王蒼女			5	5
總數	20	5	22	47
百分比	42.5%	10.7%	46.8%	100%

根據兩漢公主適列侯百分比表之結果，可知西漢公主適列侯或列侯嗣子者佔西漢公主總數之百分之六十八點五。所適何人無考者佔百分之二十六點二，而所適身份非列侯或身份無考者只一人，佔百分之五點三。至於東漢，其百分比依次是百分之四十二點五、百分之四十六點八、百分之十點七。兩漢公主所適者非列侯或身份無考極少，而且此類有些是知有其人，其身份有可能是列侯，但史無明文而不得不列入者。例如桓帝妹益陽公主所適之寇榮從兄子。後漢書卷十六寇恂傳：恂卒，嫡子損嗣，損子釐徙封商鄉侯傳後；而恂庶子壽亦以洨侯

傳後。寇氏傳後者凡二侯，寇榮爲恂之曾孫，榮之從兄子有可能襲嗣爲列侯，不過史無明文，乃以其身份無考視之。由上二表所得之結論，除所適何人無考者外，兩漢公主絕大部份適列侯。前述公主適列侯是西漢之慣例，或者在東漢亦是慣例，但恐非明文規定，因此，有特異者亦可以非列侯尚公主。如漢書卷六十五東方朔傳曰：「隆慮公主子昭平君尚帝女夷安公主。隆慮主病困，以金千斤、錢千萬爲昭平君豫贖死罪。」昭平君隆慮公主子，公主特愛之，或以此而得尚帝女夷安公主也。總之，可以說，兩漢列侯尚公主是慣例，而非列侯尚公主是特異也。

總結上述，在漢代社會中，列侯之身份高貴，宗室疏屬已淪爲庶人，欲以之繼大宗爲天子，則先封爲列侯以高貴其身份使相配；而皇室又以列侯爲婚姻之對象。列侯在漢代是貴族階級。

列侯是爵位，爵爲列侯本身並無行政之職責。但由於其身份高貴，而且漢初列侯多是高祖功臣，在中央政府中勢力强大，自成一集團，爲漢初政治一穩定之力量。直到景帝三年七國之亂，平亂之諸將仍以列侯爲主。漢初諸帝，自高祖以下，對列侯都相當尊重，列侯因此得以參與政治。列侯參與政治最主要在二方面，一是參與廷議，二是參與選擧。參與廷議，對國家政事或多或少有發言權；選擧則是薦擧人材，在兩漢政治中，亦相當重要。武帝以後，列侯幾完全喪失其在政治上之勢力，任由皇帝宰制，但列侯參與廷議及選擧仍以「國家故事」而不完全廢止。列侯參與廷議，下文可見之。

漢書卷一下高帝紀曰：「十一年……詔曰：『……王、相國、通侯、吏二千石擇可立爲代王者。』」

卷四文帝紀曰：「後元年……春三月……詔曰：『……其與丞相、列侯、吏二千石、博士議之，有可以佐百姓者，率意遠思，無有所隱。』」

卷五景帝紀曰：「元年冬十月詔曰：『……其爲孝文皇帝廟爲昭德之舞……其與丞相、列侯、中二千石、禮官具禮儀奏。』」

卷四十四淮南王安列傳曰：「（淮南王安謀反事泄，）上曰：『……與諸侯王、列侯議。』趙王彭祖、列侯讓等四十三人皆曰：『淮南王安大逆無道。』」

卷六十八霍光傳：「（霍光欲廢昌邑王，）遂召丞相、御史、將軍、列侯、中二千石、大夫、博士會議未央宮。」

後漢書卷六十三李固傳曰：「（梁冀旣酖質帝，）乃召三公、中二千石、列侯大議所立。」

列侯得以參與朝議，並非制度上規定，而是臨時由詔令所指定。自文帝以後，屢次詔遣列侯之國。武帝以後列侯多居其國，有職務或加特進、奉朝請之類名號者乃可留於京師，且其時列侯力量已不足重視，故武帝以後，列侯參與廷議之機會實在不多。兩漢書可見詔下廷議而列侯不與者甚多。如哀帝欲封董賢，丞相王嘉及御史大夫賈延上書謂宜「『延問公、卿、大夫、博士、議郎，考合古今，明其正義。』」（卷八十六王嘉傳）列侯無與。但列侯得參與廷議也沒有完全廢止，故上引後漢書李固傳議立桓帝時列侯仍得與議，是其證。

列侯參與選舉，下列數例可見之。

漢書卷六武帝紀曰：「建元元年冬十月，詔丞相、御史、列侯、中二千石、二千石、諸侯相舉賢良方正直言極諫之士。」

卷七十陳湯傳曰：「富平侯張敦與湯交，高其能。初元二年，元帝詔列侯舉茂材，敦舉湯。」

卷十成帝紀曰：「（建始三年）冬十二月……詔曰：『……丞相、御史與將軍、列侯、中二千石及內郡國舉賢良方正能直言極諫之士詣公車。』」

卷十一哀帝紀曰：「建平元年……二月詔曰：『……其與大司馬、列侯、將軍、中二千石、州牧、守相舉孝弟惇厚能直言通政事延于側陋可親民者各一人。』」

以上各例皆是西漢事，至於東漢，涉獵所及，不見有列侯爲舉主，唯賜號特進者則例外。如：

後漢書卷五安帝紀曰：「（永初）五年……詔曰：『……其令三公、特進侯、中二千石、二千石、郡守、諸侯相舉賢良方正有道術達於政化能直言極諫之士各一人。』」

卷六順帝紀曰：「（永和）三年……九月……丙戌，令大將軍、三公各舉故刺史、二千石及見令長、郎、謁者、四府掾屬剛毅武猛有謀謨任將帥者各二人。特進、卿、校尉各一人。」

特進得舉一人，上文已考明特進之號限加賜與列侯，是列侯仍得爲舉主。然非以其爲列侯，乃以其特進也。王符潛夫論卷四三式第十七曰：「詔書橫選，猶乃特進，而不令列侯舉。」是也。

由列侯之參與廷議及選舉此二事觀之，西漢列侯對政治之參與較多，發言權也較大，武帝以後，列侯對政治之參與權漸萎縮，及至東漢，更降至若有若無之間，此與列侯之政治勢力衰減相應。但無論如何，即使在東漢，列侯參與廷議及選舉仍然沒有完全絕止。列侯以無行政職責之爵位而能參與政治，不能不說是由於其身份地位之高貴所致。

第六章　列侯之經濟狀況

漢代列侯之收入，主要來自食邑之租賦。史記卷三十平準書曰：「自天子以至于封君湯沐邑，皆各爲私奉養焉，不領於天下之經費。」司馬貞索隱曰：「按：經訓常。言封君已下，皆以湯沐邑爲私奉養，故不領入天子之常稅，爲一年之費也。」侯國內之租賦率，當與郡縣無異。漢代之租賦，據李劍農先秦兩漢經濟史稿第十七章曰有三種，一爲田租，二爲算賦及口賦，三爲更賦。漢初田租，其稅率爲十五稅一，文帝間中只收半租或全免，及景帝二年，又令民得半租，自此以後，「三十稅一之稅率，終西漢之世，未嘗改變。」東漢光武建武六年，又「恢復三十稅一之舊。」算賦與口賦，先秦兩漢經濟史稿第十七章曰：

「在武帝以前已有口賦、算賦。口賦由三歲至十四歲，人出二十錢，武帝加爲二十三錢。算賦由十五歲起，人出百二十錢……元帝以後，遂以七歲始出口錢爲准，至於算賦，開始之年歲是否亦如（貢）禹議以二十歲爲起點，無明文。（註廿一）」

更賦則是服勞役。（漢代之徭役甚複雜，先秦兩漢經濟史稿第十七章有論述。）上文謂列侯有事國人過律而免侯者。大概列侯之役使其所食人民，其率如漢政府之役使郡縣之人民，不得私自增益。

田租三十稅一，是收取生產量之三十分之一爲田租，因此，生產量之多少影響列侯之收入。漢書卷二十九溝洫志曰：

「孝武元光中，河決於瓠子，東南注鉅野，通於淮泗……是時武安侯田蚡爲丞相，其奉邑食鄃，鄃居河北，河決而南，則鄃無水災，邑收入多。」

食邑無水災，生產正常，三十稅一，則列侯之田租亦收入正常。若因水災而失收，列侯亦會因此喪失其田租。又後漢書卷三十三馮魴傳：魴孫石襲母獲嘉長公主爲獲嘉侯。「自永初兵荒，王侯租秩多不充，於是特詔以它縣租稅足石，令如舊限，歲入穀三萬斛，錢四萬。」所謂「兵荒，王侯租秩多不充。」是兵荒，農事失其常，產量大減，列侯之三十分之一田租固然減少；而且兵荒，人民逃亡，算賦口賦也因此而不能收足。馮石以公主子，特寵異之，乃以他縣租稅足其邑入如舊限。所謂舊限，是其正常之邑入。上文述侯國之封法已明東漢侯國封法以戶爲準，侯國內戶數之增長與侯無關，所食之戶數一定，則其口賦、算賦之相差不會太遠。且田租三十稅一，以其正常之收成計算，亦可以大致上計算出列侯之田租多少。至列侯之始封，或先定其每年之收入，以此收入之數量去計算需要多少戶，然後封之以戶。後漢書卷八十七西羌傳：封馬「賢孫光爲舞陽亭侯，租入歲百萬。」卷二十四馬防傳：「防爲翟鄉侯，租歲限三百萬。」馬防受貶，故限其租。因東漢列侯所食戶雖有一定，但人口會增加，而土地之生產量亦有豐儉，所以東漢列侯之收入雖然大致上固定，但仍有變化，此謂限其歲入三百萬，是豐年歲入多亦不得超過三百萬也。至於西漢列侯之邑入，因爲西漢侯國之封法初封雖以戶爲準，但封定之後則以地域爲準，所封地域之內，戶口之增加屬侯，故西漢列侯之收入不固定，而隨其食邑內之戶口之增多而增加。此西漢列侯之經濟狀況優於東漢列侯也。漢代列侯收租賦於其所食戶口，其稅率一如郡縣之徵收於人民。此是關於列侯收入之私人看法。而史記卷一百二十九貨殖列傳曰：

「封者食租稅，歲率戶二百，千戶之君，則二十萬，朝覲聘享出其中。」

漢書卷九十一貨殖列傳改「封者」爲「列侯封君」，而更說明食租稅歲率戶二百錢是秦漢之制。每戶歲收取二百錢，似乎太少，不合當時之租賦。前引先秦兩漢經濟史稿謂漢之租賦有三十稅一之田租，成人算賦歲人百二十錢而未成年又有歲二十三錢之口賦，尚有更賦，是每年之租稅，遠超過每戶二百錢。若謂此制只行於郡縣而不行於侯國，則郡縣之民負担之租賦多，侯國之民負担之租賦少，絕無是理。若謂此制亦行於侯國，但由侯相徵收後而按列侯所食之戶數，以每戶二百之率予侯。若是如此，則不應稱列侯食租稅，因其所食，但租稅之一小部份而已，而史記及兩漢書謂列侯食租稅者不知凡幾，即前引貨殖列傳條亦謂「封者食租稅」。且其何以不在封侯時少其戶數而令全食其所封戶之租稅，却要多其戶數而又但使食所封戶租賦之小部份，皆是問題。再者，前文已考明列侯得役使其所食之戶口，先秦兩漢經濟史稿第十七章謂徭役可出錢入官由官代僱貧者，前引史記貨殖列傳亦不語及，知其所述列侯之歲入有遺漏之處，此其一。

前引漢書溝洫志，謂食邑不被水災，則邑收入多。若是規定每戶歲率二百錢，則水災與否，農田之收獲豐富與否，與列侯無關。然田蚡以丞相之尊，欲其食邑不被水災而說止武帝不塞河決，是列侯之收入，與其食邑之生產量有密切關係。戶歲率收二百錢者不確，此其二。

漢書張安世傳：安世薨，子延壽嗣侯，「國在陳留，別邑在魏郡，租入歲千餘萬。」張安世受封萬三千六百四十戶。（註廿二）以歲入千萬計，除以戶數，約每戶徵收七百三十四錢，與每戶二百相差甚遠。而按照郡縣人民之租稅率計，漢書卷二十四上食貨志引李悝之語曰：「今一夫挾五口，治田百畮，歲收畮一石半，爲粟百五十石。」李悝說戰國之事，然漢代與戰國之農業生產力，不會相差太遠，故採之。一歲收粟百五十石，依三十稅一，則田租五石。李劍農先秦兩漢經濟史稿第十四章謂漢代除荒年外，「通常谷粟之標準價格，每石必在百錢以下」，而大致上在三十錢與八十錢之間。勞榦居延漢簡考證曰：「若就其通常市價言之，則西漢……穀價七八十錢。東漢……穀價百錢。」若以每石穀價八十錢計算，則田租五石値錢四百。此外五口之家，計其三成人，二孩童；三成人算賦爲三百六十錢，二孩童之口賦爲四十六錢，則每戶田租及口賦算賦爲八百零六錢。（更賦複雜，無從計算，尚不在內。）與前據張安世傳所計算之每戶租賦七百三十四錢相近。列侯之向所食戶收取租賦，其率與郡縣向人民徵收之租賦率相同，而非每戶收二百錢，此其三。

前引後漢書馬防傳：馬氏失勢，徙馬防爲翟鄉侯，租歲限三百萬。西羌傳，封馬光爲舞陽亭侯，租入歲百萬。若以歲戶率收二百計，則馬防當食一萬五千戶，馬光當食五千戶。按東漢鄉、亭侯一般食數百戶至千餘戶，食五千戶至萬五千戶者，尚無見之。前引張安世傳，安世擁立宣帝大功，乃得食萬三千六百四十戶。馬防失勢見斥徙封，而馬光以祖父及父戰死得封，不可能封萬五千戶與五千戶。單由此二例看，列侯食租稅每戶歲率二百錢，必誤無疑，此其四。

以上之計算，推測之辭太多，而且基數採自李劍農先秦兩漢經濟史稿，李氏也是出於估計，不可能絕對準確，但依理推測，也不會太過離譜，故上述之證明，仍有其證據之作用。

依照上文之計算，每戶之田租及口賦算賦每歲爲八百零六錢，則列侯食邑千戶，只是田租、算賦及口賦歲入約爲八十萬六千錢。

列侯要朝貢天子，其貢獻漢書卷二十四下食貨志曰：

「上與（張）湯既造白鹿皮幣，問（大司農顏）異，異曰：『今王侯朝賀以倉璧，（補注，先謙曰：官本倉作蒼。）直數千而其皮薦反四十萬，本末不相稱。』」

卷十五上王子侯表亦謂建成侯劉拾，「元鼎二年坐使行人奉璧、皮薦賀元年十月，不會，免。」按皮幣是武帝以開邊用乏，臨時所造，「以白鹿皮方尺緣以繢，爲皮幣，直四十萬；王侯宗室朝覲聘享，必以皮幣薦璧，然後得行。」（卷二十四下食貨志）此乃武帝一時所行，非常制也。而所謂蒼璧，顏異言只值數千。此外每年八月飲酎之禮，列侯要貢獻酎金助祭。酎金已詳前文，酎金之律，食邑五百口以上酎金四兩，千口以上率每千口四兩。千戶侯以每戶五人計算，五千口，酎金二十兩。漢書卷四文帝紀補注引蘇輿曰：「古者言金以斤計，斤率二十兩，與今以十六兩爲斤者異……食貨志，黃金重一斤，值錢萬。（見卷二十四下）」是千戶侯之酎金，大約萬錢；而璧只值數千，每年之貢獻費大致是二萬。此與其收入八十萬比較，只是極小之數目，朝貢根本不影响列侯之經濟。

漢書卷十成帝紀注引如淳曰：

「律，丞相、大司馬大將軍奉錢月六萬，御史大夫奉月四萬也。」

據此，則丞相年奉錢七十二萬，御史大夫年奉錢四十八萬。及光武二十六年，改百官奉，「其千石已上減於西京舊制，六百石已下增於舊秩。」（後漢書卷一下光武紀）續志卷二十八續百官志曰：

「大將軍、三公奉月三百五十斛……佐史奉月八斛。」

每斛穀值錢多少無考，而一斛是多少石亦不知，由此無法計算東漢三公之奉祿。然光武改百官秩，千石以上減於西京舊制，則東漢三公之奉祿少於西漢丞相之奉祿無疑。漢代宰相之年奉錢爲七十二萬以下，與千戶侯之八十萬比較，有所不及矣。雖然宰相有宰輔之任，受皇帝賞賜之機會多，（註廿三）但賞賜究非常制。而且宰相去任即失去其奉祿，列侯之收入却是世襲。單以經濟言之，列侯似優於宰相多矣。前文引漢書食貨志李悝之語謂五口之家年收粟一百五十石，以每石八十錢計，爲錢一萬二千，除去租賦八百零六錢，約全年收入一萬一千二百錢。千戶侯年入約八十萬，是千戶侯之收入，約是當時一般農民家庭之收入之八十倍。又漢書卷四文帝紀謂文帝「嘗欲作露台，召匠計之，直百金。上曰：『百金中人十家之產也。』」注，師古曰：「中謂不富不貧。」以一金萬錢計，百金爲錢一百萬，而中等人家之產業才值十萬錢。（註廿四）勞榦居延漢簡釋文第一三七葉：

二八二〇　候長觻得廣昌里公乘禮忠年卅

小奴二人直三萬　用馬五匹直二萬　宅一區萬

大婢一人二萬　牛車二兩直四千　田五頃五萬

軺車二乘直萬　服牛二六千　·凡訾直十五萬（註廿五）

（三七·三五）

陳直漢書新證卷一謂此爲西漢算緡錢之資料。是也。依此條看，公乘禮忠之家貲總值十五萬。禮忠有軺車二乘，奴婢凡三人，則其資財當在中人以上。前引文帝紀謂漢之中等人家資產約爲十萬，大致與事實接近。是千戶侯一年之收入，約等於中等人家產業之八倍。以經濟言之，列侯非常富有。史記卷九十七酈生陸賈列傳：陸賈說丞相陳平結交太尉絳侯周勃，以防呂氏。「陳平用其計，迺以五百金爲絳侯壽，厚具樂飲。太尉亦報如之……陳平迺以奴婢百人，車馬五十乘，錢五百萬，遺陸生爲飲食費。」而辟陽侯欲結交平原君朱建。建母死，

「辟陽侯迺奉百金往稅，列侯貴人以辟陽侯故，往稅凡五百金。」陳平以五百金為太尉周敦賀壽，又贈遺陸賈奴婢百人，車馬五十乘，錢五百萬。而辟陽侯以百金為朱建母奠儀。與文帝為百金而止作露台相較，列侯之富厚可知矣。西漢中葉以後列侯或者不如以前富厚，但列侯在經濟上之優越地位，一直不變。漢書卷四十五息夫躬傳：躬封宜陵侯。得罪，「遣就國。躬歸國，未有第宅，寄居丘亭，姦人以為侯家富，常夜守之。」列侯之富有，為人所公認。因其富有，故奢侈生焉。漢書卷二十八下地理志曰：「列侯貴人車服僭上。」及東漢中葉以後，國庫空虛，常向王侯借租稅。後漢書卷六順帝紀曰：永和六年春正月，「詔貸王侯國租一歲。」漢安二年冬十月，「又貸王侯國租一歲。」卷三十八馮緄傳曰：「（桓帝）時天下饑饉，帑藏虛盡，每出征伐，常減公卿奉祿，假王侯租賦。」李劍農先秦兩漢經濟史稿第十七章所列順、桓二朝借貸王侯租凡五次。國家亦向列侯借貸租稅，列侯在經濟上之優越，固不必多說。而史記及兩漢書，又有謂列侯貧者。史記卷一百二十九貨殖列傳曰：

「吳楚七國兵起時，長安中列侯封君行從軍旅，齎貸子錢，子錢家以為侯邑國在關東，關東成敗未決，莫肯與。唯無鹽氏出捐千金貸，其息什之。三月，吳楚平。一歲之中，則無鹽氏之息什倍，用此富埒關中。」

卷三十平準書曰：

「富商大賈或蹛財役貧……封君皆低首仰給。」

貨殖列傳及平準書强調商賈之財力也。此或列侯恃其每年都有一定之收入，不事儲積而奢侈無度，乃至有所不足耳。且漢書卷四文帝紀：文帝二年冬十月詔曰：「今列侯多居長安，邑遠，吏卒給輸費苦。」漢初列侯之財貨要由其食邑運入京師以供其花費，上引貨殖列傳謂列侯從軍無錢，要借貴利錢以供；其時關東有事，其食邑之財貨或不到，以至週轉不靈耳，故吳楚平，列侯即能以十倍之息還無鹽氏。又後漢書卷二十二傅俊傳曰：

「（俊卒，）子昌嗣，徙封蕪湖侯。建初中遭母憂，因上書以國貧不願之封，乞錢五十萬爲關內侯。肅宗怒，貶爲關內侯，竟不賜錢。」（章懷注曰：「蕪湖，縣名，屬丹陽郡。」）

卷七十八宦者張讓傳曰：

「（靈）帝本侯，家宿貧。」

傅昌乞五十萬爲關內侯，若依前文計算，五十萬不及千戶侯之歲入遠甚，而馬光封舞陽亭侯，租歲入百萬。何傅昌所乞之少也？傅昌國在丹陽之蕪湖，約在今安徽省之江南部份，其時尚是生產較爲不發達之地區；又遠離京師，若謂繁華，遠不及中原之地。傅氏本潁川襄城人，且傅昌母物故不久，其不願離中原而之下濕之邦，或有其理由也。且其求爲關內侯，但削爵一級耳。至於靈帝爲侯時家素貧，靈帝性貪財貨，富有四海而賣官鬻爵，若以其爲萬乘之尊而比之列侯，列侯固貧也。總之，雖有數例證謂列侯家貧，然以整個漢朝之列侯看，此數例固不足否定列侯在經濟上之優越地位也。

兩漢列侯之收入主要來自食邑之租稅。列侯食邑向列侯貢獻之稅率，一如郡縣向人民徵收租賦之稅率。租賦分田租、口賦及算賦、更賦三種。根據不大精確之計算，千戶侯之歲入約爲錢八十萬以上，比之宰相還要多。漢代一般農民家庭歲入爲錢約一萬一千，約是千戶侯之八十分之一。兩漢列侯在經濟上地位優越。

武帝以後列侯參與政治之機會不多，而且受漢政府嚴密控制，但漢代人民仍夢寐以求封侯，爵爲列侯之優越經濟利益是其原因之一。

第七章　列侯爵邑之傳襲

漢代列侯爵邑之世襲，固無疑問，自漢初至漢末，一直行之無改。史記卷十八高祖功臣侯者年表曰：「封爵之誓曰：『使河如帶，泰山若厲，國以永寧，爰及苗裔。』」（裴駰集解引應劭曰：「封爵之誓，國家欲使功臣傳祚無窮。帶，衣帶也。厲，砥石也。河當何時如衣帶，山當何時如厲石，言如帶厲，國乃絕耳。」）封爵之誓已明謂列侯爵邑得傳之無窮。故史記卷五十四曹相國世家曰：「以高祖六年賜爵列侯，與諸侯剖符，世世勿絕。」史記卷十孝文本紀：孝文元年正月，有司請預建太子時以列侯爲例，亦曰：「『諸侯王及列侯始受國者，皆亦爲其國祖，子孫繼嗣，世世勿絕，天下之大義也。故高祖設之以撫海內。』」列侯薨，由子襲嗣，史記及兩漢書隨處可見。然西漢列侯嗣子之繼承其爵邑，亦非百分之一百繼承。下例可見之。

漢書卷八宣帝紀曰：「（霍）光薨，詔曰：『大司馬大將軍博陸侯……功德茂盛，朕甚嘉之，復其後世，疇其爵邑，』」（注引張晏曰：「律：非始封，十減二。疇者，等也。言不復減也。」）

卷九十九上王莽傳曰：「元始元年……羣臣因奏言：『太后委任大司馬莽定策安宗廟；故大司馬霍光有安宗廟之功，益封三萬戶，疇其爵邑，比蕭相國。莽宜如光故事。』……太后乃下詔曰：『……其以召陵、新息二縣戶二萬八千益封莽，復其後嗣，疇其爵邑，封功如蕭相國。』」

霍光、王莽在西漢政治中地位特殊，權盛一時，故得「疇其爵邑。」此外孔光、王舜、甄豐三人以王莽之關係，亦得「疇其爵邑」。（見卷九十九上王莽傳）據注張晏謂律非始封十減二。爵爲列侯，不知如何減法？至於食邑，謂非始封則十減二，或有其可能。前文已述西漢侯國之封法是初以戶爲斷，封定以後以地域爲準，侯國內之戶口增長屬侯。漢政府爲防止列侯所食戶口過多，以此法削減其食邑之戶口，亦頗合理也。然此法由何時開始實施，無考。東漢此制不復存在，東漢之外戚權臣甚多，然尚未見有「疇其爵邑」者，細思之，亦是也。東漢侯國之封法是以戶爲準，侯國內之戶口增長與侯無關，侯所食之戶，不會因侯國內之戶之增長而增加也。故此種對列侯食邑之削減方法，變成不必要，自然地不再採用了。

列侯薨，由子襲嗣。列侯之嗣子是由列侯擇定，雖然多數是擇長子，但却不一定要長子才可以嗣侯。如史記卷一百三萬石張叔列傳曰：

「太初二年中，丞相（石）慶卒……慶中子德，慶愛用之，上以德爲嗣，代侯。」

所謂愛用之者，愛而用之爲嗣也，又漢書卷七十三韋玄成傳曰：

「（韋賢爲丞相封扶陽侯，長子方山，早卒，次子弘，三子舜，少子玄成。）賢以弘當爲嗣……及賢病篤，弘竟坐宗廟事繫獄，罪未決。室家問賢當爲後者，賢恚恨不肯言，於是賢門下生博士義倩等與宗家計議，共矯賢令，使家丞上書言大行，以大河都尉玄成爲後。賢薨，玄成在官，聞喪，又言當爲嗣，玄成深知其非賢雅意，即陽爲病狂……不應召。（註二六）」

韋賢屬意於子弘，欲以之嗣侯，及賢病篤，弘以職事下獄，罪未決；家人問賢當以爲後者，賢不肯言，是猶不肯廢弘而立他子也。觀賢之家人、門生之矯賢令而立少子玄成，及玄成之聞當爲嗣即知非其父之意，則賢之不肯廢弘更立他子明矣。而由賢家人矯賢令，使家丞上書立少子玄成，玄成即成合法之繼承人，知列侯之嗣子由侯選擇，不限於長子，否則弘雖有罪，而玄成尚有兄舜見在，依次不當以玄成爲嗣。又東觀漢紀卷十三張純傳曰：

「純臨終，謂家丞翕曰：『……身死之後，勿議傳國爵。』子奮字稚通，兄根常被病。純薨，大行移書問嗣，翕上奮，詔封奮。奮上書曰：『根不病，哀臣小，稱病，令翕移臣……願下有司。』帝以奮違詔，收下獄，奮惶怖乃襲封。」

張純之不欲傳國，故無上書言其嗣子；及薨，大行乃移書問嗣，若是長子爲確定之嗣子，則不用問矣。奮有兄根，常被病，故家丞翕上書以奮嗣其父，若長子是法定之繼承人，則絕不會因其有病而別立他子。又後漢書卷八十二下公沙穆傳謂繒侯劉敞「廢嫡立庶」。穆爲國相，「廢其庶子，還立嫡嗣。」劉敞之廢嫡立庶，嗣子之選擇權在劉敞明矣，及公沙穆以國相權力廢其庶子，還立嫡嗣，只可看出國相之權力，可以干涉到列侯之家事而已。人情多用嫡長子爲嗣，劉敞立庶子，公沙穆以爲非正也。

嗣子確定後，上大鴻臚之屬官大行令。侯薨，皇帝即遣使者之其國視喪事，並立其嗣子爲侯。漢書卷五景帝紀：景帝中二年春二月令「『列侯薨，遣太中大夫弔祠視喪事，因立嗣。』」東漢大概亦行此制。（註二七）使者既之國立列侯嗣子，嗣子即應繼爲侯，即使兄弟，亦不得私自讓予，如：

後漢書卷三十七丁鴻傳曰：「（丁鴻父綝以功封陵陽侯。）綝卒，鴻當襲封，上書讓國於（弟）盛。不報……

逃去……（九江人鮑駿說鴻不可）『以兄弟之恩而絕父不滅之基……』鴻感悟，垂涕歎息，迺還就國。」

卷四十六郭鎮傳曰：「（郭鎮封定穎侯，卒，）長子賀當嗣爵，讓與小弟時而逃去。積數年，詔大鴻臚下州郡追之，賀不得已，乃出受封。」

卷四十四徐防傳曰：「（防）封龍鄉侯……防卒，子衡當嗣，讓封於其弟崇。數歲，不得已，乃出就爵云。」

卷三十九劉愷傳曰：「（劉般封居巢侯，長子愷）以當襲般爵，讓與弟憲，遁逃避封。久之，章和中，有司奏請絕愷國，肅宗美其義，特優假之。愷猶不出，積十餘歲，至永元十年有司復奏之……（侍中賈逵因上書請成其伯夷之節。）和帝納之。下詔曰：『故居巢侯劉般嗣子愷當襲般爵而稱父遺意，致國弟憲，遁亡七年（集解引蘇輿謂二十年之譌。是也。）……其聽憲嗣爵。遭事之宜，後不得以爲比。』」

丁鴻之讓爵不得，郭賀、徐衡逃遁數年，亦不得不返國就封。至劉愷逃避二十年，有司奏絕其國而不奏封其弟，是爵不可私讓也。賴章帝美其義而賈逵又請成其德，卒得讓爵其弟憲，然和帝之詔書亦謂「後不得以爲比。」其他讓爵者如耿國在光武時讓國與弟霸。（卷十九耿國傳）鄧彪「讓國與異母弟荊鳳，顯宗高其節，下詔許焉。」（卷四十四鄧彪傳）皆是特異，不可以此否定爵國不得私讓爲常制。自劉愷以後，不見有讓爵成功者，大概和帝詔書所謂「後不得以爲比」生效。西漢不見有讓爵者，（註二八）東漢人好名節，亦可於此事見之。

上文已述列侯之嗣子由列侯自擇，侯薨，嗣子襲封，不得私讓；而列侯之擇其嗣子，必要在其子之中擇，不得以弟或他人爲嗣，無子即國絕。此在史記及兩漢書見之多矣。固不必於此多費筆墨。（註二九）對此苛例，王莽在平帝時欲有所改作，漢書卷十二平帝紀曰：

「元始元年春正月……令諸侯王、公、列侯、關內侯亡子而有孫若子同産子者，皆得以爲嗣。」

其時王莽初號爲安漢公，大封宗室及其爪牙之臣爲王、侯，與放寬嗣侯之律，皆是欲恩結天下。然此令實行時間甚短，因王莽篡位，輒改爵制。王莽之爵制甚爲複雜，另作討論。東漢光武又盡改王莽之制而復西京之舊，故列侯無子國絕爲兩漢常制。

上文謂恩澤侯中有宦者。呂后曾封宦者張澤爲建陵侯，呂氏敗即爲所免。以後終西漢之世，不見有封宦官爲列侯者，弘恭、石顯於元、成之際雖權傾朝廷，亦無與也。故在西漢無宦官侯者之繼承問題。及東漢中葉以後，以宦官封侯者不少，宦官無子，乃以養子或親屬爲嗣，無子國除之制破壞矣。後漢書卷七十八宦者鄭衆傳曰：

「（鄭衆以誅竇憲功封鄛鄉侯，）元初元年卒，養子閎嗣。」

鄭衆養子爲嗣，襲侯爵，尙是一時以恩寵所致，未成制度。及孫程等變起宮內，誅閻氏，擁立順帝，宦者十九人皆得封侯。程卒，亦以養子爲嗣，順帝因此把宦官養子嗣襲爲侯制度化。後漢書卷七十八宦者孫程傳曰：

「陽嘉元年……（孫程卒，）程臨終遺言上書以國傳弟美，帝許之。而分程（按此當脫「國之」二字）半封程養子壽爲浮陽侯……四年，詔宦官養子悉聽得爲後，襲封爵。定著乎令。」

卷六順帝紀曰：

「（陽嘉）四年春二月丙子，初聽中官得以養子爲後，世襲封爵。」

此謂「初聽」，前此鄭衆、孫程之屬以養子爲嗣皆不合於律也，特以功高恩大而寵異之。此後宦官封侯者甚多，皆用此令得傳其國矣。

漢高祖既與功臣誓曰，列侯之國得世世勿絕，然漢世列侯少有長久者，多以無子或有罪國除。漢皇室爲表示不忘功臣之功勞，故有在其國絕之後，以先侯之其他子孫繼絕世，使始封者得以祭祀不絕。此即是所謂「紹封」，其意義及內容可考者如下：

後漢書卷三十三馮魴傳集解引劉攽曰：「案侯國絕而復續者，皆曰紹封。」

卷十六鄧禹傳曰：「（鄧禹孫夷安侯良無後，良弟康，）永初六年紹封康爲夷安侯。時諸紹封者皆食故國半租，康以皇太后戚屬，獨三分食二。」

列侯紹封食故國半租，此恐怕只是東漢制度，而不見於西漢。然在西漢亦可見其淵源。西漢列侯紹封者所食之戶數遠少於故國之戶數。如平陽侯曹參，初封時萬六百戶，六世孫於征和二年免時二萬三千戶，後元壽二年九世孫紹封千戶，元始元年益滿二千戶。（卷十六高惠高后文功臣表）蕭何前後益封萬五千戶，（卷三十九蕭何傳）後孫則紹封爲武陽侯，封二十年，有罪，免，戶二萬六千。似其紹封沒有減其戶數。其後蕭何後裔凡四絕世，四紹封，所食皆在二、三千戶之間。（卷十六）又如舞陽侯樊噲，封五千戶，及元始二年紹封其六世孫千戶。（卷十六）潁陰侯灌嬰封五千戶，其後孝景中三年免，八千四百戶，武帝元光二年侯賢以嬰孫紹封，元朔五年免，千戶。（卷十六）免時千戶，則紹封時不會多於千戶甚明。其他此類例子散見於侯表。西漢列侯紹封之戶數比故國爲少，然少若干則無規定。及至東漢，使之制度化，紹封只食故國之半租。兩漢列侯紹封之戶數比故國爲少，固在情理之中。列侯之始封，或以功勞，或以恩寵，其時光寵正盛，乃多其食戶以賞賜之，至國絕以後，以追述先侯功而紹封，但欲使始封者宗廟血食，祭祀不絕而已，不必如始封時賞賜之多其食戶也。

兩漢列侯國絕紹封者甚多，紹封與否，並無制度規定，純是由皇帝私人好惡而決定。故其先世之功勳越大，或與皇帝之關係越密切，紹封之機會越大。漢書卷三十九蕭何傳謂蕭何之後裔在西漢凡六絕國，六紹封，至王莽敗乃絕。及至東漢，亦得紹封。後漢書卷二十六韋彪傳曰：

「建初七年……求蕭何、霍光後，時光無苗裔，唯封何末孫熊爲酇侯。建初二年已封曹參後曹湛爲平陽侯，故不復及焉。」

曹參之後在東漢亦得紹封。兩漢功臣後裔紹封者不少，不一一列舉，然兩漢有兩次大量紹封絕國之列侯，其一次在西漢平帝元始二年，（卷十二平帝紀）所繼絕世者爲功臣之後。（卷七十傳介子傳、鄭吉傳）元始元年，王莽稱號安漢公，繼絕世，欲牢攏人心也。及至東漢，安帝時亦紹封功臣之後。後漢書卷十七馮異傳曰：

「永初六年，安帝下詔曰：『……建武元功二十八將，佐命虎臣……而或至乏祀……其條二十八將無嗣絕世若犯罪奪國，其子孫應當統後者分別署狀上……』於是紹封（異孫）普子晨爲平鄉侯。明年，二十八將絕國者皆紹封焉。」

明年即永初七年。其年二十八將後裔紹封可考者甚多，見其本傳。二次大規模之紹封絕國皆是主要以功臣之後爲對象。

紹封雖非制度所規定，純粹爲皇帝對列侯後裔之恩澤，然亦以始封侯或失國侯之較近親屬爲紹封之對象。

後漢書卷五十四楊震傳曰：

「（楊震）上疏曰：『……伏見詔書封故朝陽侯劉護再從兄瓌襲護爵爲侯。護同產弟威今猶見在……今瓌無他功行，但以配阿母女（安帝乳母王聖女伯榮），一時之間，既位侍中，又至封侯，不稽舊制，不合經義。』」

列侯無子國除，兄弟亦不得繼，前文已詳之，故威雖護之同產弟而不得繼。後劉瓌以護之再從兄婚安帝乳母王聖女，帝欲貴之，以無籍口，乃以之紹封劉護爵國；此非正也，楊震因此上疏言之。然亦無如之何。此例亦可看出爵位之封賜雖有若干制度上之限制，但在絕對一人專制政治中，皇帝總能找到籍口封其所欲封者，不能把封侯、紹侯之限制視爲確定不變之死條文。

漢代列侯爵邑世襲，列侯薨，嗣子繼承，無子國絕。列侯之嗣子由列侯在諸子中擇定，嗣子不得私讓與兄弟。西漢列侯傳國邑與嗣子，可能減其食邑十分之二，然此制不行於東漢。漢政府對某些失國之列侯，以追錄先人功德，紹封其後裔；東漢紹封者食其故國之半租。因此，列侯之後裔雖世代疏遠，但對能給予其利益之祖先，自不會忘懷，反會以之標榜其世系之高貴。而同一祖先之後裔也因此而在祖先之名義下保有一定之聯繫，魏晉南北朝世家大族之形成，漢代之列侯制度有其力焉。

第八章　列侯之免廢

列侯隸屬於漢中央政府，皆有食邑，且可役使其封國中之人民，不但進於仕途之機會大，而且可以加上「

特進」、「奉朝請」之類之銜頭，直接參與政治，其身份有異於一般人民，是貴族階級。漢政府既然給予列侯各種特權，造成其對政治、社會有比一般人民大得多之影響力，爲防其越軌，也有各種條例以限制之。這些條例之詳細內容已不可考，或者根本就沒有正式之條文，只是不成文法之公認對列侯之限制，列侯之行爲超越這些限制，就會被免廢或罪至棄市。由史記、漢書侯表及錢大昭之後漢書補表中所列舉列侯之免廢理由，可以見到限制列侯行爲之條例之一部份。列侯免廢之理由大致可分爲如下幾類。

一、危及或意圖危及皇朝及天子之安全者。

君主專制政治時代，臣下行爲危及或意圖危及皇朝及天子之安全，乃罪大惡極者，故漢朝皇帝對於此類罪行絕不赦免，列侯犯者，國除之外，往往棄市滅族。此類罪行最常見者是謀反，乃至謀反者非侯本人，因與之有戚屬關係，亦牽連而失侯。如漢書卷十五下王子侯表曰：「坐父大逆，免。」又如後漢書卷二十二馬武傳：揚虛侯馬武卒，「子檀嗣，坐兄伯濟與楚王英黨顏忠謀反，國除。」其他如「祝詛上」、「上書要上」等皆屬此類。

二、非禮、不敬、不孝者。

在君主專政時代，君主重禮，以禮儀顯示其崇高之地位及使上下之尊卑分明，從而安定社會之秩序。非禮是否定此種上下之次序，與對天子或皇室不敬，皆是大罪。漢代重孝，所謂以孝治天下，欲以孝道淳厚社會之風氣，不孝亦不得享高爵爲民表率。屬此類者如「與姊姦」、「亂妻妾位」、「當侍祠，不齋」、「臨諸侯喪，後」、「葬過律」、「酎宗廟，騎至司馬門，不敬」、「與母別居」等。

三、犯刑事罪者。

此類主要爲傷害他人生命。列侯犯之，國除之外，尙要服刑或至誅死。且侯之親屬殺人亦罪及侯，如「母殺（侯）純叔父，國除。」

四、橫行不法者。

列侯既享有政治上、經濟上之特權，在社會上地位很高。位尊而多金，若不修其身，則驕奢淫逸生矣，乃至凌辱官吏，武斷鄉曲，漁肉民庶。列侯因此而免廢乃至棄市者不少，其例如「首匿罪人」、「恐猲國人，受財臧五百以上」、「知人盜官母馬，爲臧」、「行賕」、「買田宅非法」、「顓地盜土」、「婢自贖爲民後，略以爲婢」等。犯刑事罪與橫行不法，皆是損害他人，破壞社會秩序，以此受罰，不亦宜乎？

五、以任官失職者。

以任官失職而免侯，過矣。任官失職，非其心欲爲之，以其無能，但免官可也。侯者，爵也，與職事無涉而因此免之，或是以有罪不得享高爵。君主專制政治，但憑君主之好惡，故任用之時，加其官，進其爵，崇其禮，厚其賞；及其得罪，則免官削爵乃至棄市滅族。故以官職事廢而爲免侯之理由，亦不足爲奇也。屬此類者如「爲丞相，知列侯酎金輕」、「爲大司馬，不合衆心」、「爲太常，犧牲瘦」、「爲前將軍，與翕侯信俱敗，獨身脫來歸」、「將兵擊匈奴與票騎將軍期，後」、「爲汝南太守，知民不用赤側錢爲賦」等。至於有利用官職行私，罪有應得者，如「擊匈奴，增首不以實」、「擊番禺，奪人掠虜」、「爲九眞太守，盜使人出買犀、奴婢，臧百萬以上」等。免官削爵殺身，固其宜也。光武中興，不任功臣列侯以職事，謂欲使其長久。雖然有其政治作用，不欲功臣干涉政治，重蹈西漢初功臣壟斷朝政，威壓天子之覆轍，但不任以政事，則不會以失職免廢，亦不會在政治中心之中爲政治風暴所吞沒；故謂欲使其長久，亦未嘗無理也。

六、其他

凡不能列入以上五類者，列入此類。如「出國界，耐爲司寇」、「棄印綬，出國，免」、「上書歸印綬，免」、「爲賊人所竊，亡印綬」、「爲人所殺」等。出國界不但免侯，且罪至爲刑徒，坐出國界而免廢於侯表中凡三見。漢代侯國爲縣級之行政單位，除朝會及其他公務之外不許離開其封國，且朝會之後，離開京師就要馬上歸國，不許逗留他處，否則有罪。卷十五下王子侯表曰：「坐朝私留他縣，使庶子殺人、棄市。」列侯除朝會之外，只能留在其封國之中，此是漢政府對有地位有財力之列侯之限制，以減低其在地方上之影響力。自棄印綬或上書歸印綬，則是列侯自動放棄其爵邑；但印綬爲賊所竊，而除其國，則太過矣。至於爲人所殺而國絕者，侯表中最少凡七見，若謂七侯皆無子，故爲人所殺後國除，可能性不大，是列侯爲人所殺後皆除其國乎？然後漢書卷三十二陰識傳：原鹿侯陰識卒，「子躬嗣，躬卒，子璜嗣，永初七年爲奴所殺，無子國絕。」明謂陰璜是無子國絕，究竟列侯爲人所殺後是否絕其國，不可下論斷；至於有罪爲有司所誅殺，則可肯定。

上文以列侯免廢之理由看漢政府對列侯行爲限制之條例。雖然列侯免廢之理由相同者不少，如以酎金免者一百人，殺人者最少十八人，爲太常失職免者亦甚多，匿罪人者最少六人，病狂易者亦二人；但是在可考之兩漢列侯免廢之理由三、四百條中，不同者仍然非常之多。上文分類舉例，每一類中但舉數例以說明問題，並不表示此數例可以代表所有列侯免廢之理由；只是因爲篇幅所限，其文太多，不能全部抄錄而出此耳。好在此

三、四百條列侯免廢理由之出處，皆集中於史記、漢書之侯表及二十五史補編之錢大昭撰後漢書補表。欲詳列侯免廢之理由，當參閱之，此亦是何以上文分類舉例時不註明其出處也。然參閱史記、漢書侯表及後漢書補表，當注意如下問題。

由侯表與本傳相較，有不少列侯因爲在政治上失敗而免廢，於侯表所見其免廢之理由則是隨便加上者，並非眞實之理由。如漢書卷十八外戚恩澤侯表謂孔鄉侯傅晏「元壽二年坐亂妻妾位，免。徙合浦。」漢書卷八十二傅喜傳曰：

「（定陶傅太后從父弟孔鄉侯晏）女爲皇后……哀帝崩，平帝即位，王莽用事，免傅氏官爵歸故郡。晏將妻子徙合浦。」

又如外戚恩澤侯表謂丁滿坐非正，免。卷九十七下外戚定陶丁姬傳則曰：

「定陶丁姬，哀帝母也……（丁姬兄）子滿爲平周侯……哀帝崩，王莽秉政，使有司舉奏丁、傅罪惡。莽以太皇太后詔，皆免官爵，丁氏徙歸故郡。」

傅晏、丁滿，哀帝之外親。哀帝時，丁、傅榮寵而元帝王皇后親屬衰廢，王莽亦避丁、傅而就國。及哀帝崩，傅太后及丁姬前此已薨，元帝王皇后臨朝，委政王莽，莽乃盡免丁、傅官爵。此是外戚之間之政治鬥爭，丁、傅以失敗免，而外戚恩澤侯表謂其坐亂妻妾位及坐非正而免侯，皆非其免侯之眞正原因也。又漢書卷八十一孔光傳：成帝時以無子，議嗣，御史大夫孔光獨以爲宜立中山王爲嗣，而不與定陶王（後之哀帝）。後光爲丞相博山侯。哀帝即位，光又以傅太后從弟傅遷傾邪，奏請遣遷歸故郡。及傅太后欲與成帝母俱稱尊號，光持不可。

「由是傅氏在位者與（大司空）朱博爲表裏，共毀譖光。後數月，遂策免光曰：『……君……相朕出入三年：……陰陽錯謬，歲比不登……而百官羣職曠廢，姦軌放縱，盜賊並起……君其上丞相博山侯印綬，罷歸。』」外戚恩澤侯表亦謂孔光於「建平二年坐衆職廢，免。」孔光免廢之眞正原因是不附傅氏，而非策書及侯表所謂「坐衆職廢」。侯表所述其免侯之理由不記其眞正原因而書以其他罪名，因爲其免廢之眞正原因不中免侯之條例，故免侯之策書只好在免侯之條例中擇一罪名與之，侯表所述其免侯之理由錄自免侯之策書。所以侯表所列免侯之理由可以不是其免廢之眞正原因，但却一定符合免侯之條例。而本章之目的，就是想從列侯免廢之理由去了解漢政府對列侯之限制，從而對漢朝免廢列侯之條例做一些還原之工作。

史記侯表與漢書侯表所列擧免廢列侯之理由不同者。如漢書卷十五上王子侯表謂葛魁侯劉戚，「坐縛家吏，恐猲受賕，棄市。」補注，先謙曰：「史表作坐殺人，棄市。」考之史記卷二十一建元已來王子侯者年表，是也。又漢書卷十五上王子侯表謂土軍侯劉郢客「坐酎金，免。」補注，先謙曰：「史表作坐與人妻姦，棄市。」土軍侯見於史記卷二十一，亦是也。皆是史記與漢書有矛盾，然本文不考定其眞僞（史料不足，亦無從考之。）而兩取之。因史記、漢書既以之爲列侯免廢之理由，即使非此侯免廢之眞正原因，亦要符合免侯之條例。

上文多次重複提及漢代免侯之條例。可能其條文根本不存在，只是當時上下皆公認之一些不成文法之對列侯之限制，違反則免廢。而且漢代非法治之時代，而是君主專政之人治時代，君主之好惡乃至官吏執法之苛嚴或寬厚，皆對法律有所影響。所以有犯法相同而懲罰却輕重有異者。如漢書卷十五上王子侯表謂畢梁侯劉嬰「坐首匿罪人，爲鬼薪。」而安郭侯劉崇則「坐首匿死罪，免。」按理劉崇所匿者死罪，最少應與劉嬰匿罪人同罪，然劉崇但免侯，劉嬰則不止免侯，竟罪至爲刑徒。又如卷十六高惠高后文功臣表：終陵侯華祿「坐出界，耐爲司寇。」而甯侯魏指「坐出國界，免。」卷十五上王子侯表：易安侯劉德「坐殺人，免。」原洛侯劉敢「坐殺人，棄市。」史記、漢書侯表此類例子尙多。所以或在漢代眞有上文所謂之免侯條例之明文，但在執法過程中，人之因素甚爲重要，不可把這些條例視爲固定不變之硬性規定。

西漢初列侯在政治上勢力大時，免侯甚少。及至武帝以後，列侯力量衰落，宰割任由天子，免侯漸多，尤以武帝朝爲甚。此非武帝以前列侯較爲守法，勢力較大而已。故皇帝對之尙存尊重，不會動輒免廢。如蕭何之爲釋高祖疑忌之心，强賤買民田宅以自汚，若在武帝朝，棄市矣，然高祖聞之而喜。由此可以推知漢初之列侯不但不是較武帝以後之列侯守法，而是更爲非法，不過皇帝對其容忍之限度較大，執法較寬耳。隨着一人專制政治之發展，對列侯限制也漸多，這些限制非高祖之創制而是後代皇帝所加，甚爲明顯。

或謂武帝想免廢某些列侯，乃任以爲太常，藉失職以削其爵。此說非也。由上文可知漢政府對列侯之限制甚多，且武帝以後列侯受制於漢政府，毫無反抗能力，漢天子要免廢某些列侯，極容易找到藉口，不必任以九卿之高位而伺機免之。漢太常之所以多被免者，以宗廟事爲漢皇帝所重，而極易廢職事耳。固不可由此而附會到武帝對列侯之態度。

總之，漢天子或爲政治之理由，或爲炫耀其無上之權威和對親近之賞賜，封拜列侯。但却不想列侯以其特權及財富成爲地方勢力，故以種種限制以束縛之，欲使其成爲淳謹之食租地主，不會也不能對漢政府作絲毫反抗。而由此亦可看出漢代一人專政之政治形態。

小結

漢代二十等爵，其淵源可上溯至商鞅變法。漢高祖採用秦爵制，封賜功臣爲列侯以安撫之，後封侯之資格推廣及王子與外戚恩澤。封侯爲漢天子所擅，而列侯亦祇隸屬於漢天子。東漢列侯分等級。由漢初至漢末，列侯之政治權力，地位以及經濟利益逐漸下降；西漢中葉以後，列侯除加「特進」或「奉朝請」等銜頭外，皆就國，不與政事，且受漢政府嚴密控制。然列侯名義上仍是一國之君，禮儀非常尊貴隆重，是漢代之貴族階級；皇室以之爲婚姻之對象。列侯所食戶口向列侯貢獻之稅率，一如郡縣人民向漢政府交納租賦之稅率，故列侯極爲富厚，且其爵邑得傳之無窮。至使漢政府不得不制定各種條例以限制其行爲，以防其成爲地方勢力，損及一人專政之中央集權政治。

注釋

註一：嚴萬里校注曰：「此大庶長，疑爲左、右庶長之譌。下文大庶長，亦左、右庶長也。」朱師轍補注曰：「按：秦爵五大夫上爲左庶長、右庶長、左更、中更、右更、少上造、大上造、駟車庶長、大庶長。其爵制與此不同。史記商君傳：商君爲左庶長、大良造，是左庶長等官，商君時已有之，而此未言及，豈奪[illegible]耶，抑秦官制時有變更，故不相符，有不可詳考者矣。大良造即大上造。」（朱師轍著商君書解詁定本境內篇第十九）又曾資生中國政治制度史第二冊第五篇，據秦代器物考定秦代作「大良造」，漢代作「大上造」乃後來之變名。

註二：商鞅死於秦孝公二十四年（紀年前三三八年），白起於秦昭王十四年（紀年前二九三年）爲國尉，相隔四十五年。

註三：近人羅根澤考證謂商君書非商鞅所作，而是在商鞅死後約百年上下，大約在紀年前二六〇至二三三年之間，「作於秦人或客卿之爲秦謀者。」見羅氏著諸子考索，商君書探源。

註四：漢書卷十成帝紀曰：「（鴻嘉二年，）賜丞相、御史、將軍、列侯、公主、中二千石冢地第室。」此處御史是御史大夫之簡稱。其時已在西漢晚年，御史大夫地位上升，直陵丞相。因此至「成帝綏和元年更名大司空，金印紫綬，祿比丞相……哀帝建平二年復爲御史大夫，元壽二年復爲大司空。」（百官公卿表）到東漢則爲司空，與司徒、太尉並爲三公，朝位高於列侯。又列侯位次始終高於中二千石，然有極少數例外。如後漢書卷四和帝紀曰：「（永元）三年春正月甲子，皇帝加元服，賜諸侯王、公、將軍、特進、中二千石、列侯、宗室子孫在京師奉朝請者黃金。」按此條可能是因爲中二千石有政務責任，酬其勞苦，多賜黃金，名次以賜黃金之多少而排列，故其名次高於列侯。

註五：薩孟武著中國社會政治史第一冊第二章第三節，舉漢高祖不得不封功臣爲列侯、諸呂畏懼列侯、列侯立文帝及代王確知大臣之意後，乃敢入京登基四事，而謂列侯於漢初政治勢力強大，從而謂漢在武帝以前，丞相必以列侯任之，丞相代表列侯，統宰百揆，牽制天子之專擅。

註六：後漢書卷六十六陳蕃傳封蕃高陽鄉侯，食邑三百戶。而卷七十一朱儁傳封朱儁都亭侯千五百戶。此類反常之例子不多。而由各侯本傳觀之，大致上是縣侯食邑戶數最多，都鄉侯、鄉侯次之，都亭侯、亭侯又次之。

註七：後漢書續志卷二十八續百官志本注，謂特進侯位次車騎將軍。章懷注：「胡廣漢制度曰：『功德優盛，朝廷所敬異者，賜位特進，在三公下。』不在車騎下。」而卷十六鄧禹傳注引漢官儀曰：

「諸侯功德優盛，朝廷所敬者，位特進，在三公下。其次朝侯，在九卿下；其次侍祠侯，其次下士小國侯，以肺腑親公主子孫奉墳墓於京師亦隨時朝見，是爲隈諸侯也。」（四部叢刊本蔡邕獨斷卷下與此大同小異，然其將下士小國侯分開，曰：「其次下士，但侍祠無朝位，次小國侯。」又「猥諸侯」作「猥朝侯」。）

漢官儀、胡廣制度與蔡邕獨斷皆謂特進侯在三公下，續百官志本注則謂在車騎將軍下。又謂朝侯在五校尉下，與漢官儀謂朝侯在九卿下不同。今考之續百官志，諸將軍例在三公下而特寵之者在三公上。五校尉秩比二千石；九卿秩中二千石，地位遠高於五校尉。上引各條述特進侯、朝侯、侍祠侯、猥諸侯之地位互相矛盾。上文已證列侯地位在中二千石之上。此數條有謂侍祠侯地位次於五大夫而猥諸侯更次於博士、議郎者，疑其謬誤。

註八：續百官志注引胡廣制度曰：「猥諸侯」。卷十六鄧禹傳注引漢官儀曰：「隈諸侯」。集解，劉攽曰：「隈當作偎，事在獨斷」。周壽昌曰：「隈、偎、猥通用，古今字作猥，似較合。廣雅：猥，衆也。」按蔡邕獨斷卷下作「猥朝侯」。

註九：漢書卷十七景武昭宣元成功臣表謂龍侯（史記作龍亢侯）摎廣德以酎金免。史記卷二十建元以來侯者年表則謂「有罪誅，國除。」

註十：漢書侯表以酎金失侯確實寫明在元鼎五年者有八十九人。卷十六高惠高后文功臣表謂斥丘懿侯唐厲曾孫尊，「元鼎二年侯尊嗣，二年坐酎金免。」補注，先謙曰：「史表：元鼎五年，國除。」今依史記卷十八高祖功臣侯者年表定其失侯在元鼎五年。

註十一：陳直漢書新證卷一，舉書籍所記載之西漢器物，有平安侯鑪、元成家燭豆、陰𢊁家鋈、橐邑家銅行錠、博邑家鼎、鄂邑家鈁、利成家銅鐙、東昏家銅鐙、單安侯家奩，安成侯家銅鼎。因謂「以上各侯名稱（列侯稱家）皆不見於漢表，知漢表佚侯甚多。」按平安國見漢書卷二十八上二地理志，屬千乘郡；卷十八外戚恩澤侯表之安平侯，補注，王先謙謂是平安侯之誤。單安國見漢書卷二十一上律歷志。漢書卷九十七上外戚孝文竇皇后父追封爲安成侯，置園邑二百家；或不立

國，不論。然西漢尚有另一安成侯，見卷十八外戚恩澤侯表，王崇封安成侯傳後。此則爲陳氏之疏忽。然陳氏之謂漢書

侯表有遺漏，却是確論。

註十二：史記卷十一孝景本紀司馬貞索隱引韋昭曰：「大行，官名，秦時云典客，景帝初改云大行，後更名大鴻臚，武帝因而不改，故漢書景紀有大鴻臚。百官表又云武帝改名大鴻臚。」韋昭因漢書景帝紀有大鴻臚之名而曰景帝時已改大行（令）爲大鴻臚，考漢書卷五景帝紀提及大鴻臚，在景帝中二年二月，在百官公卿表謂典客改名爲大行令前四年，故韋昭所謂典客初改云大行（令），後更名大鴻臚，已明顯有牽强之處。漢書卷五景帝紀補注引劉攽解釋曰：「史記文、景事最畧，漢書則頗有所錄，蓋班氏博采他書成之。故於景帝世謂典客爲大鴻臚，行人爲大行，由它書即武帝時官記景帝世事，班氏失於改革耳。然則改諸官名在武帝世無疑，非表誤也。」劉敞則曰：「案景十三王傳河間獻王死，猶云大行令奏諡，則非表誤也。但官名改易未定，故史於此追舉最後官名耳。武帝初大行王恢、李息即大行令也。」二劉之說是也。又所引史記景帝紀條，其上下文是：「更命廷尉爲大理……大行爲行人，奉常爲太常，典客爲大行。」典客與其屬官大行之更名在同時，然列大行在典客之前；且前後所述更名之官職爲九卿，大行（行人）爲九卿之屬官而夾在中間。此恐是補史記景帝紀者之疏忽也。（據史記卷一百三十太史公自序裴駰集解引張晏曰：「遷沒之後，亡景紀、武紀……」）因典客之前後變名爲典客、大行令、大鴻臚，而其屬官大行之前後變名則爲大行、行人、大行令，典客之變名與其屬官之變名有相同者。補史記景紀者誤以典客之屬官大行爲九卿，而與其他九卿同述其變名。

註十三：見注十二。景帝中二年大鴻臚尚稱典客。

註十四：史記卷一百一十七司馬相如列傳，武帝使相如之蜀告巴蜀吏民曰：「『故有剖符之封，析珪而爵，位爲通侯。』」司馬貞索隱引如淳釋析珪曰：「析，中分也，白藏天子，青在諸侯也。」與顏師古所釋「剖符」同，或「剖符」即是「析

珪」也。辭人之文，好作對偶，或一事而兩述之。而漢書補注王先謙曰：「析圭而爵，言分圭而爵之也。此蓋古語，析即分頒之義，非中分爲二。疑如說誤。楊雄解嘲析人之圭。本書顏注析亦分也，不謂中分。」（漢書卷五十七下司馬相如傳。）

註十五：完整之封列侯策書已不可見，但封諸侯王之策書則可見於史記卷六十三王世家。其中內容分二部份。第一部份述受封者之身份（即受封之理由）及所封何地、名號如何。第二部份則是一些儆戒之訓詞。今述列侯策書亦依之把關於受封者個人情形之部份放在先，而把所有列侯策書都相同的儆戒訓語放在後。

註十六：漢書卷十六高惠高后文功臣表曰：「封爵之誓曰：『使黃河如帶，泰山若厲，國以永存，爰及苗裔。』」與史記所云意思完全一樣，只是文字上小作更改。

註十七：金鄉侯（劉不害封）、石山侯（劉玄封）（以上見卷十五下）揤裴侯（劉道封）（卷十五上）見漢書王子侯表。王莽封王舜子匡爲同心侯，見卷九十九上王莽傳。蔡陽在西漢爲縣，屬南陽，注云：「莽之母功顯君邑，」見卷二十八上二地理志。東漢光武帝於建武十三年封城陽恭王祉「嫡子平爲蔡陽侯。」（卷十四宗室四王三侯列傳）西漢無征羌侯，東漢來歙卒，光武帝贈封歙征羌侯，「改汝南之當鄉縣爲征羌國」，歙子褒嗣傳後（卷十五來歙傳）。至「綏仁」、「立解」，兩漢書無此地名，或史書之闕也。又「揤裴」漢書新證作「柳裴」，今依王子侯表改之。又漢書新證誤寫「征羌」爲「徵羌」，依十鐘山房印舉改之。

註十八：漢書卷四文帝紀：文帝元年，有司請立太子曰：「『諸侯王，列侯始受國者亦皆爲其國祖。』」金日磾始封，爲國祖，其廟世世不毀。而金欽教金當請爲其祖父建及父立廟，則列侯之宗廟起碼有三。金欽又語金當曰：「賞故國君，使大夫主其祭。」按列侯之宗廟應由列侯主其祭，此謂使大夫主其祭者，是毀其廟乎？若是則列侯之家只有三廟矣。古代廟制甚爲複雜，不可作論斷。

註十九：漢代庶人之定義如何，尚是問題。卷九十七上外戚孝宣許皇后傳，掖庭令張賀欲以女孫妻皇曾孫（後之宣帝），賀弟右將軍「安世怒曰：『曾孫迺衞太子後也，幸得以庶人衣食縣官，足矣，勿復言予女事。』於是賀止……賀聞許嗇夫（許廣漢）有女，迺置酒請之，酒酣爲言：『曾孫體近下人，乃關內侯，可妻也。』廣漢許諾。」張安世謂曾孫爲庶人，張賀則謂之乃關內侯。宣帝未被迎立前爵關內侯，獨見於此。

註二〇：爵位制度是身份之等級制度，受知於徐復觀師，其並舉出宣帝即位之前先封侯爲證據。

註二一：漢代之租賦甚爲複雜，李劍農只述其主要者。又漢書卷一下高帝本紀曰：

「（十一年）二月詔曰：『欲省賦甚，今獻未有程，吏或多賦以爲獻，而諸侯王尤多，民疾之。令諸侯王、通侯常以十月朝獻。及郡各以其口數率人歲六十三錢，以給獻費。』」（補注引沈欽韓曰：「案此於一算之外復歲取六十三錢也。」）

算賦一算百二十錢，若沈欽韓所云正確，則成人每年賦錢至百八十三錢矣。此是暫時之稅率歟？抑是漢之賦稅前後變化很大？不可詳矣。

註二二：據漢書卷五十九張安世傳，安世於昭帝時封富平侯。及宣帝立，以安世有定策之功，「益封萬六百戶。」補注，先謙曰：「據表凡萬三千六百四十戶，則元封三千戶也。」查漢書卷十八外戚恩澤侯表，安世封萬三千六百四十戶。

註二三：丞相之受賞賜，除了不成制度之隨皇帝喜歡者外，以臘賜爲最大宗。後漢書續志卷五續禮儀志章懷注曰：

「漢官名秩曰：大將軍、三公臘賜錢各三十萬，（後漢書卷四十三何敞傳注作二十萬。）牛肉二百斤，粳米二百斛，特侯十五萬，卿十萬。」

賞賜量如此之大，恐非常制。又列侯亦有受皇帝之賞賜，如卷五孝景本紀曰：孝景後三年春正月，「甲子，帝崩于未央宮，遺詔賜諸侯王、列侯馬二駟，吏二千石黃金二斤，吏民戶百錢。」喜慶喪葬之賞賜，材料散見於紀、傳，爲數不少，然非常制。卷三高后紀：「二年春詔曰：『……今欲差次列侯功，以定朝位……其與列侯議定奏之。』丞相臣平言：『……列侯幸得賜餐錢、奉邑。』」注引應劭曰：「……諸侯四時皆得賜餐錢。」文潁曰：「餐，邑中更名算錢。」師古曰：「餐錢，賜廚膳錢也。」列侯得賜餐錢，只見於此，恐是漢初對功臣侯之特異，非常制也。

註二四：李劍農先秦兩漢經濟史稿第十四章曰：「百金爲當時中人十家之產，則當時所謂中產之家，僅值十金而已。十金爲錢一百千，百千即成中產階級，則當時貨幣購買力之大，與生活水準之低，亦可於此想見也。」

註二五：按此條「軺車二乘」，勞書釋文作「軺車一乘」，「用馬」則作「用爲」，今依勞書圖版之部改正之。「用馬」陳直漢書新證已先改正。

註二六：史記卷九十六張丞相列傳褚先生補曰：「韋丞相賢者……有相工相之，當至丞相。有男四人，使相工相之，至第二子，其名玄成。相工曰：『此子貴，當封。』韋丞相言曰：『我即爲丞相，有長子，是安從得之？』後竟爲丞相，病死，而長子有罪論，不得嗣，而立玄成。」異於漢書，然此文疏畧，故不採也。

註二七：後漢書續志卷二十五續百官志本注謂大鴻臚「掌諸侯……皇子拜王，贊授印綬；及拜諸侯、諸侯嗣子……台下，鴻臚召拜之。」將王與諸侯並列，諸侯指列侯無疑。謂鴻臚拜列侯嗣子台下，疑其是在京師之特異者，普通列侯及其子在其國，東漢之列侯地位低於西漢列侯，西漢列侯薨，遣使視喪立嗣，則東漢列侯嗣子無理由要到京師特由大鴻臚封拜。當是遣使之其國弔喪及立嗣。

註二八：漢書卷八十二史丹傳丹父史高封樂陵侯，卒，「丹兄嗣父爵爲侯，讓不受分，丹盡得父財。」補注引齊召南曰：「案：

表丹兄名術，即樂陵嚴侯也。」丹兄所讓非爵，財耳，故後謂丹盡得父財，而表又謂丹兄即樂陵嚴侯。（卷十八外戚恩澤侯表。）

註二九：列侯無子國絕，亦有例外者。如後漢書卷三十三馮魴傳：魴孫石嗣母獲嘉公主，封獲嘉侯。「卒，子代嗣。代卒，弟承嗣。」另外或者尚有一些同類之例子，然與無子國除之例比較，簡直不成比例。侯表中無子國除之例觸目皆是，故此相反之例以特異視之可也，固不能以之否定此制度。

讀後漢書劄記

李學銘

一

(一)論馬援之遺謗

王夫之讀通鑑論卷六云：

光武之於功臣，恩至渥也，位以崇，身以安，名以不損，而獨於馬援寡恩焉。抑援自取之乎？宣力以造人之國家，而卒逢罪譴者，或忌其彊，或惡其不遜，而援非也，爲光武所厭而已矣。老氏非知道者，而身世之際有見焉。其言曰：「功成、名遂、身退。」蓋亦察於陰陽屈伸之數，以善進退之言也。平隴下蜀，北禦匈奴，南定交阯，援未可以已乎？武谿之亂，帝愍其老而不聽其請往，援固請而行。天下已定，功名已著，全體膚以報親，安祿位以戴君，奚必馬革裹尸而後爲愉快哉！光武於是而知其不自貴也，不自貴者，明主之所厭也。夫亦曰：苟非貪俘獲之利，何爲老於戎馬而不知戒乎？明珠之謗，有自來矣。老而無厭，役人甲兵以逞其志，誠足厭也。故身死名辱，家世幾爲不保。

馬援爲光武中興之功臣，平隴下蜀，北禦匈奴，南定交阯，勳業誠彪炳矣；誡人之禍，皆如所言，智誠睿矣。武陵五溪蠻夷之亂，援因復請行，時年六十二。其後兵困壺頭，援亦中病，於是自效之功臣，忽變爲不保令終之罪將。會病卒，其妻孥惶懼，不敢以喪還舊塋，槁葬而已。自來論者或歸咎於援「過其才爲之不已」，有以致之（註一）。夫之之論，蓋引伸其說而更詳言之。若其議論要點，括而言之，不外二端：援功成名遂而不身退，殆不自貴者也，故爲光武所厭，此其一；老於戎馬而不知戒，人或疑其有貪利之心，明珠之謗，有自來矣，此其二。然光武之所以大怒兵困失利於前，又益怒乎明珠之謗於後，何也？夷考其故，頗疑其中必有涉及國家利害之事實，足使譖陷之言，得以中光武之所忌，不止兵困失利、明珠之謗而已。夫之以爲援之年老自效，遂啓光武之厭，雖亦言之成理，惟於光武之心意，解釋未免畧嫌迂曲，且於涉及國家利害一事，似未特爲注意。爰就史傳稽勾節錄，草此短篇，以表出之。至其他政治等問題，非茲篇範圍及其主旨之所在，姑暫存而不論焉。

二

後漢卷二十四馬援傳（以下凡屬本傳，書名卷數從畧）云：

（建武）二十四年（西四八），武威將軍劉尚擊武陵五溪蠻夷，深入，軍沒，援因復請行。時年六十二，帝愍其老，未許之。援自請曰：「臣尚能被甲上馬。」帝令試之。援據鞍顧眄，以示可用。帝笑曰：「矍鑠哉，是翁也！」遂遣援率中郎將馬武、耿舒、劉匡、孫永等，將十二郡募士及弛刑四萬餘人征五溪。

試就史文意義推考，光武於援之自效，似無厭之之意。且用兵蠻夷，非同兒戲，倘援確無足以勝任之能力，英明果斷、屢經戰陣如光武者，又安肯遣之遠征？若其所以令試被甲上馬，乃欲驗其體力耳，實則是否用援之決定，殆夙慮之深矣。又馬援傳云：

初、軍至下雋，有兩道可入，從壺頭則路近而水嶮，從充則塗夷而運遠，帝初以爲疑。及軍至，耿舒欲從充道。援以爲弃日費糧，不如進壺頭，搤其喉咽，充賊自破。以事上之，帝從援策。三月，進營壺頭。賊乘高守隘，水疾，船不得上。會暑甚，士卒多疫死，援亦中病，遂困……耿舒與兄好時侯弇書曰：「前舒上書當先擊充，糧雖難運而兵馬得用，軍人數萬爭欲先奮。今壺頭竟不得進，大衆怫鬱行死，誠可痛惜。前到臨鄉，賊無故自致，若夜擊之，即可殄滅。伏波類西域賈胡，到一處輒止，以是失利。今果疾疫，皆如舒言。」弇得書，奏之。帝乃使虎賁中郎將乘驛責問援，因代監軍。會援病卒，松宿懷不平，遂因事陷之。帝大怒，追收援新息侯印綬。

從壺頭則路近，從充道則運遠，兩事俱上，而光武從援策，則其意在速近，理可知也。夫光武平日料敵制勝，明見萬里之外，「常言伏波論兵與我意合，每有所謀，未嘗不用」(註二一)，是知光武咎援失利，非因其策之得失，而實與耿舒所述援之行軍態度有關。耿舒書云「伏波類西域賈胡，到一處輒止，以是失利」諸語，殆非光武所願聞，故即遣使乘驛責問援者，以此。惟光武之大怒，則在援卒之後，所以然者，則由梁松宿懷不平，遂因事陷之，有以致於斯也。上引史料叙述層次了然，畧加審察，即可得知。至梁松之所以有不平於援者，厥有二事。馬援傳云：

援嘗有疾，梁松來候之，獨拜牀下，援不答。……松由是恨之。

此一事也。又同傳云：

初，(援)兄子嚴、敦並喜譏議，而通輕俠客。援前在交阯，還書誡之曰：「……龍伯高敦厚周慎，口無擇言，謙約節儉，廉公有威，吾愛之重之，願汝曹效之。杜季良豪俠好義，憂人之憂，樂人之樂，淸濁無所失，父喪致客，數郡畢至，吾愛之重之，不願汝曹效也。……」季良名保，京兆人，時爲越騎司馬。保仇人上書，訟保「爲行浮薄，亂羣惑衆，伏波將軍萬里還書以誡兄子，而梁松、竇固以之交結，（王先謙後漢書集解曰：「以」字無義，疑當作「與」，音近而訛。）將扇其輕僞，敗亂諸夏」。書奏，帝召責松、固，以訟書及援誡書示之。松、固叩頭流血，而得不罪。詔免保官。伯高名述……由此擢拜零陵太守。

此又一事也。章懷太子注松宿懷不平之故，僅舉「援往受其拜」一事，所見殆未周備。夫杜保本無確罪，竟坐援書而免官；龍述本無他功，竟由此而擢拜，何也？援書謂保「豪俠好義，憂人之憂，樂人之樂，清濁無所失，父喪致客，數郡畢至」，殆其罪證。裴松之以爲援之此誡，稱龍美而言杜惡，「致使事徹時主」，「與其所誡自相違伐」，深所不取（註三）。然援書於龍、杜均云愛之重之，未嘗言杜過惡，特以多通賓客，豪俠好義，乃光武所疾惡，故一聞「保行爲浮薄，亂羣惑衆」之訟，即加罪譴；若龍述之敦厚周愼，屏居自守，則爲光武所喜，故免保官之同時，即加擢拜。其中抑揚之意，昭昭然矣。此乃光武示其喜惡於衆，使臣下知所戒愼，亦治術之一端也。然有一事須加注意者，則爲梁松本坐援書，叩頭流血，光武所親見也，而使之乘驛責援代監其軍，其中豈無深意存焉？上引史文載援「兄子嚴、敦並喜譏議，而通輕俠客」，則亦深啓光武之惡，而竟得不罪，此或書由援發，免保官已足明示獎懲，故於嚴、敦之所爲，特予寬貸而不問歟？然援之戚屬，好通賓客者亦頗不少，故方壺頭兵困，光武即遣梁松責問，豈其加罪之意，已夙存於心中耶？茲特節錄史料，以見馬援及其戚屬之行事焉。

三

馬援傳云：

初，援兄子壻王磐子石，王莽從兄平阿侯仁之子也。莽敗，磐擁富貲居故國，爲人尚氣節而愛士好施，有名江淮間。後游京師，與衛尉陰興、大司空朱浮、齊王章共相友善。援謂姊子曹訓曰：「王氏，廢姓也。子石當屏居自守，而反游京師長者，用氣自行，多所陵折，其敗必也。」後歲餘，磐果與司隸校尉蘇鄴、丁鴻事相連坐，死洛陽獄。而磐子肅復出入北宮及王侯邸第。援謂司馬呂种曰：「建武之元，名爲天下重開。自今以往，海內日當安耳。但憂國家諸子並壯，而舊防未立，若多通賓客，則大獄起矣。卿曹戒愼之。」及郭后薨，有上書者，以爲肅等受誅之家，客因事生亂，慮致貫高、任章之變。帝怒，乃下郡縣收捕諸王賓客，更相牽引，死者以千數。

磐、肅父子得罪之由，咸與交通賓客一事有關，是知此乃當時國家大防，而光武不惜苛於用刑者也。援乃磐、肅戚屬，雖未因是連坐受譴，惟謂光武於此並無介介於懷，恐亦未必然也。抑且援未遭謗前之所爲，間或有未合當時大防之戒，而足啓光武平日之惡者。今試稽勾史實，畧加疏解，以證成其說焉。

馬援傳云：

（建武）十一年（西三五）夏，璽書拜援隴西太守。……諸種有數萬，屯聚寇鈔，拒浩亹隘。……虜遂大潰……援中矢貫脛，帝以璽書勞之，賜牛羊數千頭，援盡班諸賓客。……賓客故人，日滿其門。

又北堂書鈔七十四引華嶠書云：

馬援爲隴西太守，遇長吏如兄弟，委以任之。

衡以當日大防之戒，援「遇長吏如兄弟」，恐未必爲君主所喜。若夫以牛羊數千頭「盡班諸賓客」，是施恩也；「賓客故人，日滿其門」，則其數似在不少；施恩而得衆，則尤深啓君主之所惡矣。馬援傳又云：

（援）四子：廖、防、光、客卿，客卿幼而歧嶷，年六歲，能應接諸公，專對賓客。嘗有死罪亡命者來過，客卿逃匿不令人知。外若訥而內沈敏，援甚奇之，以爲將相器，故以客卿字焉。

夫援乃食祿朝廷之命官，其幼子竟逃匿死罪亡命者，不令人知，此乃干犯國法，觸君之忌，自不待言。馬家子弟平日之行徑，必有頗類於此，客卿耳濡目染，然後方至於是也。援爲家長，且常在外，其事於當時或弗得知，然其治家不嚴之罪，又豈能辭？馬援傳又云：

初，援軍還，將至，故人多迎之，平陵人孟冀，名有計謀，於坐賀援。援謂之曰：「吾望子有善言，反同衆人邪？昔伏波將軍路博德開置七郡，裁封數百戶；今我微勞，猥饗大縣，功薄賞厚，何以能長久乎？先生奚用相濟？」冀曰：「愚不及。」援曰：「方今匈奴烏桓尙擾北邊，欲自請擊之。男兒要當死於邊野，以馬革裹尸還葬耳，何能臥牀上在兒女手中邪！」

故人迎勞，事本尋常，而史籍載之，且又著一「多」字，試持此與援平日交往賓客故人之事互相參證，可見援雖以當時大防誡其戚屬，而不能自免於讒隙，豈其智慮不足以爲反身之察，因以啓光武之惡而不自覺乎？援自謂「功薄賞厚」，欲謀長久之道，則援已知光武僅以籠絡施之於己，夫籠絡必無誠，無誠則勢危，援之自效遠征，蓋有不得已焉。夫之讀通鑑論譏其「不自貴」而爲明主所厭，又斥其「奚必馬革裹尸而後爲愉快」，是弗眞知援者矣。又馬援傳云：

初，援在交阯，常餌薏苡實，用能輕身省慾，以勝瘴氣。南方薏苡實大，援欲以爲種，軍還，載之一車。時人以爲南方珍怪，權貴皆望之。援時方有寵，故莫以聞。及卒後，有上書譖之者，以爲前所載還，皆明珠、文犀。馬武與於陵侯侯昱等，皆以章言其狀，帝益怒。援妻孥惶懼，不敢以喪還舊塋，裁買城西數畝地槁葬而已。賓客故人莫敢弔會。嚴與援妻子草索相連，詣闕請罪，帝乃出松書以示之，（案：據太平御覽五百五十四引謝承書，「松」作「訟」，試就上下文義推之，疑以「訟」爲是。）方知所坐，上書訴寃，前後六上，辭甚哀切，然後得葬。

明珠、文犀之謗，光武之所以「益怒」者，何也？今就上舉引文畧加推論，殆亦足爲本文論旨之一助歟？案援前所載薏苡實，乃在交阯軍還之時，史云人或以爲南土珍怪，援方有寵，故莫以聞。惟光武事後得聞譖陷之言，恐或以爲己之未得其狀於當時，乃援勢力盛大所致。夫明主豈容勢盛之臣下？光武所以益怒於援者，殆或以此。抑且壺頭兵困，光武即遣梁松責問於援，則其早有見罪之意，非昭然若揭耶？所以然者，以援及其戚屬好通賓客故也，而好通賓客爲當時之大防，倘以明珠、文犀之載還，與施恩賓客故人一事相連，則光武之所以益怒於援，亦有由矣。使其謗之從來，僅爲疑援貪俘獲之利，則光武何故盛怒一至於斯？茲更舉述馬援傳所載朱勃上書訟寃之言，以爲本文論旨之助焉：

臣聞王德聖政，不忘人之功，採其一美，不求備於衆。……夫大將在外，讒言在內，微過輒記，大功不計，誠爲國家之所愼也。……夫戰或以久而立功，或以速而致敗，深入未必爲得，不進未必爲非。人情豈樂久屯絕地，不生歸哉！

據此，可見光武咎援失利，非因其進兵壺頭之策，而實因其久屯而不進也，此意前文已有所論，茲僅藉是以爲前論之旁證耳。或謂光武聽信耿舒失利誣陷之言，乃其春秋既高，智有所困，不知光武於援及其戚屬平日之行事，意夙有所不懌，智豈有所困哉！朱勃又云：

夫明主醲於用賞，約於用刑。高祖嘗與陳平金四萬斤以間楚軍，不問出入所爲，豈復疑以錢穀間哉？

與金而不疑，此高祖之信用陳平也（註四）。朱勃持此爲例，殆爲明珠、文犀之謗而發乎？讒言謂援以車載還南土珍怪，勃雖心知其寃，然亦缺乏確據證明其必無，故訟寃時僅舉高祖與金之例，以爲不應疑臣下於錢穀間，則光武視此爲援應譴之罪證，理可知矣。夫戰將立功於外，偶貪俘獲之利，雖亦爲光武所不悅，然其不責當時弗願舉報之人，而追怒於援卒之後，恐非明主治國之常道也。頗疑光武所以益怒於援，殆與援及其戚屬平日之行事有關，好珍寶而又施恩於賓客故人，則明珠、文犀之用，必涉及國家安危，此豈英斷如光武者所可容！是故昧乎當時國家之大防，則於梁松因事陷援之「事」，究爲何「事」，必不可豁然通解也。朱勃又云：

臣聞春秋之義，罪以功除；聖王之祀，臣有五義。若援，所謂以死勤事者也。願下公卿平援功罪，宜絕宜續，以厭海內之望。臣年已六十，常伏田里，竊感欒布哭彭越之義，冒陳悲憤，戰慄闕庭。

案欒布本燕王臧荼將，以兵敗爲漢虜，彭越聞之，乃請贖爲大夫。及使齊還，越已梟首雒陽，布奏事越頭下，故祠而哭之也。夫越之身遭刑戮，其是非姑不必論，然以謀反罪誅，乃史籍所明載者（註五）。今勃以布自況，則其以越譬援也審矣。凡功臣之逢罪譴者，或忌其彊，或惡其不遜，而援非也；勃以援與越相提並論，豈非比譬不倫乎？夫比譬不倫，猶事之小者，倘援並無反罪而竟以反罪之彭越喩之，則大失訟寃之義矣，朱勃豈其人哉！復次，援以讒言得罪，其誣罔之詞，史籍雖謂與兵困、珍怪二事有關，惟光武咎援牴觸國家大防之心意，必爲人人所知見，又不必予以隱諱，然後勃之訟書，方敢持彭越、欒布之事例以爲譬況，且奏之於朝堂之上也。由是言之，馬援得罪之由，與夫國家大防之關係，其密切如此，從可知矣！而壺頭兵困、明珠文犀之咎責，不過發其事端，梁松等乃因之以成援罪而已。

四

若夫馬援傳傳論，所云雖未顯晰，惟其中亦有足堪玩味之微意，可與本文論旨相證相成而不悖者：

論曰：馬援騰聲三輔，遨游二帝，及定節立謀，以干時主，將懷負鼎之願，蓋爲千載之遇焉。然其誡人之禍，智矣，而不能自免於讒隙。豈功名之際，理固然乎？夫利不在身，以之謀事則智；慮不私己，以之斷義必厲；誠能回觀物之智而爲反身之察，若施之於人，則能恕，自鑒其情，亦明矣。

上文所論，最可注意者約凡兩事：其一爲許援智能誡人之禍，其二則謂援不能回觀物之智而爲反身之察。案援誡人之言，皆與交通賓客一事有關，如前在交阯，還書以誡兄子嚴、敦，舉龍述、杜保二人爲例，是也。又如援兄子壻王磐及子肅，皆得罪於當時，其罪即與游京師長者及多通賓客有關，援均能預見其禍而先發誡言。凡人能遠慮未發之禍，誠爲智矣，然傳論於援弗能回觀物之智而爲反身之察，頗示憾意，則援得罪之由，與其平日所諄諄誡於人者，必有相連關係，此理可推知也。實則范曄於援得罪之先，已述援及其戚屬多通賓客故人之狀，而於得罪之後，又屢叙其告誡他人交通賓客之事，皆以「初」字發其端，則范氏於史料之安排，已有深意存焉，傳論云云，亦已示其微意，特以文字頗隱曲，遂啓後來論者之嚾嚾耳。

考光武爲政之術，頗采法家綜覈之治，故峻文深憲，責成吏職，二千石長吏有纖微之過者，必見斥罷。又不以功臣任職，至使英姿茂績，委而勿用。雖寇、鄧之高勳，耿、賈之鴻烈，分土不過大縣數四，所加特進朝請而已（註六）。議者或謂此乃光武深圖遠算，欲制御元功而保全之，不知光武本「精明而陰狠」（註七），若多通賓客而犯大防，則不惜起大獄，痛責徵，馬援因謗得罪，乃其一例。夫光武遇功臣之苛切，非止一端，其詳猶待細考，茲僅摘取馬援遭謗之由，特爲透出，藉以見光武之寡恩忌刻焉爾。

附註：

註一：見袁宏後漢紀卷八光武紀。

註二：見後漢書馬援傳。

註三：見三國志卷二十七魏王昶傳注。

註四：詳見漢書卷一上高帝紀上。

註五：參見漢書卷三十四彭越傳及卷三十七欒布傳。

註六：參見後漢書卷三十三朱浮傳及卷二十二朱景王杜馬劉傳堅馬傳論。

註七：詳見徐復觀先生所撰「漢代專制政治下的封建問題」一文，大陸雜誌第三十八卷第七期。

（二）劉縯遭害原因的分析

劉縯（伯升）是劉秀（光武）的兄長，招集宗族、賓客起事，又在劉秀之前，在東漢史上，自然是個值得注意的人物。可惜他大業未成，却遭劉玄（更始）等人的謀害。不少論史的人，在提到這件重要史實時，往往同情劉縯的遭遇，而對於劉玄等人的行爲，則表示了責備。劉縯的遭遇，的確有值得同情的地方，但他本人，也應負上相當責任。王夫之在「讀通鑑論」卷六裏，就對劉縯的所作所爲，採取批評的態度。下面是王夫之的意見：

> 力均則度義，義均則度德，力可恃也，義可恃也。至於德而非可以自恃矣。伯升果有天下之志，與更始力相上下，而義相匹，則以德相勝，而天下惡能去己？諸將之欲立更始，無亦姑聽之而待其自弊，如其不弊，則天且授之，人且歸之，而惡能與爭？如其弊，則姑順諸將之欲，自全於禍福之外，遵養以待時。故高帝受巴蜀漢中之封，而待三秦之怨、三齊之反以屈項羽，而羽終屈。伯升不知出此，婞婞然與張卭、朱鮪爭。夫天下之大寶，豈有可自爭而自得者乎？其見害於諸將也，不揆而犯難也。李軼且扼腕而思害焉，況他人乎！

在這段文字裏，王夫之指出劉縯不知「自全於禍福之外，遵養以待時」，當各將領計議立劉玄時，竟然表示不肯同意，終於遭受人家的殺害。王氏的見解，當然有可取的價值，但我們都知道，「讀通鑑論」一書，立論根據，只不過限於通鑑的記述，在發揮議論時，難免畧欠周全。在這裏，我們試利用早於通鑑的史料，對劉縯遺害一事，作比較全面的分析。這種分析，一方面，可以證明王氏所論，的確是有根據的；另一方面，我們亦可以看出：王氏所見所云，也還有不足的地方。

二

劉縯反對立劉玄的記載，見後漢書卷十四齊武王縯傳（以下凡屬本傳，書名卷數從畧）：

> 諸將會議立劉氏以從人望，豪桀咸歸於伯升。而新市、平林將帥樂放縱，憚伯升威明而貪聖公懦弱，先定其策立之，然後使騎召伯升，示其議。伯升曰：「諸將軍幸欲尊立宗室，其德甚厚，然愚鄙之見，竊有未同。……願各詳思之。」諸將多曰「善」。將軍張卬拔劍擊地曰：「疑事無功。今日之議，不得有二。」衆皆從之。

原來在王莽末年的時候，起事羣雄，不是自稱劉氏子孫，便以輔漢爲名（註一）。所以那時各將領議立的人選，是劉姓的劉縯和劉玄；前者受一般豪傑的擁戴，後者也有新市、平林將帥的支持。就實力而論，他們應該沒有太大的距離。任何一人得立，其他一人的勢力，必然受到限制或打擊，這是無可避免的結果，也是歷史上權位鬥爭的常有現象。劉縯是劉玄的唯一競爭對手，結果並未得立，即使他善自掩抑、韜光養晦，也不能保證他將來不被殺害，何況他還不避嫌疑，公然以候選人的身份，提出反對的意見！他的遭害，的確如王夫之所說，是「不揆而犯難」。而且他反對的理由，衡以當時情勢，也是有問題的。齊武王縯傳載有他反對的說話：

> 今赤眉起青、徐，衆數十萬，聞南陽立宗室，恐赤眉復有所立，如此，必將內爭。今王莽未滅，而宗室

相攻，是疑天下自損權，非所以破莽也。且首兵唱號，鮮有能遂，陳勝、項籍，即其事也。舂陵去宛三百耳，未足爲功。遽自尊立，爲天子準的，使後人得承吾敝，非計之善者也。今且稱王以號令。若赤眉所立者賢，相率而往從之；若無所立，破莽降赤眉，然後舉尊號，亦未晚也（註二）。

這番話，乍看起來，理由似乎相當充分，但劉縯忽略了最重要一點，就是當時起事的人，無非爲了日後的功名富貴，他們所恐懼的，是人家有所立而自己所追隨的人不得立。劉縯不能充分了解將領的心意，竟然說出「若赤眉所立者賢，相率而往從之」，眞是不切實際的話。史書說各將領多贊同他的意見，恐怕不符事實的本眞，否則，即使張卭拔劍擊地，也不會出現「衆皆從之」的場面。而且，劉縯的說話，雖沒有明確指出諸將所立的不賢，但却表示要看赤眉所立的賢、不賢，也就是說，他並不把劉玄視爲賢君的理想人選；這種語調，不但使劉玄懷恨於心，也會惹起部分將領的反感。

所以，劉縯之未得立，固然是由於新市、平林將帥的預謀，但他措詞不當，也不能說沒有影響。而劉玄和部分將領要害他的殺機，應該起於他侃侃陳辭，表示反對的時候。做了皇帝的人，要對付曾經阻止自己做皇帝的競爭者，在我國歷史上，並不是不常見的現象。

三

劉縯既然是劉玄的競爭對手，本身當然有強大的實力。據齊武王縯傳的記述：

伯升自發舂陵子弟，合七八千人，部署賓客，自稱柱天都部。……會下江兵五千餘人至宜秋，乃往爲說合從之埶，下江從之。……遂斬（甄）阜、（梁丘）賜……遂進圍宛，自號柱天大將軍。……自阜、賜死後，百姓有降者，衆至十餘萬。

劉縯初起，只不過有春陵子弟七八千人，其後「衆至十餘萬」，軍力的發展，不可謂不迅速。其中雖亦包括新市、平林的兵將，但他本身的實力，必然不可輕視。這一點，對劉玄所居君位的安危，構成很大的威脅。還有，劉縯當時具有的聲勢，也不是劉玄等人所能容忍。如齊武王縯傳：

王莽素聞其名，大震懼，購伯升邑五萬戶，黃金十萬斤，位上公。使長安中官署及天下鄉亭皆畫伯升像於塾，旦起射之（註三）。

敵人所畏懼的對象，不是劉玄，也不是新市、平林的將帥，他們的不愉快，是不難了解的。的確，劉縯的聲勢，是日漸增加了，然而他自己的生命，也日漸接近危險的境地。又據齊武王縯傳：

聖公（劉玄）既即位，拜伯升為大司徒，封漢信侯。由是豪桀失望，多不服。平林後部攻新野，不能下。新野宰登城告曰：「得司徒劉公一信，願先下。」及伯升軍至，即開城門降。……自是兄弟威名益甚，更始君臣不自安，遂共謀誅伯升（註四）。

平林兵將攻不下新野，竟輕易降服於劉縯。從新野宰所說的話，可見劉縯當時威信之大，平林兵將的不滿，是很容易想見的。一個具有很大威信的人，如果是人君的話，自然十分理想，但劉縯只是人臣。這樣的人臣，幸而遇到有特別容人之量的明君，還可以成為一位了不起的開國元勳，否則，就會隨時遭害。劉玄和他的支持者因劉縯兄弟的「威名益甚」而不自安，當然要共謀誅害了。

四

劉縯身處險境而不自知，對人家的警告，不但不肯提高警惕，還抱著輕忽的態度，證據可見齊武王縯傳：

（更始）乃大會諸將，以成其計。更始取伯升寶劍視之，繡衣御史申屠建隨獻玉玦，更始竟不能發。及罷會，伯升舅樊宏謂伯升曰：「昔鴻門之會，范增舉玦以示項羽。今建此意，得無不善乎？」伯升笑而不應。

申屠建獻玦的用意，是取法范增請項籍下決心殺劉邦的故事（註五）。這宗發生於楚漢之際的事件，距離當時並不甚遠，應該是人人所熟知。可是劉縯却等閒視之，並不戒備。此外，我們可以再引述齊武王縯傳的傳文，來證明劉縯的輕忽：

初，李軼諂事更始貴將，光武深疑之，常以戒伯升曰：「此人不可復信。」又不受（註六）。

由上文看來，劉縯是個極爲自信的人，因此不易輕信人言。就是因爲他的自信，終使他逃不過殺身的命運。齊武王縯傳：

伯升部將宗人劉稷數陷陳潰圍，勇冠三軍。時將兵擊魯陽，聞更始立，怒曰：「本起兵圖大事者，伯升兄弟也，今更始何爲者邪？」更始君臣聞而心忌之，以稷爲抗威將軍，稷不肯拜（註七）。更始乃與諸將陳兵數千人，先收稷，將誅之，伯升固爭。李軼、朱鮪因勸更始并執伯升，即日害之（註八）。

劉玄君臣首先收捕劉稷，其實是以劉縯爲鵠的。劉稷既是部將、宗人，且又勇冠三軍，劉縯決沒有坐視不救的道理。只要不肯坐視，起而「固爭」，就有殺害的藉口了。這種安排，當然是預先計畫的。在這事未發生前，劉秀也曾提出警告，可惜劉縯仍然一笑置之，毫不備戒備。不過，根據這條材料，再拏上文申屠建獻玦一事來合證，我們可以知道：劉玄本人，並沒有一定要殺劉縯的決心，決意要殺劉縯的，是劉玄的支持者，其中包括了新市、平林的將帥，還有後來投附新貴的李軼。這羣人的目的，簡單地說，完全是爲了要保持已得的功名富貴。他們知道，只有確保劉玄的君位，纔可以繼續維持自己的利益。劉稷之所以發怒，也因爲他所追隨的人，是劉縯兄弟，他的前途所寄，也是劉縯兄弟，但立的却是劉玄，難怪他捺禁不住，要發出肇禍的怒言。可見劉縯的遭害，並不是個人之間的恩怨，實際上是集團與集團之間的利益衝突。劉秀是明白人，所以後來當劉秀破敗時，他不但封劉玄爲淮陽王，還下詔「吏人敢有賊害者，辠同大逆」（註九）。對於曾經參與謀害一事的朱鮪，亦能予以優容（註十）。劉秀這樣做，固然是一種政治姿態，但我們可以看出，他並沒有把殺害兄長一事，完全歸罪劉玄或朱鮪一人。

五

據史書的叙述，劉玄是個懦弱無能而又深有自卑感的人（註十一）。如果這種記述可以成立的話，也就怪不得劉縯敢於低估他的才能，輕忽他的圖謀。事實上，這種記述，可能有不盡不實的地方，即就現存史料觀察，我們已經可以看出疑點。後漢書卷十一劉玄傳：

> 弟爲人所殺，聖公結客欲報之。客犯法，聖公避吏於平林。吏繫聖公父子張。聖公詐死，使人持喪歸舂陵，吏乃出子張，聖公因自逃匿（註十二）。

劉玄那時還是處身微賤，就已有勇氣結客報仇，可見決不是個懦弱自卑、伈伈俔俔的人。而且，從詐死救父一事，可知他亦具有相當謀畧，不是個全無頭腦的庸人。只不過有關東漢史事的撰述，大多出自「東觀」，甚至有由皇帝和皇后所刊定的（註十三），范曄在剪裁綴輯史料的時候，有時不免因襲舊文，保存了一些不正確的記錄。劉知幾在史通曲筆篇裏，就有針對這方面的論述（註十四）。關於劉玄的才智，我們還可以引錄另一材料來說明。據後漢書卷三十六鄭興傳：

更始諸將皆山東人，咸勸留洛陽。興說更始曰：「陛下起自荊楚，權政未施，一朝建號，而山西雄桀爭誅王莽，開關郊迎者，何也？此天下同苦王氏虐政，而思高祖舊德也。今久不撫之，臣恐百姓離心，盜賊復起矣。……今議者欲先定赤眉而後入關，是不識其本而爭其末，恐國家之守，轉在函谷，雖臥洛陽，庸得安枕乎？」更始曰：「朕西決矣。」拜興為諫議大夫，使安集關西及朔方、涼、益三州，還拜涼州刺史。

根據上文，我們不難看出：劉玄也算得是個精明而有決斷的君主（註十五），能夠接納善言，認識大局，並非全是新市、平林的傀儡。如果在競爭的時候，過分低估這樣的對手，對自己是不會有好處的。不幸的是，劉縯不但低估了對手的才能，而且還輕忽了劉玄等人的圖謀，犯了不能「知彼知己」的大忌。於是，正如上文所述，由於集團利益的衝突，劉縯在毫不戒備的情況下，竟然慘遭人家的殺害。

六

根據現存的史料看，劉縯不愧是個亂世豪傑，做事精明而有遠見，但處理自己的安危問題時，却採取這樣輕忽的態度，究竟是甚麼緣故呢？照我們了解：這是劉縯的性格使然。關於劉縯的性格表現，我們不妨引述一些資料，好作一個具體的說明。齊武王縯傳：

齊武王縯字伯升，光武之長兄也。性剛毅，慷慨有大節。自王莽篡漢，常憤憤，懷復社稷之慮，不事家人居業，傾身破產，交結天下雄俊。

又後漢書卷一上光武帝紀：

伯升好俠養士，常非笑光武事田業，比之高祖兄仲。……地皇三年（西二十二）……時伯升已會衆起兵。初，諸家子恐懼，皆亡逃自匿，曰「伯升殺我」（註十六）。

劉縯是個剛毅有大節的人，平日的行徑，已經鋒芒畢露，不守常規。他不是個淡泊自甘，從事「家人居業」的農夫；更不是個善自隱藏、遵養待時的豪雄。他的破家交結雄俊，是要轟轟烈烈地幹一番大事。正因爲他是個這樣的人，所以日常的舉措，必然不畏人忌，輕忽小節，而碰上大事時候，却又能表現高瞻遠矚的領袖風範。如後漢書卷十七岑彭傳：

甄阜死，彭被創，亡歸宛，與前隊貳嚴說共城守。漢兵攻之數月，城中糧盡，人相食。彭乃與說舉城降。諸將欲誅之，大司徒伯升曰：「彭，郡之大吏，執心堅守，是其節也。今舉大事，當表義士，不如封之，以勸其後。」更始乃封彭爲歸德侯，令屬伯升。

劉縯爲岑彭向諸將解說，完全是領袖的容人胸襟。他又主張爲了表彰義節，「不如封之，以勸其後」，更可顯示出他是個不拘小節以圖大事的領導人物。這種充滿自信、鋒芒畢露的人，又怎會重視樊宏、劉秀的警告！又怎會把申屠建獻玦的事放在心上！就是這一種人，因爲過於自信的關係，往往會輕視人家的能力，疏於戒備對手的圖謀，給人以可乘之機。對於這一點，齊武王縯傳傳論有幾句精闢的話，可以引述下來，作爲本節的結東：

大丈夫之鼓動拔起，其志致蓋遠矣。若夫齊武王之破家厚士，豈游俠下客之爲哉！……志高慮遠，禍發所忽，嗚呼！古人以蜂蠆爲戒，蓋畏此也。

七

根據上文的論述，我們可以了解：劉縯的遭害，跟他的性格有很密切的關係。他是個剛毅而自負的人，所以纔會不顧情勢，侃侃陳辭，反對諸將議立劉玄的意見，種下了日後的禍根。他反對無效以後，又不能自抑待時，竟然以人臣的身份，表現過人的聲勢，發揮自己的威信，構成了對別人的威脅。別人爲了要確保自己的利益，當然要對付他。可惜他過分自信了，他輕視了對手危害自己的圖謀，忽畧了親人預早的警告，不知謹愼自處，終於招來殺身之禍。我們承認，他也算得是個高瞻遠矚的豪傑，又有容人的胸襟，只是他感覺不到隱伏身旁的殺機。而且，他的鋒芒太露了，也露得太早了，具有才能而自信的人，往往會犯上這樣的毛病。

附註：

註一：詳見廿二史劄記卷三「王莽時起兵者皆稱漢後」條。
註二：袁宏後漢紀卷一所載畧同。
註三：參見東觀漢記卷七及後漢書卷十四齊武王縯傳注引司馬彪續漢書。
註四：參見東觀漢記卷七。

註五：史記卷七項羽本紀：項王即日因留沛公與飲。項王東嚮坐，亞父南嚮坐。亞父者，范增也。沛公北嚮坐，張良西嚮侍。范增數目項王，舉所佩玉玦以示之者三，項王默不應。

註六：袁宏後漢紀卷一亦云：李軼初與世祖善，後諂新貴而疏世祖，世祖誡伯昇（升）曰：「此人不可親也。」伯昇不從。

註七：袁宏後漢紀卷一：更始大不悅，世祖惡之，謂伯昇曰：「事欲不善。」伯昇笑曰：「恆如是耳。」

註八：參見東觀漢記卷七。

註九：語見後漢書卷一上光武帝紀。

註十：昭明文選卷四十二阮瑀「爲曹公作書與孫權」及卷四十三邱遲「與陳伯之書」注引謝承後漢書：光武攻洛陽，朱鮪守之。上令岑彭說鮪曰：「赤眉已得長安，更始爲胡殷所反害，今公誰爲守乎？」鮪曰：「大司徒公被害，鮪與其謀，誠知罪深，不敢降耳！」彭還白上，上謂彭復往明曉之：「夫建大事，不忌小怨。今降，官爵可保，況誅罰乎？」

註十一：有關劉玄懦弱無能的記載，見袁宏後漢紀卷一：「聖公素懦弱，流汗不敢言。」這是初立時的樣子。又據東觀漢記卷二十三：「更始至長安，居東宮……更始上前殿，郎吏以次侍，更始媿恧，俯刮席，與小常侍語。郎吏怪之。」這是在長安東宮時的表現。後漢書卷十一劉玄傳所載較詳，茲錄如下：「更始即帝位，南面立，朝羣臣。素懦弱，羞愧流汗，舉手不能言。……更始既至（長安），居長樂宮，升前殿，郎吏以次列庭中。更始羞怍，俛首刮席不敢視。諸將後至者，更始問虜掠得幾何，左右侍官皆宮省久吏，各相驚視。」

註十二：東觀漢記卷二十三所載同。

註十三：後漢書卷四十二東平憲王蒼傳：（顯宗）永平十五年春，行幸東平……帝以所作光武本紀示蒼，蒼因上光武受命中興頌。（東觀漢記卷七所載畧同）又同書卷十上馬皇后紀：肅宗即位，尊后曰皇太后……自撰顯宗起居注，削去兄防參醫

藥事。（太平御覽百三十七引司馬彪續漢書所載畧同）

註十四：劉知幾史通內篇曲筆第二十五：案後漢書更始傳稱其懦弱也，其初即位，南面立，朝羣臣，羞愧流汗，刮席不敢視。夫以聖公身在微賤，已能結客報讎，避難綠林，名爲豪傑，安有貴爲人主，而反至於斯者乎？將作者曲筆阿時，獨成光武之美，諛言媚主，用雪伯升之怨也。且中興之史，出自東觀，或明皇所定，或馬后攸刋，而炎祚靈長，簡書莫改，遂使他姓追撰，空傳僞錄者矣。

註十五：呂思勉在秦漢史上冊第八章第一節裏，即稱許劉玄爲「英斷」之主。

註十六：參見袁宏後漢紀卷一。

唐代關內河東東西交通線

嚴耕望

關內河東兩道隔河爲境，有數路線東西聯絡，皆置關河上，以譏出入。今考其關津交通路線如次：

（一）由豐州（北河故道南四十里，約東經一〇七．五度稍東，北緯四一度地區）東至中受降城，即安北都護府（今包頭西昆都倫河口之西，約東經一〇九．三度賈格爾旗廟地區）三百五十里，又三百里至勝州（黃河故道南，東經一一一度民生渠南岸），又東三十里至榆林關（約今民生渠與黑河合流處），東臨黃河（民生渠與黑河合流後向南流之一段），渡河東北行約一百里至振武軍（今歸綏南和林格爾北，大黑河南，約今薩爾沁地區），渡河東南行約三百八九十里至朔州（今朔縣）。

豐州地望，詳長安靈州道及靈州在西北交通上之地位。通典一七三豐州，東至安北都護府三百五十里。寰宇記三九，同。安北府在中受降城，東至勝州三百里，見元和志四中城、東城條，引詳安北單于兩都護府考。榆林關之地望，及通振武軍之方向里距，詳長安東北通勝州振武軍驛道考。

通典一七三勝州，「東至河四十里，去馬邑四百二十里。」寰宇記三八勝州目，同。馬邑即朔州也。

勝州地區之黃河，古今不同，中古時代之黃河主流約相當於今之民生渠，勝州在今民生渠之南岸，東經一一一度地區，振武軍在今和林格爾北薩爾沁地區，皆詳唐代安北單于都護府考。

（二）河濱縣在勝州南一百九十里，貞觀三年置，東濱黃河，故名。有河濱關，貞觀七年置，東臨河津即君子津也。約在今清水河縣西南境，紅河口或稍南；前人以爲在今托克托，非矣。由關而西，接麟勝驛道，由關而東，接朔州通振武軍驛道，而沿河北行亦至勝州及雲中故城也。

元和志四勝州目云：

「河濱縣……隋時復爲楡林縣地。貞觀三年，於此置河濱縣，東臨河岸，因以爲名。」「黃河在縣東（寰宇記作北）一十五步，濶一里，（寰宇記作「濶不能半里。」）不通船檝，即河濱關渡河處，名君子津。「河濱關在縣東北，貞觀七年置。」

按此述河濱縣形勢頗詳，惜失書距州方位與里數。寰宇記三八，略同，云在州南二百九十里。而一統志鄂爾多斯卷古蹟目河濱舊條引寰宇記作一百九十里，張穆蒙古游牧記六所引亦作一百九十里，與今本寰宇記有一百里之差。按元和志、寰宇記皆云河濱關即君子津。茲先考君子津。

考水經注三河水注云：

「河水南入楨陵縣西北緣胡山，歷沙南縣東北，兩山二縣之間而出。余以太和中……從高祖北巡，親所逕涉。縣在山南，王莽之楨陸也，北去雲中城一百二十里。縣南六十里有東西大山，山西枕河。」

下文經云：「又南過赤城東，又南過定襄桐過縣西。」注乃云：

「河水于二縣之間，濟有君子之名。皇魏桓帝十一年西幸楡中，東行代地，洛陽大賈齎金貨隨帝後行，夜迷失道，往投津長……送之渡河，賈人卒死，津長埋之。其子尋父喪，發冢舉尸，資囊一無所損。……事聞于帝，帝曰君子也，即名其津爲君子濟。濟在雲中城西南二百餘里。河水又東南，左合一水，水出契吳東山……西流注于河。河水又南，樹頽水注之。」

據此，酈氏親履其地，描述形勢里數極詳，君子津在雲中城西南二百餘里，自無可疑。董祐誠以爲津在湖灘河朔。按湖灘河朔即托克托城，（見一統志歸化城土默特卷城池目。）君子津在雲中城西南二百餘里，則津遠在今托克托之南可知。余考雲中城在今民生渠入黑河處之東不遠，則君子津約當在今清水河西或西南，紅河口或稍南地區。楊氏水經注圖及綏乘四疆域考，以爲在清水河縣西北，尙稍嫌北，更不當在托克托也。酈氏描述形勢甚詳，惜不能親履一勘！又據元和志，寰宇記，雲中故城在勝州東北四十里，酈注云津在雲中西南二百餘里。唐河濱縣、河濱關即在君子津，則正當在勝州南不到二百里，是一百九十里爲正，今本寰宇記作二百九里，字譌。

此津在北魏前期，極爲衝要，只觀前引水經注述津名君子之由來一段，已可概見。時在魏桓帝十一年，約當晉惠帝時代，西元三〇〇年前後。其後如通鑑一〇四晉孝武太元元年（三七六），苻秦伐代，代王使劉庫仁禦之，敗於石子嶺。秦兵遂由君子津濟河至雲中。石子嶺即新唐志述夏州通天德軍大道上之石子嶺，在夏州北二百餘里。（詳長安化通豐州天德軍驛道考，）此晉末君子津當河套東通雲中大道之一證也。其後屢見魏書帝紀，簡錄如次：

太宗紀，泰常四年（四一九）「十有二月，癸亥，西巡至雲中……至于黃河，從君子津西渡，大狩於薛林山。五年春正月丙戌朔，自薛林東還至于屋竇城。」

世祖紀，始光三年（四二六）「十月丁己，車駕西伐，幸雲中，臨君子津。會天暴寒數日冰結。十有一月戊寅，帝率輕騎二萬襲赫連昌。」

四年（四二年）「三月丙子……詔執金吾桓貸造橋於君子津。……五月，車駕西討赫連昌。辛巳，濟君子津……次拔鄰山。築城。……戊戌，至于黑水。」

下文又屢次行幸雲中，或且至河西，當亦自君子津濟河。

據此，君子津爲北魏雲中城西渡黃河之最重要津濟無疑，故且造橋也。北魏後期，政治重心南移，此津之重要性乃減，迄唐雖置關防，然已不在六典上中下關之列，蓋重要性益減矣。

上文考君子津當在今紅河口或稍南；唐河濱關亦其地。下文考合河關，引通典、寰宇記，合河關在勝州南五百里。按此關在今興縣西北五十里。以此里距論之，河濱關在勝州南一百九十里，固亦當在紅河口稍南也。然考武經總要前集一七府州目有下列兩條：

「河濱堡　城東控雄勇津一路。東至黃河三里，濟河即雄勇津。西至安豐砦十六里，南至府州六十里，北自故盧子砦白家津入唐龍鎭。」

「安豐砦　舊號石臺神砦，……南至府州七十里，東至河濱堡十里，即雄勇津路，……北至故豐州五十二里，入（東）受降城路。」

又火山軍目有下列兩條：

「雄勇津　南至軍城」，（火山軍本條云，「北至雄勇津七十里。」而寰宇記五〇，火山軍「北至雄勇鎭二十里。」）東南（東北？）至久浪津，西渡河至石臺神砦（即安豐砦）。」

久浪津　南自雄勇津鎭至軍，北至契丹靜冠鎭，南自（至？）榷塲，西南至黃河渡，三里至河濱堡，

（各卷前後皆不見河濱堡，疑即河濱堡之譌。）」

檢寰宇記三八，府州「東過河至火山軍四十里。」又五〇，火山軍「西至黃河七里」，「西南至府州五十里。」武經總要，同。惟無「西至黃河七里」一句。據一統志榆林府卷古蹟目，宋府州故城在今府谷縣治。則宋之火山軍在今府谷縣東微北四五十里，黃河之東七里也。其河濱堡則在今府谷縣東北六十里，黃河西岸，堡東過河即雄勇津，堡西北經安豐砦（宋）故豐州，北通受降城，蓋東受降城也。雄勇津東北或東南又有久浪津，久浪南爲榷場。則河濱堡、雄勇津、久浪津爲北宋時代之一交通軍事重地可知。又檢一統志保德州卷津梁目，「九梁津在河曲縣東北三十里，宋慶歷間置榷場，路通遼夏。後廢。」此「九梁」當即「久浪」之音譌。則宋之久浪津在今河曲縣東北三十里，其雄勇津或當即在今河曲縣或稍南，接河濱堡也。

由上所論，今府谷縣東北六十里黃河西岸，北宋有河濱堡，自堡迤北黃河上下，爲宋人渡河要津，且爲與遼夏互市場所。復檢一統志榆林府卷古蹟目臥牛城條引延綏志，「黃甫營北濱河，往往有城郭遺址，皆隋唐故縣也。」同卷山川目，「黃甫川在府谷縣東北六十里，自塞外牛武城南流逕黃甫堡東，至縣東楊家川口入河。」是今府谷縣東北六十里濱河地區，亦即北宋河濱堡地區，往往有隋唐古代遺址，則此北宋河濱堡殆即唐河濱縣、河濱關之故地歟？且前引元和志，「黃河在縣東一十五步，濶一里，不通船檝。」寰宇記作「濶不能半里。」是其處河道狹而且險。檢一統志榆林府卷山川目黃河條，引通志，「河水自故勝州東北折而南流入塞垣，爲府谷東境，逕太子灘、唐家滙，合黃甫、淸水二川。又西南爲天橋峽，兩岸懸崖攢合，河流甚狹，隆冬積冰成橋，亦謂之冰橋峽。又西南逕府谷縣東南百步，……」又同目，「黃甫川在府谷縣東北六十里」，「淸水川在府谷縣北五十里。」則此狹隘之天橋峽，即在府谷縣東北，與元和志、寰宇記述河濱縣之河道亦頗相合，豈唐之河濱縣果即在今天橋峽之上流不遠宋之河濱堡歟？

然元和志明云河濱關即君子津，君子津在雲中城西南僅二百餘里，此無可置疑者。則唐河濱關不可能遠在今府谷、河曲之間。且元和志云此地本漢沙南縣地，隋爲楡林縣地，亦不得遠在今府谷、河曲間。蓋今府谷河曲間，漢隋皆爲富昌縣地，非沙南、楡林縣地也。故余疑北宋疆域內縮，乃南移河濱之名於今府谷縣東六十里處，一統志所謂隋唐故城遺址，乃隋代或宋代遺址，非唐之遺址也。

（三）靈州（今靈武縣西南十里）東北至楡多勒城即新宥州（今鄂爾多斯右翼中旗，即鄂托克廟地區，約東經一〇八度稍東、北緯三九度稍北）六百五十里，蓋循黃河及今都思兎河而行歟？又東六百里至麟州（今神木縣）。

元和志四，新宥州「東至麟州六百里，西南至靈州六百五十里。」新宥州置在經略軍，即楡多勒城，其今地詳唐代長安北通豐州天德軍驛道考。

麟州東南行五十里至欄干嶺，又三十五里至瓦浪，又三十五里至黃河，河上有合河津，河東置合河關。隋長城起于此，東至幽州千餘里。此關北阻長城，西據河津，當軍道要衝，爲開元十三中關之一。關南三十五里至合河縣（今興縣西北五十里），在河東二里，當蔚汾水入黃河口之南，故縣關津皆以受名。又循蔚汾水東行七十里至蔚汾關，又一百一十里至嵐州治所宜芳縣（今嵐縣）。此爲關內河東兩道北部交通之要道，開元間曾置驛，故有中關也。

元和志四麟州目云：

「東至嵐州界黃河一百二十里，河上有合水〔河〕關。」

同書一四嵐州目云：

「西至黃河一百八十里，河上有合河關，從關西至麟州一百二十里。」

「合河縣東至州一百八十里。……後魏於蔚汾谷置蔚汾縣……大業二年改爲臨泉縣，……武德七年，改爲臨津縣，屬嵐州。貞觀元年改爲合河縣，以城下有蔚汾水，西與黃河合，故曰合河。」

「黃河在縣西二里。

合河關在縣北三十五里。

蔚汾關在縣東七十里。

隋長城起縣北四十里，東經幽州延袤千餘里，關皇十六年因古蹟修築。」

按元和志此兩目書事最詳，故備錄之。寰宇記三八麟州目及四一嵐州目，全同。惟嵐州目第一條省作「西至麟州三百里。」據兩書嵐州目第一條，麟嵐兩州間路程三百里，似當由合河關直東至嵐州，不經合河縣；若經縣城，則當爲三百三十五里。檢通典一七三麟州，「東至樓煩郡（即嵐州）三百二十里。」則不止三百里。又通典一七三勝州，「東南到合浦關，去樓煩（即嵐州）二百三十里。」寰宇記三八勝州，「東南至合河關五百里，關去嵐州二百三十里。」按寰宇記抄通典者，今本通典「浦」爲「河」之譌，又脫「五百里關」四字。而關在嵐州西二百三十里則不誤也。又武經總要前集一七嵐州，亦作「西至合河津二百三十里。」然則關至嵐州果當經蔚汾縣，故可有二百三里也。麟州至嵐州必當在三百里以上，云三百者乃大數耳。今觀地理形勢，由合河關固當稍南行經合河縣也。一統志太原府卷古蹟目，「合河故城在興縣西北五十里。……舊志，合河縣，宋元豐中徙治蔚汾水北。」則原在水南，黃河東二里也。

合河關，通典嵐州目合河縣條，「合河關在北。」又六典六刑部司門郎中條，四面關無驛道，及其他關有驛道者皆爲中關。中關十三，嵐州合河關居其一。則開元中此道且置驛也。據元和志、寰宇記所記，隋長城起點在蔚汾縣北四十里，則即在合河關北極近，蓋此關，西防河津，北防長城，故極重要。武經總要一七嵐州目云：

「合河津，以蔚汾水西與黃河合，因以爲名，岢城當一川之口，北渡河至麟州百二十里。按黃〔皇〕華四達記，合河津關至麟州，以黃河爲界，即唐時張說出師之路。一說，過河三五十里至瓦浪，又三十五里至欄竿嶺，又五十里入麟州，路甚平易。」

則關至麟州道路情形及小地名尙可曉也。

總要提到張說出兵事。考舊九七張說傳云：

「開元七年，檢校幷州大都督府長史。……九年四月，胡賊康待賓率衆反，據長泉縣……攻陷蘭池等六州……與黨項連接，攻銀城、連谷，以據倉糧。說統馬步萬人，出合河關，掩擊，大破之，追至駱駝堰……招集黨項，復其居業，……因奏置麟州以安置黨項餘燼。」

按元和志四，銀城在麟州南四十里，連谷在麟州北四十里。張說此事即由太原取合河關道出兵麟州之一例也。通鑑二一二開元九年紀，書此事。胡注引趙珣聚米圖經，「合河關在府州南二百里」

嵐州東南蓋沿嵐河河谷接汾水河谷至太原府三百三十里。

通典一七九太原府，樓煩郡（即嵐州）兩目，嵐州東南至太原皆作二百五十里。而元和志一四嵐州目，「東南至太原府三百三十里。」又云：「南至上都，取太原路一千五百八十里。」按同書一三太原府目，「西南至上都一千二百六十里。」則其差爲三百二十里，知嵐州目之「三百」字不譌。檢寰宇記四一嵐州目，亦云：「南至長安取太原路一千五百八十里。」與元和志同；又云「東南至太原府二百五十里」則與通典同。同書四幷州太原目，又云：「西北取乾空燭谷路至嵐州二百二十里。」又不同。今觀地圖，嵐縣東南至晉源縣，固當在三百里以上，疑元和志爲正，寰宇記幷州目，「二百」殆「三百」之譌歟？

（四）靈州向東微南三百里至鹽州治所五原縣（今花馬池、鹽池縣或稍北）。

元和志四，鹽州「西北至靈州三百里。西北取烏池黑浮圖私路至靈州四百里。」靈州目惟「東南至鹽州三百里」一條。通典、寰宇記亦惟一條。而寰宇記靈州目作「東至鹽州三百里。」觀今地圖，鹽州實在靈州之東微南也。

又東一百八十里至長澤縣（約今靖邊縣西北），**在長城西北六十里，元和十五年置宥州**（此爲第三宥州）。**又東北四十里至市澤，蓋唐末置烏延城。又東北八十里至夏州治所朔方縣**（今橫山縣西約百里白城子）。

元和志四夏州，「西南至鹽州三百里。」檢通典一七三夏州目，寰宇記三七夏州目，惟無「南」字；寰宇記又誤鹽爲延耳。

舊一六穆宗紀，元和十五年九月戊午，「夏州奏移宥州于長澤縣置。」此舊宥州、新宥州外之第三宥州也，宋世宥州即此。寰宇記三九宥州，治長澤縣。「西至五原郡鹽池一百八十里爲界。」此似至鹽池一百八十里，非至鹽州一百八十里也。然寰宇記同條，「東北至市澤四十里爲界，以東北夏州八十里。」又元和志四夏州，亦云「長澤縣，東北至州一百二十里。」而上引通典、元和志、寰宇記，鹽州東北至夏州三百里，則宥州治所長澤縣西至鹽州正應爲一百八十里也。故寰宇記此條「一百八十里爲界」者，實即至州之里數耳。又武經總要前集一八下，「元和十五年復置宥州於長澤縣，隸夏綏銀節度，刺史兼管神策軍。」「西鹽州二百里。」亦近一百八十里之數，是輔證矣。

長澤東北至夏州一百二十里，中經市澤，及置烏延城，詳長安北通豐州天德軍道考。

寰宇記三九宥州目又云：「東南至古長城六十里，屬夏州界。」則州城在長城西北六十里也。地典云，長澤縣故城在今靖邊縣東。檢視地圖，若在靖邊之東，則在唐代夏州之南微東，不在西南，故今擬定在靖邊西北，應稍近之。

夏州東沿無定河約二百里至銀州治所儒林縣，當明堂川（今榆林河）入無定河處之南岸（今米脂縣西北九十里銀州關、魚河堡地區）。

通典一七三，銀州、夏州兩目，皆記兩州東西距二百里。寰宇記三八銀州目、三七夏州目，同。元和志四兩州目，作東西距一百八十里。按通鑑二七四後唐天成元年紀胡注引趙珣聚米圖經，亦作二百里。今從大數。銀州今地，詳長安東北通勝州振武軍驛道考。觀地圖，此道必畧循無定河而行無疑。

銀州東北三百里至麟州（今神木縣），取合河關路通太原府，靈鹽夏銀麟至嵐州通太原府，爲唐世關內河東兩道間極重要交通路線。

銀州至麟州道，詳長安東北通勝州振武軍驛道考。麟州合河關路已詳上文。鹽夏銀麟道，除前引張說一事外，又如通鑑二四八大中元年條云：

「吐蕃論恐熱……誘黨項及回鶻餘衆，冠河西（按此指靈武），詔河東節度使王宰將代北諸軍擊之。宰……自麟州濟河，與恐熱戰於鹽州，破走之。」

此云自麟州濟河，蓋亦取道合河。此又太原取道此關遠征靈鹽之又一例矣。又通鑑二三二貞元二年條云：

「十一月，……辛丑，吐蕃寇鹽州……刺史杜彥光……悉衆奔鄜州，吐蕃入據之。……十二月……吐蕃又寇夏州，……據其城，又寇銀州……又陷麟州。」

又舊一九六下吐蕃傳云：

「（貞元）十七年七月，吐蕃寇鹽州，又陷麟州，殺刺史郭鋒，毀城隍，大掠居人，驅黨項部落而去，次鹽州西九十里橫槽烽。」

此亦皆鹽夏銀麟爲一通道之證也。通鑑二六七梁開平三年紀胡注：「晋（太原府）兵趨夏州，率自麟府濟河，西至夏州。」是也。

又由銀州東南沿無定河谷而行一百六十里至綏州(今綏德縣)。夏銀綏三州皆臨無定河，故爲一節度區，宥州見置時，則節度四州，偶亦兼督鹽州，正見無定河流域爲一節度區，亦即一通道也。

元和志四夏州節度使統夏綏銀宥四州。新六四方鎭表，貞元三年，「以綏州隸銀夏節度。」元和九年「夏州節度增領宥州。」即此四州在一道上也。吳氏方鎭年表一，夏綏目，輯舊紀所見節度之州，如貞元三年，韓潭以夏州刺史節度夏綏銀宥，此舊宥州也；元和元年李愿，六年張煦，八年田縉，皆以夏州刺史節度夏綏銀三州，時舊宥州已廢也；元和十四年，李聽爲夏州刺史節度夏綏銀宥，此榆多勒城之新宥州也；元和十五年李祐爲夏州刺史節度夏綏銀宥，此第三宥州，即長澤之宥州也。其後太和四年董重質，六年李昌言，開成元年劉源，三年高霈寓，大中八年鄭渤，十一年田在賓等皆以夏州刺史節度四州與李祐同。又新書方鎭表，貞元三年，置夏州節度使領綏鹽二州，又云以綏州隸銀夏節度；其後罷領鹽州。又舊紀，貞元十四年，以韓全義爲夏州刺史兼鹽夏綏銀節度使。則貞元中始置夏綏銀節度使時，且西領鹽州也。夏銀綏三州皆在無定河沿岸，宥州鹽州皆在夏州之西草原上，是則因河流通道路，因道路而置節度區矣。

夏州東行二百里至銀州，詳上文。銀州東南一百六十里至綏州，詳長安東北通勝州振武軍道考。檢視地圖，此必畧沿無定河谷而行也。按元和志四綏州目，「西至夏州三百六十里。」恰爲兩數之和，蓋即中經銀州也。通典，寰宇記皆云夏州東南至綏州四百里，疑不如元和志之正確。

綏州又東一百三十里至黃河岸（約今吳堡縣），故孟門津也。河東百步有孟門關，爲開元十三中關之一。又置孟門鎭。關鎭之東百步爲定胡縣。縣東九十五里至石州治所離石縣（今縣），開元間，此道亦置驛，故有中關也。

寰宇記三八綏州，東至石州界黃河一百三十里，河上有孟門關，東去石州九十五里。」又四二，石州「南〔西〕渡河至綏州二百三十里。」通典一七九石州目，亦作「西至上郡（即綏州）二百三十里。」元和志一四石州目，同。而通典一七三綏州目作「東至昌化郡（即石州）三百三十里。」乃形譌。元和志四綏州目作二百七十里，則誤也。

通典一七九石州定胡縣，「隋置孟門關，其地險固。」元和志一四石州定胡縣，「東至州九十五里。………武德三年於縣置西定州，貞觀二年廢州置孟門縣，七年廢縣爲孟門鎭，八年廢鎭復爲定胡縣。黃河去縣西二百步。孟門鎭在縣西一百步，河東岸。」寰宇記四二石州定胡縣條，畧同。又云：「孟門關在今縣西一百步。周大象元年於此置孟門津，隋開皇六年改曰孟門關，在黃河東岸。」隋書地理志，離石郡定胡縣有關官，蓋此關也。又六典六刑部司門郎中條，四面關無驛道及餘關有驛道者，爲中關。中關一十三，石州孟門關爲其一。按孟門關不在四面關之列，則此關當驛道也。是爲石州綏州一線置驛之强證，其交通重要可知。

通鑑二三二貞元二年冬。吐蕃陷鹽州，又連寇夏、銀、麟三州皆陷之。韓遊瓌奏請發兵攻鹽州，吐蕃救之，則使河東襲其背。」詔如其策，「命馬燧以河東軍擊吐蕃。燧至石州。」三年三月，吐蕃「遣使卑辭厚禮求和於馬燧，……使者相繼於路。燧信其言，留屯石州，不復濟河，爲之請於朝。」是即由鹽州東經夏、銀折東南經綏州至孟門關渡河至石州之道也。

石州東南一百六十里至汾州（今汾陽縣），接太原通長安驛道。

石州至汾州方向里距，見元和志一三汾州目及一四石州目。通典，里數同。

（五）　鹽州又東南通延州（今延安縣東延水東岸），蓋即由長澤東南至延州也。按長澤至延州有東西兩道。東道取烏延城，石堡城，南入蘆子關（在延水源頭，約東經一〇九度北緯三七・三度地區），經塞門鎮，延昌縣，金明縣，至延州，行程約三百六十里。西道南經栲栳城（今保安縣），金城縣，至甘泉縣。通典，鹽州東南至延州五百三十里，當指蘆子關道即東道而言。杜翁由白水，欲出蘆子關至靈武，正即指此道也。

長澤至延州，有蘆子關及栲栳城兩道，亦可稱爲東西兩道，其行程里距，皆詳長安北通豐州天德軍驛道考。通典一七三，鹽州五原郡，「東南到延都〔安〕郡五百三十里。」寰宇記三七，同。按鹽州東至長澤縣一百八十里，長澤縣東南取蘆子關至延州三百六十里，其和爲五百四十里，與通典記程極相近，殆可斷即一道也。又考通典一七三延州「西北到朔方長驛百七十里。」而寰宇記三六延州目抄此文作「西北至夏州長澤縣一百七十里。」通典長驛顯爲長澤之形譌。而延州至長澤亦絕不止一百七十里，核以上考里程，當是三百七十里之譌也。

通鑑二六八後梁乾化元年，「保塞節度使高萬興奏遣都指揮使高萬金將兵攻鹽州。」保塞軍治延州，是由延州西至鹽州之史例也。同書二三二貞元二年吐蕃寇鹽州，刺史杜彥光悉衆奔鄜州。當亦經延州歟？

考武經總要前集一八上延州條云：

「鹽夏路，自（延）州北至塞門砦，度蘆子關，由屏風谷入夏州界石堡，烏延，馬嶺，入平夏，至鹽州約六百里。其路自塞門至石堡，烏延，並山谷中行，最爲險狹。烏延至鹽州，地平。國初，塞門至烏延蕃部內附，石堡城置兵戍守。至道中五路出師，范延召從此路進軍，凡二十一日至烏白池，會師。今廢。蘆子關、石堡、安遠、塞門四城北路山谷險峻，比諸路最甚。」

此述延州出蘆子關經烏延城西至鹽州之途經情形甚詳，是一條寶貴資料。杜翁彭衙行（鏡銓四）云：

「憶昔避賊初，北走經險艱，夜深彭衙道，月照白水山。……小留同家窪，欲出蘆子關。……」

鏡銓云：「是達靈武之路」，是也。蓋杜翁欲出蘆子關赴肅宗行在耳。否則何欲出蘆關耶？又太平廣記三四九韋鮑生妓條引纂異記云：

「鮑謂韋曰，出城得良馬乎？對曰，予春初塞遊，自鄜坊歷烏延，抵平夏，止靈武而迴。」

由鄜坊經烏延至平夏、靈武，是當亦由延州出蘆子關。蓋唐人由鄜延至靈鹽多取蘆子關道也。

而北宋則以栲栳城道爲主線，故於城置保安軍，且與西夏互市於此。

前條引武經總要前集一八延州條，稱蘆子關通平夏及鹽州道已廢。而同卷保安軍條云：

「長城嶺路，自（保安）軍北歸娘族六十里過長城嶺北至秦王井驛，入平夏，經柳泊嶺，幷鐵巾，白池，人頭堡，若井，三分山，谷口，河北九驛至故靈州懷遠鎮（本注：今爲建興州）七百里。此路自軍至秦王井，在山谷口（中）行，險狹。自秦王井地勢漸寬平，經沙磧，少水泉，可掘沙爲井，夏國有州界並沙磧，地卑濕，掘丈餘則有水，若大風，尋復湮塞。」

按懷遠鎮在靈州北一百二十里黃河外，即今寧夏省會銀川市也。（詳長安通靈州道及靈州在西北交通上之地位。）則此道不經鹽州，而行鹽州稍北地區耳。宋於保安軍置互市，詳長安北通豐州天德軍道考。

延州東北至延川縣（今縣）一百八十里。又四十里至黃河，河上置永和關，爲開元七下關之一。今黃河西岸有延水關，東岸有永和關，蓋其舊址。河東六十里至永和縣（今縣），又東八十里至隰州治所隰川縣（今隰縣）。隰州東至晉州之汾西縣（今縣）一百六十里。又東至汾州之靈石縣，接長安大原驛道。

延州東北一百八十里至延川縣，見元和志。

六典六刑部司門郎中條，下關七，延州永和居其一。檢元和志一二隰州，永和縣「東至州八十里。……高齊後主……置永和鎮。周宣帝廢鎮，置臨河郡及臨河縣。……開皇……十八年改臨河爲永和縣，以縣西永和關爲名也。」寰宇記四八隰州永和縣目，畧同。又云「永和關在縣西南九〔六？〕十五里。」按新書地志，隰州永和縣「西北有永和關。」似西北爲正。又元和志一二，永和縣，「黃河東去縣六十里」又紀要五七，延川縣，「東至山西永和縣百里。」「永和關在縣東北四十里。」一統志隰州卷關隘目；永和關「在永和縣西七十里。……縣志，下臨黃河，渡河即陝西延川縣延綏關。」則寰宇記「九十五」當爲「六十五」之譌。又按隋書地理志，龍泉郡永和縣有關官。則此關建置甚早。

據上所考，永和關，西至延川縣四十里，東至永和縣六十里或七十里。又東八十里至隰州治所隰川縣。

按延川縣西南至延州一百八十里，見元和志。則延，隰二州之里距約三百六十七十里。檢元和志三延州、十二隰州，逑兩州東西距皆作三百六十里，蓋即此道歟？

又紀要五七延川縣目，「永和關，縣東北四十里」下云：「宋置關於此，路通綏德，前據山險，下臨黃河。」云宋置，蓋誤，蓋唐世夾河置永和關，東西各有關城，故六典云屬延州，而新志則屬隰州也。路通綏德，蓋延川、永和，綏德三縣之會途耳。

又宋史八七地理志綏德軍目，所轄有永寧關，云「延州延川縣舊關。」檢九域志三延州延川縣有永寧一關。不知所指。豈永和之先後名耶？

隰州東北至汾州，東南至晉州，皆接長安太原驛道。而東接驛道之最捷線，爲東趨汾西縣、霍邑縣。元和志一二隰州，「東南至晉州汾西縣一百六十里。」而寰宇記四八隰州，「東至汾州靈石界一百六十里。」蓋汾西東南至靈石極近，實即一道也。

又由蘆子關向東畧沿城平川（今中山川）而下，經城平縣（約今安定縣稍東）至綏德縣（今淸澗縣北），由綏德或北至綏州或東南至延川，皆通河東之道也，故杜翁有塞蘆子之作。

杜翁塞蘆子（詳註四）云：

「五城何迢迢，迢迢隔河水，邊兵盡東征，城內空荆杞。思明割懷衛，秀巖西未已。………延州秦北戶，關防猶可倚，焉得一萬人，疾驅塞蘆子，……蘆關扼兩寇，深意實在此。……」

此關在延水源頭，形勢險要，爲延州北通夏州驛道之要衝，已詳長安北通豐州天德軍驛道考。此詩所慮，懼祿山軍將由河東渡河取此關西趨靈武也。河東軍由永和關、馬門關西渡河皆可至延州北出蘆子關。然實考之，蘆關尙有東出城平一道，則河東軍渡河，不取延州，亦可逕出蘆關也。此道可考見武經總要前集一八上延州目云：

「黑水堡，……慶歷中築，東控城平川，西黑水川路，入蘆子關，北自大理河至橫山，最爲要害之地。東至綏平砦四十里……北至大理河六十里。」

是則由蘆子關東循黑水川入城平川經黑水堡、綏平堡爲一道也。同書同目又云：

「順安砦……自砦西北至懷寧、綏平二砦，俱一州守禦之要。……北至綏州四十里，西至懷寧砦四十里，南至青澗城五十里。」

「懷寧砦……東至順安砦四十里，……西至綏州砦四十里，北至大理河八十里。」

「綏州砦，綏平州，城平縣也。……東至順安砦，西至金明縣界一百一十里，……西南至州（延州）百里。」

則此道綏平堡以東又有懷寧砦、順安砦，順安在青澗，綏州之間。而城平川則在大理河之南。檢今日地圖，此城平川必今之中山川無疑。宋代前期既有城平川一道通蘆關，想唐世已然。檢元和志四綏州有城平縣，在州西南一百里。當在城平川上。其地約今安定縣或稍東。則唐世蓋由蘆關東南沿城平川經城平縣，東接延川縣北通綏州之驛道也。接合處當在綏德縣，則宋之青澗城。

（六） 孟門石槽之北三十里，永和關之南，河上又有馬門關，當蒲水入黃河處。由關而東循蒲水河谷而上六十八里至大寧縣（今縣），故浮圖鎮也。又東北八十六里或六十八里至隰州治所隰川縣（今隰縣）。由關而西渡河，蓋循延水河谷而上，三十五里至延長縣（今縣），又西一百二三十里至延州。

新唐書地理志，隰川大寧縣，「西有馬門關。」按元和志一二隰州大寧縣，「東南至州八十六里。」（寰宇記四八，作六十八里。）「浮圖鎮，齊河清四年築，隋移大寧縣理此，即今縣理是也。」又云「黃河北去縣六十八里。」一統志隰州卷山川目黃河條引元和志作「黃河東去大寧縣六十里。」蓋作「東」爲正。一統志同卷關隘目，「馬門關在大寧縣西七十里。……縣志，關南臨黃河，明洪武初設爲官渡，通陝西榆林延綏等路。」蓋明因唐關舊址重置也。又同卷山川目，「孟門山在大寧縣西南馬門關南三十里。」「鎮關山在大寧縣西七十里，以西臨馬門關而名。」則馬門關在大寧縣西六十八里黃河上，關南至孟門山石槽三十里也。孟門石槽詳下第（七）條。

又元和志一二隰州，蒲水源出治所隰川縣東北石樓山，又云蒲水一名斤水，去大寧縣六十步。寰宇記四八，作日斤水，屈曲入黃河。一統志隰州卷山川目，蒲水「入大寧縣界名昕川，又名日斤川，西流至馬門關入黃河。」蓋關又當蒲水入黃河之會，由關東北經大寧至隰州，蓋即略循此河谷而行耳。

元和志三延州，「延長縣東至州一百三十里。」寰宇記三六，作州東一百二十里。是也。紀要五七，延長縣東至山西大寧縣百里。」「黃河在縣東三十五里。」則黃河東至大寧縣五十六里，與上考合。

綜上所考，延州東一百二三十里至延長縣，又三十五里至黃河，渡河又六十八里至大寧縣，又八十六里或六十八里至隰州。元和志三延州，一二隰州，皆云東西距三百六十里，亦可能即指此道而言耳。

（七）　慶州（今慶陽縣）東行五十里至蟠交縣，城臨大小樂蟠水交口，天寶元年更名合水縣（今縣）。又東二百四十里至直羅縣（蓋今鄜縣西直羅鎮），在羅川水（今葫蘆河）北二里，蓋漢直路縣也。又東一百里至鄜州治所洛交縣（今鄜縣）。

通典一七三慶州、鄜州兩目，皆記兩州東西距三百九十里。元和志三及寰宇記所記皆相合。元和志，鄜州有直羅縣，「東至州一百里。」「本漢雕陰縣地。……晉時戎狄所居，後魏置三川郡。隋開皇三年使戶部尚書崔仲方築城以居之。城枕羅原水，其川平直，故名直羅城。武德三年，……於此置縣，因城爲名。」「羅川水在縣南二里。」寰宇記三五，云縣在州西南九十里，餘並同。一統志鄜州卷關隘目，「直羅關在州西北一百里。明洪武初設巡司，今裁。州志，關因故直羅城爲名。西南通子午嶺，西北通保安，凡二百里，皆深谷峻嶺，爲一方險要。」紀要七鄜州目，「直羅城在州西百二十里。……又有直羅關，路通環、慶，唐太宗征突厥所開也。」今檢國防研究院地圖，鄜縣西約百里有直羅鎮濱葫蘆河，殆即隋唐之直羅縣城及紀要與一統志之直羅關地也。一統志同卷古蹟目疑此直羅縣即漢之直路縣，似可信。

又元和志三慶州，「合水縣西至州五十里。」「武德六年分合水縣（按此指慶州治所順化縣之舊名）置蟠交縣，以城臨大小樂蟠二水交口，因以爲名。天寶元年改爲合水縣。」寰宇記三三慶州樂蟠縣條亦云合水廢縣在州東五十里。按此即今合水縣也。此道既取途葫蘆河而行，當經合水無疑。

鄜州東行一百八十里至丹州治所義川縣（今宜川縣）。

方向里距見元和志三丹州目及鄜州目，通典、寰宇記略同。

又東八十里至黃河，河上有烏仁關，在孟門山石槽下游，聚壺口近處。渡河至姚襄城，西臨黃河，爲周齊交爭之地。又東五十二里至慈州治所吉昌縣（今吉縣）又東五十里至昌寧縣（蓋今鄉寧縣西三里泊城）。又東蓋一百九十里至晉州治所臨汾縣（今縣）。

通典一七三丹州、一七九慈州，皆作東西距一百七十里。寰宇記四八慈州，「正西微北至丹州一百七十里。」而元和志一二慈州「西北至丹州一百八十里。」方向里距大體相合。而寰宇記三五丹州目，「東至慈州界黃河八十里，自岸至慈州六十五里。」合共只一百四十五里。未知孰是。

新唐志，丹州汾川縣有烏仁關。紀要五七宜川縣目，「烏仁關在縣東八十里，下臨黃河岸，與山西吉州對境。唐志，丹州有烏仁關。一統志云，金置元廢，誤也。」就里距方位而言，此烏仁關當即丹州至慈州道所經，紀要之吉州，即唐代慈州所在也。

又元和志一二慈州治所吉昌縣，「姚襄城在縣西五十二里，本姚襄所築。其城西臨黃河，控帶龍門、孟門之險，周齊交爭之地。齊後主武平二年遣右丞相斛律明月，左丞相平原王段孝先破周兵於此城，遂立碑……見存。齊氏又於此城置鎮，開皇廢，武德二年，又置鎮，九年廢。城高二丈，周迴五里。」寰宇記四八，同。按元和志三丹州，苻姚時爲三堡鎮，當時置鎮頗少，此當爲一重地。鎮城隔河建立，蓋即因爲一通道也。北朝周齊交爭之地，其故正同。此城在慈州西五十二里，西臨黃河。檢寰宇記四八慈州吉鄉縣，「黃河北自文城縣流入，去縣六十里。」（元和志一二，脫「自文城縣流入」六字），里距畧合。是則若烏仁關即在姚襄城對岸，則丹慈間相距約一百四十餘里；若非即對岸，則可能爲一百七十里也。

又元和志三丹州，「汾川縣西南至州七十里。」……黃河在縣東七里，河岸頓狹似槽形，鄉人呼爲石槽，蓋禹治水鑿石導河之處。石槽長一千步，濶三十步。懸水奔流，黿鼉魚鼈所不能游。」同書一二慈州，文城縣「東南至州六十五里。」「孟門山俗名石槽，在縣西南三十六里。淮南子曰，龍門未闢，呂梁未鑿，河出孟門之上，名曰洪水，大禹疏通，謂之孟門。水經注曰，風山西四十里，河水南出孟門，與龍門相對，即龍門之上口也。實爲黃河之巨阸。今按河中有山，鑿中如槽，東流懸注，七十餘尺。」則丹慈間黃河形勢有一段極爲特異，即有名之孟門石槽，東流懸注爲七十餘尺之大瀑布，故有巨阸之稱。其方位在丹州東北七十七里，慈州西北蓋六十里以上，而烏仁關渡，蓋在孟門石槽之下游，故元和志稱姚襄城兼控孟門、龍門之險也。元和志慈州吉昌縣又云：「壺口山，在縣西南五十里。」寰宇記，同。疑渡口或近壺口歟？

慈州東至晉州，通典一七九，晉州西至慈州二百一十里，慈州東至晉州二百一十里。而元和志一二晉州，「西至慈州二百二十里。」又慈州目，「東南至晉州二百四十里。」寰宇記晉州目與通典同，慈州目與元和志同，以今日里距衡之，當以二百四十里爲較合。又按今日汽車道經鄉寧，蓋承舊道也。檢元和志一二慈州，昌寧縣「西北至州五十里。」據一統志平陽府卷古蹟目，昌寧故城有二，一在縣西四十里全城嶺，一在縣西三里泊城，「蓋縣治自後魏至今凡再遷也。」又據同卷沿革目，今吉縣東南至鄉寧不過六十里，則唐縣在今縣西三里者，非四十里也。

（八） 壺口烏仁關之南，則爲龍門關，在同州韓城縣（今縣）東北五十里、絳州龍門縣（今河津縣）西北二二里黃河上。河廣八十步，極險峻。東通絳州，西南通同州達長安之路也。此關應爲四面關之一，開元中爲中關，蓋此道不置驛歟？

此詳長安太原道驛程考。

（九）　再南則爲蒲津關，在蒲州河西縣（約今平民縣）與河東縣（今永濟縣）間，夾河兩岸置關城，河之中堵置中潬城，設河橋連鎖三城，爲河東河北陸路西入關中第一鎖鑰，故爲開元六上關之一。

此亦詳長安太原道驛程考。

又由關西北通鄜延銀夏之路，蓋西北循洛水河谷而上坊州、鄜州北行也。

寰宇記四六，蒲州河西縣，「蒲津關在縣東二里，通西北鄜延銀夏之路。」按鄜延銀夏道，已詳長安北通豐州天德軍道考及長安東北通勝州振武軍道考。元和志二同州，「西北至坊州二百五十里。」卷三坊州，方向里距同。度此形勢，蓋由蒲關西北經同州，取澄城或白水入洛水河谷經坊州至鄜州而北行也。通鑑二二三永泰元年九月，僕固懷恩誘回紇、吐蕃、黨項等俱入寇。吐蕃趣奉天，黨項趣同州。詔郭子儀屯涇陽，周智光屯同州。「吐蕃移兵攻醴泉，黨項西掠白水，東侵蒲津。……周智光引兵邀擊，破之於澄城北，因逐北至鄜州。……殺鄜州刺史張麟，……焚坊州廬舍三千餘家。」此即一具體事例矣。又杜翁彭衙行（鏡銓四）云：「憶昔避賊初，北走經險艱，夜深彭衙道，月照白水山，……早行石山水，暮宿天邊烟，少留同家窪，欲出蘆子關。」按彭衙指白水縣而言，由白水欲北出蘆子關，正同州北出之道矣。紀要五四同州白水縣目，秦山，在「縣西北五十里，連亙綿遠，道通鄜延環慶，其斷處爲暗門，最險隘。」即此路。

綜上所考，關內河東兩道以大河爲境，河上置關甚多，聯絡兩道交通。今沿河自北而南數之，凡九關如次：

（1） 榆林關 在勝州東三十里，東北臨河，當大河(約今民生渠)東流折而南流處，約在今雙龍鎭東北民生渠會合黑河處之西南岸。由關西經勝州約七百里至豐州。(在黃河故道南四十里，約東經107.5度稍東、北緯41度地區。)由關渡河東北行約一百里至振武軍（約今和林格爾北薩爾沁地區），渡河東南行約三百八九十里至朔州（今朔縣）。

（2） 河濱關 在勝州最南境河濱縣東，東臨黃河，即君子津也。約在今清水河縣西南，紅河口或稍南，黃河西岸。由關西行，接麟州（今神木）通勝州驛道，由關渡河東行，接朔州通振武軍驛道。

（3） 合河關 在嵐州（今嵐縣）西境合河縣（今興縣西北五十里）北三十五里，西臨黃河，隋長城起於此，東至幽州千餘里。關西據河津，北控長城，當軍道要衝，爲六典十三中關之一。由關取道合河縣，東經嵐州至太原府凡約五百五十里。由關西渡黃河合河津，一百二十里至麟州（今神木），又西南三百里至銀州（今魚河堡地區，無定河南），又西循無定河而上，二百里至夏州(今橫山縣西百里白城子)，又西微南經長澤縣(約靖邊縣西北)，鹽州（今花馬池鹽池縣或稍北），凡六百里亦至靈州。此爲河東關內東西交通之要道，故有中關，置舘驛也。又由麟州直西行六百里至榆多勒城，即新宥州（今鄂托克廟地區），又西抵西河折南至靈州(今靈武縣東南十里)

（4） 孟門關 在石州（今離石縣）西境定胡縣西百步孟門鎭，約在今吳堡縣黃河東岸，亦爲六典十三中關之一，蓋道亦置驛也。由關東行，經石州（今離石縣）折東南至汾州（今汾陽縣）凡二百五十五里，接長安通太原驛道。由關西渡黃河孟門津，一百三十里至綏州(今綏德縣)。綏州西北一百六十里至銀州，又西至夏州。

此則全循無定河谷而行，故夏銀綏宥爲一節度區也。

（5） 永和關 在延州東北境延川縣（今縣）東四十里，東臨黃河，爲六典七下關之一。今黃河西岸有延水關，東岸有永和關，蓋其舊址。渡河而東六十里至永和縣（今縣），又東經隰州（今隰縣）至汾西縣（今縣），靈石縣（今縣），凡約二百五十里，接長安太原驛道。由關而西，經延川縣，西南至延州（今延安縣東延水東岸）二百二十里。延州北出蘆子關，（在延水源頭，約東經109度、北緯37.3度地區），北至夏州，西至長澤縣（今靖邊縣西北）。延州西北經栲栳城（今保安縣），亦至長澤，西至鹽、靈。又由蘆子關直東取城平川（今中山川）路，經城平縣至綏德縣，由綏德折北至綏州或折南至延州，此蘆關東出之捷道也。

（6） 馬門關 在隰州西境大寧縣（今縣）西，西臨黃河，在孟門山石槽之北三十里。由關而東至大寧縣，折東北亦至隰州。由關西渡黃河三十五里至延長縣（今縣）又西亦至延州。

（7） 烏仁關 在丹州（今宜川縣）東八十里，東臨黃河，居孟門山石槽下游，蓋壺口近處。東渡河五十二里至吉州（今吉縣），又東二百四十里至晉州（今臨汾縣），接長安通太原驛道。由關西行經丹州二百六十里至鄜州（今鄜縣），又西經直羅縣（今直羅鎮），合水縣（今縣），凡三百九十里至慶州（今慶陽縣）接長安通慶靈驛道。

（8） 龍門關 在同州韓城縣（今縣）東北五十里，絳州龍門縣（今河津縣）西北二十二里黃河上，河廣八十步，極險峻，此關應在京師四面關之列，而六典稱爲中關，蓋不當驛道也。然由關西南行二百五十里至同州（今大荔縣），由關東行一百三十二里至絳州（今新絳縣），皆接長安、太原驛道。

（9）　蒲津關　在蒲州河西縣（約今平民縣）與河東縣（今永濟縣）間，夾河兩岸置關城，河之中渚置中潬城，建河橋，連鎖三城，爲河東、河北兩道陸路西入長安之第一鎖鑰。六典上關六，此居其一，以其爲京師四面關，且當長安通太原驛道也。

民國六十一年十月二十日初稿，十一月十七日增訂完畢。二十八日再訂正。

唐代長安東北通勝州振武軍驛道考

嚴耕望

唐都長安，北方强鄰，先爲突厥，後爲回紇，北國南侵，首當其衝者爲河套地區，故唐室防禦，以北護黃河爲第一要着，屯重兵，置驛道，經之營之，不遺餘力。驛道有中東西三線：西線出寧（今寧縣）、慶（今慶陽），或出涇（今涇川）、原（今固原），皆經靈州（今靈武西南十里），北至西受降城（黃河故道西岸，約今蠻會地區）。中線出坊（今黃陵南）、鄜（今鄜縣）、延（今延安東），經夏州（今橫山西百里之白城子）至豐州（黃河故道南，約今狼山晏江間）及天德軍（黃河故道北，約今烏蘭鄂博地區）。東綫則由坊、鄜、延，東北經綏（今綏德）、銀（今魚河堡地區）、麟（今神木）至勝州（約東經一一一度，民生渠南岸）及振武軍（今歸綏和林格爾間）也。西道、中道已別詳兩文，今考東道如次：

由長安向北微東三百五十里至坊州（今黃陵縣南），又北一百五十里至鄜州（今鄜縣），又北一百五十里至延州（今延安縣東延水東岸）。此即中綫驛道也，已詳長安北通豐州天德軍驛道考。

由延州分道，東北行三百三十里或三百五十里至綏州（今綏德縣），又西北一百六十里至銀州（今米脂縣西北魚河堡地區，在無定河南），又北微東三百里至麟州（今神木縣），又北微東四百里至勝州(約今薩拉齊東，西海子西南，黃河故道即民生渠之南），去長安一千八百六十里。開元間亦置驛。

延州東北，黃河西岸，至河套東北部地區，凡置綏、銀、麟、勝四州。玆就通典、元和志、寰宇記及舊唐志所記里數表列如次：

	通典	元和志	寰宇記	舊志	諸書勘合之里數
勝州西南至長安	1940	1853	1860	1830	1860
勝州西南至麟州	390	400 400	400		400
麟州西南至長安	1430	1460	1460	1440	1460
麟州西南至銀州	300	300 300	300 300		300
銀州西南至長安	1430 （銀州至長安洛陽里數皆與麟州同，顯誤）	1600【1160】	1160	1130	1160
銀州東南至綏州	160 160　240	160 160	160 160		160
綏州西南至長安	1020	1000	1000	1000	1000
綏州西南至延州	350 330	230【330】	340		330 (350)
延州西南至長安	670	674	900 （顯誤）	631	670 (650)

觀此表，各書所記里數大體相勘合，自北而南，勝、麟、銀、綏、延五州，各州去長安之里數即等於本州南至鄰州之里數與鄰州去長安里數之和。故知勝、麟、銀、綏、延爲一大道。銀州北至麟州中間尚有一驛名可考曰柘珍，時在天寶以前；又豐林縣有葦子驛，時在五代末。皆詳後文，則此道亦置驛。

其較詳行程，由延州東行三十里至豐林縣（今豐林鎮），有葦子驛。又東北經合嶺關凡一百四五十里至延川縣（今縣北），在吐延水（今清澗河）南。又北循吐延水而上，約五六十里中經石城（今清澗縣）至綏德縣（今清澗縣北三十里），在吐延水北。又北行度入無定河谷，一百里至綏州治所龍泉縣（今綏德縣），本名上縣，天寶元年更名。

宋史二六四宋琪傳，太祖初，爲延州判官。太宗時，上疏曰：

「從延州入平夏有三路。一、東北自豐林縣葦子驛至延川縣，接綏州，入夏州界。」

按琪任延州從事，經涉五年，時在乾德四年以前，則此條材料視作五代時事可也。則延州東北經豐林縣、延川縣至綏州爲一道，葦子驛亦五代時驛名也。

按豐林縣在延州東三十里，見元和志三延州目。又卷四綏州目云，「隋亂陷賊，武德三年，百姓歸化，遂於延州豐林縣置綏州總管。貞觀二年討平梁師都，廢府、移州於今理。」此亦豐林當延綏道之旁證。

新志，延州豐林縣「東北有合嶺關。」蓋亦當道歟？

元和志三延州，延川縣「西南至州一百八十里。……後魏置文安縣，隋文帝改爲延川，取吐延川爲名。……吐延水北自綏州綏德縣流入。」寰宇記三六云，延川在州東南一百七十里。方位小誤，餘畧同。又云：「吐延水在縣北自綏德縣及蕃界來。」吐延水即今清澗河也。

元和志四綏州，「綏德縣北至州一百里。……後魏文帝分上郡南界邱尼谷置綏德縣，……武德二年移於吐延水北，即今理是也。」寰宇記三八，方位里距同。

觀此兩條，此道之方向行程，畧可知。申報館中國分省新圖，有大道由膚施東北經延川、清澗至綏德，又西北經米脂、榆林而北。按唐綏州在今綏德縣，延川縣在今縣北，綏德縣在今清澗縣北，又據一統志延安府卷及綏德州卷，延安府東北至延川縣一百五十里，延川北至清澗縣六十里，又北一百四十里至綏德州，共計三百五十里，與唐代路程畧合，則今日膚施、延川、清澗、綏德道蓋即唐之延州通綏州道也。又寰宇記三八綏州綏德縣，「舊石城在縣東（當作東南）三十里，今寬州是也。」考涑水記聞九云：

「初趙元昊既陷安遠、塞門，朝廷以延州堡塞多，……其遠不足守者悉棄之，而虜益內侵。……保大軍節度判官种世衡建言，州東北二百里有故寬州城，修之，東可通河東運路，北可扼虜要衝。詔從之。……名其城曰清澗。」

此即今清澗縣名之始，所謂舊石城者，蓋即唐代故城名耳。是則延川、綏德間經此城，而綏德縣則在今清澗縣西北三十里也。參看一統志綏德州卷古蹟目青澗故城條。

綏州城臨無定河（一名奢延水），據山甚險，貞觀元年築，「四面石崖，東面高八十尺，西面高一百四十尺，南面高四十尺，北面高一百二十尺，周迴四里二百步。」眞邊方軍壘也。秦漢上郡故城在州東南五十里。有秦長城遺跡，一在州西十五里大力川（今大理河），一在州北二十五里無定河。又有秦扶蘇冢在無定河東，去州八里，蒙恬冢在州西大力川（今大理河）西，去州二里。蓋秦代直道所經也。

以上見元和志四綏州目及寰宇記三八綏州目。惟元和志不記長城及扶蘇、蒙恬兩冢。

由綏州循無定河而上二十五里出秦長城，又五十五里至撫寧縣（今米脂縣西）在無定河南二十里。又西北八十里至銀州治所儒林縣，在無定河西南岸，當明堂川（蓋今榆林河）來會處。（今米脂縣西北九十里銀州關、魚河堡地區。）即苻秦驄馬城也。虜語驄馬爲乞銀，故周武置州以銀名。

秦長城見寰宇記三八綏州龍泉縣條。元和志四銀州撫寧縣「北至州八十里……無定河在縣北二十里。」寰宇記三八云在州東南八十里，疑較正確。銀州受名亦見元和志與寰宇記。

元和志四銀州治儒林縣，「無定河自夏州界流入。」寰宇記三八，同。新志，銀州儒林縣，「東北有無定河」。是城近無定河。考宋史三三四徐禧傳：「禧言，銀州雖據明堂川無定河之會，而故城東南已爲河水所吞，其西北又阻天塹。」是當兩水之會也，然明堂川爲今河水？檢一統志綏德州卷古蹟目，銀州故城條，「在米脂縣東北」，而下文引舊志，「銀州城在縣西北八十里。」又關隘目，「銀州關在米脂縣西北九十里，即古銀州地，一名銀城關。」蓋在銀州關爲正。作東北者非也。又按關隘目銀川驛條，「在米脂縣治西一百步，明洪武初置，北至榆林府榆林縣魚河驛九十里。」又榆林府卷關隘目魚河堡條，「在榆林縣南八十里，……東南至米脂縣九十里。」即魚河驛魚河堡爲一地，今圖有魚河堡，在無定河北，疑儒林縣當在此地區，無定河之西南。然則所謂明堂川者蓋即今榆林河也。據紀要六一榆林鎮目魚河堡條，地當交通要衝，宜其置州也。

銀州向東北一百里至眞鄉縣（舊葭縣西北一百里圓峯子），又東北一百里至開光縣（舊葭縣北一百里建安堡南開荒川，當近葭縣新治），又北三十里至柘珍驛，入麟州境，又北三十里至銀城縣，故石龜鎮城也（今神木縣南四十里）。又北四十里至麟州治所新秦縣（今神木縣治附近），州縣皆以天寶元年置。其城三面孤絕，形勢險固。

元和志四銀州，眞鄉縣「西至州一百里。」開光縣「西南至州二百里。」寰宇記三八開光縣條同，而眞鄉縣作州東北一百里，方位蓋較確。又元和志麟州，銀城縣「北至州四十里。……後魏置石城縣，廢帝改爲銀城關，周武保定二年移於廢石龜鎮城，即今縣理是也。貞觀因之。」按寰宇記三八、同，而有「大業七年改爲銀城縣」一句，是也。檢一統志楡林府卷古蹟目，眞鄉故城條：「延安府志，眞鄉故城在今葭州西北一百里，鼓樓尙在，土人呼爲圓峯子。延綏志，眞鄉城在雙山堡南三十里。」又開光故城條：「延綏鎮志，開光城在建安堡南開荒川。州志，在今州（葭州）北百里。」銀城故城條：「明統志，故城在縣（神木縣）南四十里。」麟州故城條：「在神木縣北。……明統志，麟州城在縣北四十里。」按此麟州即舊葭縣，在五女河入黃河處。（註一）則銀州、眞鄉、開光、銀城、麟州正在一條直綫上，邊方置縣甚少，蓋即銀麟道所經也。惟據明統志，銀城在今神木縣南四十里，麟州在神木縣北四十里，是相去八十里，與元和志、寰宇記，縣在州南四十里者不相合。檢元豐九域志四麟州，銀城在州南八十里，連谷在州北一十里。按唐世連谷在州北四十里，蓋宋之麟州移北三四十里耶？故知麟州在今神木北四十里者蓋指宋州言，唐之麟州正當在今神木縣治或其附近也。又一統志同卷同目神木故城條引元統志，神木縣「南至葭州一百九十里，北至古麟州四十里。」據上文，麟州北至唐開光縣一百里，又北百里至麟州，正與一百九十里之數相近，亦唐麟州即在今神木之證。

元和志四麟州，「天寶元年王忠嗣奏割勝州連谷、銀城兩縣置麟州。」郭下新秦縣，亦天寶元年置。而寰宇記三八麟州，「周隋以降爲銀勝二州地。唐開元十二年，割勝州之銀城連谷二邑置麟州併縣。至十四年又廢州，……天寶元年復置。」則開元中已曾置州也。惟時間短促，故從元和志書之。武經總要前集一七麟州條，「地形依險，三面孤絕，城中少水，今爲鎭西軍節度。」按曾公亮以元豐元年卒，年八十，其成書遠在九域志之前，此蓋述舊麟州也。

又通典一七三銀州，「北至榆林（郡）柘珍驛二百三十里。」寰宇記三八銀州，「北至勝州柘珍驛二百五十里。」按榆林郡即勝州。又按銀麟勝三州皆東逼河，西逼塞，州縣由西南而東北一字排列，割勝州南部置麟州後，銀勝二州即不得毗鄰，故知此條乃增置麟州前之紀錄也。及置麟州，此驛當在麟州南境，以里距計之，當在銀州開光縣北三十里，麟州銀城縣南三十里，屬銀城縣也。

麟州又北四十里至連谷縣（今神木縣北四十里），隋文帝始置連谷鎭，煬帝改爲連谷戍，大業十三年廢。貞觀八年置連谷縣兼置鎭。

此見元和志四。寰宇記三八，同。惟不書貞觀八年兼置鎭事。據前文推求，連谷約當在今神木縣北四十里，一統志榆林府卷古蹟目連谷故城條引延安府志，在今縣北七十里，蓋以麟州在縣北三四十里也。

又東北四百里，中經富谷至勝州治所榆林縣，在黃河（約今民生渠）南五里（約東經一一一度，民生渠南）。富谷，蓋宋蘿泊川掌地也，即今府谷縣西北長城內方圓百餘里之小平原（孤山川流域，孤山堡、鎭羌堡、木瓜堡及正口一帶），農產豐富，蓋爲漢隋富昌縣所在。宋置豐州，東南至府州（今府谷縣）一百一二十里，西南至麟州一百四十里，蓋在掌地北境。（約今孤山堡北之木瓜堡及正口地區。）宋豐州有道直北至受降城，即此道也。

麟州東北至勝州四百里，見前引元和志、寰宇記，通典作三九〇里。今取大數。

關於勝州之方位，通典一七三榆林郡（勝州）目記其四至里距云：

東至河四十里。去馬邑（即朔州在今朔縣）四百二十里。

西至安北府二百五十里。

北至黃河五里。去（東）受降城八里。去單于（府）（一）百二十里。（本無「東」「府」「一」三字，據寰宇記補。）

東南到合浦〔河〕關（五百里）去樓煩（即嵐州，在今嵐縣）二百三十里。（註二）

西南到朔方（即夏州）九百里。

西北到黃河二十里。去紇那山一百二十里。

寰宇記三八勝州目大抵抄自通典，惟無去紇那山里程，而多一條云：

「東北至黃河十里，去雲州（今大同縣）四百里。」

元和志所記較簡，惟「西南至麟州四百里。」「西南至夏州九百里，」「北〔西〕至豐州七百里。」三條爲重要，另有「南至銀州七百里」一條，乃取道麟州，或天寶置麟州以前之里程耳。

又按通典安北府目云：「東至榆林三百五十里。」是與前條作二百五十里者有一百里之異。檢元和志四東受降城、中受降城兩目，皆作東西距三百里；寰宇記三九，全同。寰宇記東受降城目亦云，「西南渡河至勝州八里」，而中受降城即安北都護府也，詳下文。然則勝州西至安北府大抵三百里之譌耳。

綜合上引史料，勝州北至黃河五里；東至黃河四十里，去今山西朔縣四百二十里；東北至黃河十里，去今山西大同縣四百里；南至麟州即今陝西神木縣四百里；西北至黃河二十里；西至中受降城（今包頭西昆都倫河口之西，東經一〇九・三度賈格爾旗廟）三百里。而此地區，唐之黃河殆即今之民生渠，故勝州地望當在東經一一一度民生渠之南岸，詳唐代安北單于兩都護府考。

富谷　李德裕條疏邊上事宜狀（全唐文七〇五）云：

「訪聞麟勝兩州中間，地名富谷，人民殷繁，蓋藏甚實。望今度支揀幹事有才人充和糴使，及秋收，就此和糴，於所在儲蓄，……萬一振武不通，便改充天德軍運糧使。勝州隔河去東受降城十里，自東受降城至振武一百三十里。此路有糧，東可以壯振武，西可以救天德，所冀事先布置，即免臨時勞擾。」

按麟勝兩州置縣甚少，皆在黃河西側，由西南向東北一字排列，麟州之北唯有連谷縣，勝州之南惟有河濱縣。此狀云富谷在麟勝兩州之間，必即連谷河濱兩縣接境處。前考連谷縣在今神木縣北四十里，另文論河濱縣當在今清水河縣西南境紅河口或稍南黃河西岸，則富谷當在今府谷縣西北河曲縣以西地區。復考水經注三河水注云：

「河水又左（右）得湳水口，水出西河郡美稷縣，東南流，……入長城東，鹹水出長城西鹹谷東入湳水。湳水又東南，渾波水出西北窮谷，東南流注于湳水。湳水又東逕西河富昌縣故城南，……又東流入于河。」

合校引孫校曰：「隋亦曰富昌，當在今府谷縣。」又檢一統志鄂爾多斯卷古蹟目，富昌舊城「在左翼前旗界。」按富昌既在長城之內，恐當從孫說在府谷縣境爲是。隋亦曰富昌，見隋書地理志。隋志，榆林郡即勝州，統縣三，榆林，富昌，金河。金河在黃河東北地區，榆林即州郡所治，唐承之。富昌縣自當在榆林之南或西南。檢元和志四勝州河濱縣，「隋時，復爲榆林縣地。」則隋富昌縣必當在唐河濱縣之西南，即在今河曲縣之西或西南，是即府谷縣西北地區矣。然則李德裕疏狀之富谷即約當隋富昌縣地區，亦即酈注與漢志之富昌縣地區，在今府谷縣西北境，酈注之湳水則今圖之孤山川矣。然則酈注富昌縣治所當在今府谷縣西孤山川之北，約今孤山堡地區。復考府谷之名始見於寰宇記三八府州目云：

「府州今理府谷縣，本河西蕃界府谷鎮，土人折大山、折嗣倫代爲鎮將，後唐莊宗天祐七年有河朔之地，將興王業，……升鎮爲府谷縣。八年，麟州刺史折嗣倫子從阮招回紇歸國，詔以府谷縣建府州，……授從阮爲府州刺史，尋以契丹與小蕃侵擾，移州於留得人堡，即今州理是也。」

則今府谷之名至遲始於唐末。按富昌、富谷皆以地方肥沃而受名，然地本蕃族所居，唐末中國大亂，失於控制，復建爲鎮縣，遂音譌「富谷」爲「府谷」耳。此亦猶關內河東兩道東西交通路綫考河濱關條所引宋久浪津，明清時音變爲九梁津也。據寰宇記，府谷鎮縣舊治亦與今府谷縣有距離，或亦當如富昌在今府谷縣之西北歟？且考九域志四豐州目云：「嘉祐七年，以府州蘿泊川掌地置州。」東及東南至府州皆一百一二十里，西南至麟州一百四十里。此則唐豐州故地陷元昊後所徙置也。（參宋史八六地理志。）檢一統志榆林府卷古蹟目舊豐州條引元統志：「五代折從阮取遼人城堡十餘，蘿泊川在中，其地方圓百餘里，如掌之平，故於此置治。」是則今府谷縣西北有方圓百餘里之小平原，當爲陝北山岳地帶極少見之肥沃盆地，故置州以「豐」名，不僅因唐豐州故地已失，徙名於此也。然則古富昌縣治即在此小平原，或其東南地區，唐之富谷亦即此小平原地區矣。換言之，大抵漢隋之富昌，唐之富谷，宋之豐州皆在今府谷西北神木東北方圓百餘里之平原掌地，宋豐州治所東南至今府谷縣一百一二十里，西南至神木縣一百四十里，約在國防研究院地圖鎮羌堡之北，孤山堡之西北長城內，有地名正口者，最近之矣。李德裕云，富谷積糧，「東可以壯振武，西可以救天德。」按東壯振武，即由此處所考之麟勝驛道。武經總要前集一七麟蔚節安豐砦條，云豐州爲入受降城路，亦即此道矣。西救天德者，今日正有一道自府谷縣西北經孤山堡，至正口，出長城至鄂爾多斯左翼中旗，再北通包頭市，（看國防研究院中國地圖集河北山西人文圖。）此即通唐天德軍之路矣。

勝州西南至長安一千八百六十里，即取麟、銀、綏、延、鄜、坊道。勝州西南至夏州九百里，亦取道麟銀兩州，折而西行也。

勝州西南至長安里數及所經，詳前總述延州至勝州道。通典一七三、元和志四、寰宇記三八，勝州目皆云西南至夏州九百里，正即勝麟銀夏四州間里距之和。

勝州城北至黃河（約今民生渠）五里，西北至黃河二十里，東至黃河四十里。隋文帝開皇七年置榆林縣，二十年置勝州，立嘉名也。唐承之。新志，勝州有義勇軍，蓋末期所置。隋煬帝大業二年，置榆林宮，在州城內。有榆林關，在城東三十里，東北臨河，開皇三年置，且置關總管；貞觀十三年復置。

州城去黃河里數詳前引，餘見元和志四及寰宇記三八勝州目。榆林關，寰宇記作縣東四十里，有置總管及貞觀十三年復置之文。元和志作三十里，無總管及復置之文。檢通典一七三，勝州楡林縣有楡林關。新志，勝州楡林縣「東有楡林關，貞觀十三年置。」隋書地理志，楡林郡金河縣，「開皇三年……置楡關總管。五年改置雲州總管。二十年，雲州移，縣廢。仁壽二年又置金河縣，帶關。」楊氏考證引隋書本紀，開皇四年，以上大將軍賀婁子幹爲楡關總管。皆見寰宇記所詳爲正，今斟酌綜合書之。

勝州東北渡河（約今民生渠）至東受降城（約今西海子東南，關房子地區）八里。城臨黃河，中宗景龍二年張仁愿置，兼置振武軍。天寶四載，軍移單于都護府（今和林格爾北薩爾沁地區），東城如故。元和七年河溢壞城，寶歷元年，移築綏遠烽南，城近金河（今黑河），仍去黃河不遠。

三受降城之建置，詳下文中受降城條。振武軍之置移，見元和志四金河縣條，詳下引。

元和志四東受降城，「在楡林縣東北八里，今屬振武節度。」寰宇記三九，同。記又云：「西南渡河至勝州八里。是僅隔河爲壘耳。會要七三三受降城目，「寶歷元年五月，振武節度使張維〔惟淸〕奏，以東受降城濱於河，歲久雉堞摧壞，請移於綏遠烽南，上賜錢一百萬城之，至十月功畢。」舊書敬宗紀及新志豐州東受降城條皆記此事作張惟淸，是也。按通鑑二三八元和七年正月，「振武河溢，毀東受降城。」蓋此年城爲河水所壞，至寶歷元年始移築綏遠烽之南也。考李德裕條疏太原以北邊備事宜狀（全唐文七〇五）云：「東受降城緣是近年新築，城內無水，城外取金河水充飲，又于城西門掘一二十井，若被圍守，即須困蹙。」下文即明此即張惟淸所築新城。是此綏遠烽南之新城，去金河水必不遠，蓋在水之西北歟。又前富谷條引李德裕條疏邊上事宜狀，「勝州隔河去東受降城十里」，則較舊城僅遠二里耳，故亦去黃河不遠也。此城既近黃河，又近金河，金河即今大黑河（詳下文），然則此城必去今民生渠入黑河處不遠矣。

又東北一百二十里，中經鳴沙至單于都護府治所金河縣（今歸綏縣西南和林格爾北薩爾沁地區）**，縣以天寶四年置，在金河**（今黑河）**之南，同時移振武軍於此，爲河套東北河外之重鎮。**

元和志四「單于大都護府今爲振武軍節度使理所」一節，第一條「東受降城在朔州北三百五十里」云云。此「東受降城」當正作「單于都護府」，考證已指出此誤。寰宇記三八，標目爲「振武軍」，亦可。元和志此條云：「西南至成都一百二十里」，顯有奪譌。寰宇記「成都」作「東受降城」是也。則東受降城東北至單于都護府、振武軍一百二十里。

元和志四同上目，金河縣「在郭下」，「天寶四年於城內置。其振武軍，景龍二年，張仁愿於今東受降城置，（按即與城同時置。）天寶四年，節度使王忠嗣移於此。」唐會要七三單于都護府目，「天寶四載十月，單于都護府置金河縣。」寰宇記三八，金河縣「北有金河，以爲邑稱，天寶四年於城內置。」又云「金河在縣西北」。按元和志四勝州榆林縣條，「金河泊在縣東北二十里，周廻十里。」寰宇記三八，同；而續云：「上承紫河及濛水南流入大河。」「紫水河東北自朔州鄯陽縣（今朔縣）西北一百七十里流入。」則金河由單于府東北，流經府北，折而南流至榆林縣東北二十里，瀦爲金河泊（在黃河外），再入黃河。此金河當即今之黑河無疑。然則單于府、金河縣當在今歸綏與和林格爾間，前撰唐代安北單于都護府考，擬在今薩爾沁地區。

通鑑二三九元和八年，「振武節度使李進賢……使牙將楊遵憲將五百騎趣東受降城，以備回鶻，所給資裝多虛估，至鳴沙兵亂，還攻進賢。」是振武至東城中經鳴沙也。

勝州向西微北三百里至中受降城，中宗景龍二年置。開元二年移安北都護府治此，在黃河（今黃河）外拂雲堆神祠（今包頭西昆都倫河入黃河處之西，約東經一〇九・三度地區。）

元和志四末節述張仁愿築三受降城本末，云：「三受降城景雲三年（景龍二年）張仁愿所置也。……先是朔方軍北與突厥以河爲界，河北岸有拂雲堆神祠，突厥將入寇，必先詣祠祭酹求福，因牧馬料兵而後渡河。時突厥默啜盡衆西擊突騎施娑葛仁，仁愿奏請乘虛奪漠南之地；於河北築三受降城，首尾相應，絕其南寇之路。……中宗竟從之。……六旬而三城俱就，以拂雲祠爲中城，與東西兩城相去各四百餘里，遙相應接，北拓三百里。」（註三）諸書所記畧同。是中城在拂雲堆。其東至東城及勝州治所榆林縣實皆約三百里，詳元和志東城、中城目，引見唐代安北單于兩都護府考。而通典，勝州榆林縣有拂雲堆。蓋中城及此處之安北都護府本分勝豐二州而置，故拂雲堆本屬勝州榆林縣也。但寰宇記三八勝州榆林縣，「拂雲堆在縣北一百七十里。」若非里數有誤（疑當作二百七十里），則拂雲堆本爲一山脈名，其神祠乃在中城耳。若爲山脈，即今烏拉山脈也。

由中城南至連谷縣達麟州四百里，接勝州南通長安驛道。由中城西北至天德軍（約今烏蘭鄂博地區）二百里，乃出磧口可敦城（約今烏拉特中旗治所及海流圖地區）、通漠北之大道也。

西北二百里至天德軍，元和志四天德軍、中受降城兩目及寰宇記三九兩目所記四條，皆同。由天德北三百里至磧口可敦城當漠北道口，詳唐代安北單于兩都護府考。

元和志中受降城目，「南至麟州四百里。」「南至上都一千八百六十里」。寰宇記中受降城目，全同。按麟州南至長安一千四百六十里，加四百里，正合中城南至長安里數，而通典一七三安北府，「東南到榆林（勝州）連谷縣四百里」，此尚未割勝州置麟州時之記錄也。連谷在麟州北四十里，蓋道經連谷縣也，此類里程皆舉大數，不必尼。

舊一〇三郭知運傳：「（開元）四年冬，突厥降戶阿悉爛、跌跌思太等率衆反叛，單于副都護張知運爲賊所執，……叛賊至綏州界，詔知運領朔方兵募橫擊之，大破賊衆於黑山呼延谷。」突厥集史上冊開元四年條引此傳，釋云：「賈耽四夷通道云：『中受降城正北如東八十里有呼延谷，谷南口有呼延柵，車道也，入回鶻使所經。』或即此黑山呼延谷。」按岑說是也。據舊九三王晙傳，此突厥降戶住河曲，約在勝州之南，既反叛，執單于副都護，又南下至綏州境，正活動於綏銀麟勝道中，郭知運由朔方來橫擊之，賊退則由麟州直北至中城，欲遁漠北耳。

民國六十一年八月初稿，十一月九日訂正。

附註

註一：舊葭縣即申報館中國分省新圖及國防研究院中華民國地圖集第三冊河北山西地形圖、人文圖之葭縣；而中華民國地圖集之綏遠地形圖、人文圖均作葭縣故治，其葭縣新治則在故治北約近百里禿尾河上流建安堡之東南，與唐開光縣故址當甚相近。

註二：「浦」當作「河」，又無「五百里」三字，據寰宇記正補。

註三：參會要七三三受降城目、舊書九三張仁愿傳、通鑑二〇九景龍二年紀。

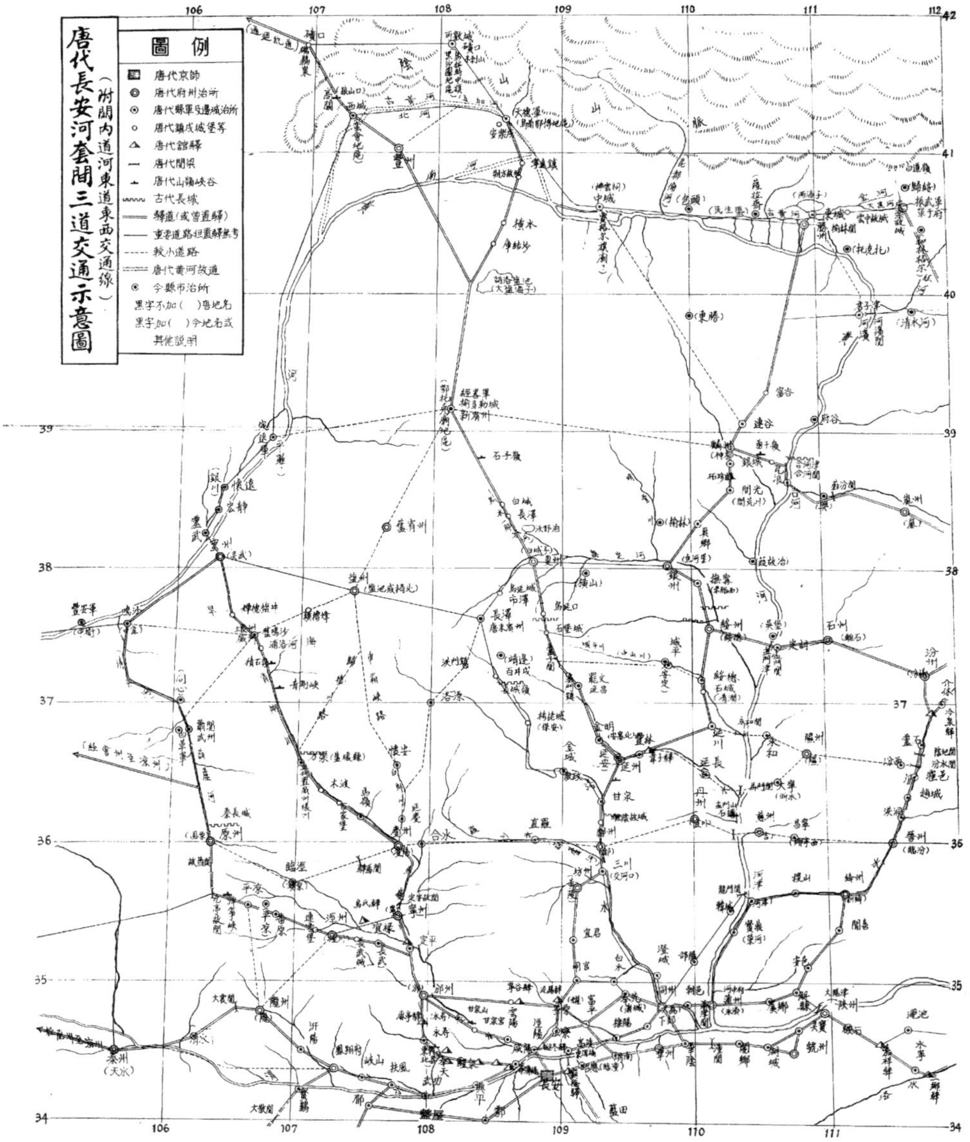

編按：原圖修復放大見圖錄冊，圖版十四

清雍正年間(一七二三—三五)的文官養廉制度

鄧青平

目錄

（乙）弱　點

（1）制度不健全

（2）僅屬表面的調整

（3）君主的私心

（五）結　論

參考書目

（一）序　言

雍正一朝只是十三年（一七二三—三五），爲時雖短，但就清代的政治和經濟發展來說，却是一個極爲重要的時代。（註一）政治方面，雍正帝建立一個最專制、最獨裁的局面，鞏固了清代的政權。（註二）財政方面，他除弊創新，確立制度，奠定清代全盛時期的財政基礎。（註三）而在各項的改革和建設中，文官養廉制度可以說是最重要的一環。

本文的研究對象，便是這個時代的文官養廉制度（下簡稱養廉制度）。（註四）所討論的範圍包括它設立的背景、內容和效果三點，希望藉此而對這個制度有一客觀的認識。

附　註

註一：參攷蕭一山清代通史（台灣商務印書館印，民國五十一年）卷中，頁六十。稻葉君山清朝全史（但燾譯訂，台灣中華書局印，民國四十九年）上卷四，頁一二九。

註二：參閱李宗侗清代中央政權形態的轉變，中央研究院歷史語言研究所集刊（下稱史語所集刊）三七本上。又參攷黃培雍正時代密奏制度——清世宗治術的一端，清華學報新三卷第一期；Aspects of Ching Autocracy: An Institutional Study 1466-1735，清華學報新六卷第一、二期；清世宗與年羹堯之關係，大陸雜誌史學叢書第一輯第七册，頁六三至七二；說硃批諭旨，同上書，頁七三至七八。

註三：魏源聖武記（台灣世界書局印，民國五十一年）卷十一武事餘記兵制兵餉，頁三四一：「康熙六十年之休養，何以……不及乾隆七分之一耶？……是皆雍正十餘載清厘整理之功，故收效若是。」又參攷王業鍵清雍正時期（一七二三——三五）的財政改革，史語所集刊三二。

註四：養廉制度應包括文武官的，惟雍正時所推行的僅屬於文官；武官養廉則在乾隆四十六年（一七八一）才告確定。此見東華續錄乾隆（台灣文海書局印，民國五二年）卷三六頁二九，乾隆四六年九月丁卯上諭；皇朝經世文編（台灣國風出版社印，民國五二年）卷二六戶政理財上，頁二九，乾隆四六阿桂論增兵籌餉疏；王慶雲石渠餘紀（台灣文海書局印，民國五六年）卷二紀列朝各省兵數，頁二五至三一；此外又可參攷羅爾綱清季兵爲將有的起源，中國社會經濟史集刊（香港龍門書店印，一九六八年）第五卷第二期。固然武官亦受到薪俸微薄的影響（可參見文中表二），在順治年間（一六四四——一六六二），軍官是靠剋扣軍餉來彌補不足；康、雍時則由政府來規定剋扣的數目，這稱爲親丁名粮。這種辦法到乾隆四六年才改變。此可見上引資料，石渠餘紀卷二列朝各省兵數，對各武官分給的親丁名粮數目，更有詳細的記述。

（二）文官養廉制度設立的背景

清人入主中國後，順治朝（一六四四——六一）忙於肅清流寇及前代的殘餘勢力，自然無暇顧及國計民生。康熙帝嗣位後，實行寬大爲政和與民休養的策畧，使國力慢慢地得到恢復，生產亦同樣得到增加，因而贏得近世中外史家極高的評價。（註一）但是，亦由於康熙帝的過份寬大與無爲，使他的帝國內部出現很多弊病，特別在財政經濟上，尤爲嚴重。（註二）幸好他的繼承人——雍正帝是一位有見識而又有魄力的君主，故能針對前朝的弊政，加以改革。養廉制度便是在這種背景下產生的。

雍正朝前的清代財政，所以出現嚴重的問題，實與當時那種漫無秩序的財政制度有着密切的關係。我們把它所有的缺點歸結起來，大約可分成下面兩種：

（1）地方財政基礎薄弱

異族的清朝統治者對於財政權的控制實不下於政治上的專制與獨裁。清政府經費的來源是稅收，（註三）賦稅的征收權屬地方，但支配權則統屬於中央。（註四）賦稅的分配形式有二：存留以供地方經費，（註五）起運到中央的戶部以作政府各項開支；（註六）這種分配的方式可以稱爲分成法。（註七）但是清初政府爲了龐大軍費的開支，（註八）皇室財政的豐裕，（註九）旗人生計的照顧等等，（註十）故在分成時，中央佔去絕大的比例。（註十一）例如在康熙七年（一六六八），全國賦稅七八·八%是給中央拿去。（見附表一）

（附表一）康熙七年（1668）起運銀兩佔全部賦稅比例表

省份	存留數(兩)	起運數(兩)	比例(省)	比例(全國)
山東	627,150	2,781,648	81.7%	
直隸	487,567	1,913,491	79.7	
山西	448,951	2,593,517	87.8	
河南	528,241	2,738,250	81.8	
江蘇	1,245,538	1,898,991	60.4	
安徽	458,053	1,379,512	76.1	
江西	435,912	1,571,320	78.9	
福建	211,120	1,037,618	83.9	
浙江	169,059	2,145,083	92.7	
湖北	350,804	823,102	70.1	
湖南	294,467	902,517	75.5	
陝西	252,546	1,356,305	84.3	
甘肅	93,096	191,593	67.2	
四川	162,220	490,364	75.1	
廣東	416,540	841,372	67.0	
廣西	94,545	296,035	76.0	
雲南	43,784	166,201	79.1	
貴州	16,963	75,489	81.6	
合計	6,333,558	23,535,965		78.8%

資料來源：存留數見清朝文獻通攷卷四十國用攷五二二六；起運數見清朝通典（台灣新興書局印，民國五二年）卷七食貨典二〇五八。

附　　註：清朝文獻通攷雖無明言該項銀両爲康熙七年存留數目，而依其所指則應爲雍正初年及康熙朝存留的正額。用此與清朝通典所載的數目比較，雖有誤差，恐亦不大。

地方上，存留的經費非常有限和缺乏彈性；不單如此，每每在軍需緊急的時候，政府還對這筆費用加以裁減。（註十二）因此，爲籌應個人與公家的各項支出，地方官吏不得不想辦法去額外多取。（註十三）

（2）官吏俸祿微薄

明代官俸向來被公認是最微薄，（註十四）而清代制度主要是繼承明代（註十五），當然官俸的支給也不例外，故俸薄的現象便一直維持下來。（註十六）清初的官吏俸祿大約如下：

（附表二）　清初官吏年俸表

	京內文武官俸祿						京外文武官俸祿						
							文官			武官			
	順治元年至十三年（1644—1656）				順治十三年（1656）以後		順治四年至康熙九年（1647—1670）		康熙九年後	順治五年至乾隆十八年（1648—1753）		乾隆十八年後	
	文官俸銀	武官俸銀	文武柴薪銀a	祿米	文武官俸銀	文武官俸米b	俸銀	雜項c	俸銀	俸銀	雜項c	俸銀	薪銀
正一品	215.5（兩）	95（兩）	144（兩）	↑	180（兩）	90（石）	照在京文職各按品支給俸銀		180兩	照在京武職各按品支給俸銀		95.832	144
從一品	183.8	81.6						648兩			480（兩）	81.694	
正二品	152.1	67.5	144		155	77.5（石）			155		230	67.576	144
從二品	120.5	53.4						444				53.458	
正三品	88.8	39.3	120		130	65		420	130		108	39.34	120
從三品	66.9	29.5									96		
正四品	62.0	27.3	75		105	52.6		172	105		58	27.39	72
從四品	54.7	（無武職）											
正五品	42.5	18.7	48	12石	80	40			80		32	18.71	48
從五品	37.4	16.5											
正六品	35.8	15.2	48		60	30			60		48	14.96	33.03
從六品	29	12.4											
正七品	27.4		26		45	22.5		96兩	45		36	12.471	23.52
從七品	25.8												
正八品	24.3		24		40	20			40				
從八品	22.7												
正九品	21.7		12		33.114	16.557			33.114				
從九品	19.5			↓	31.5	15.75			31.5				

資料來源：清朝文獻通攷卷四二國用俸餉，攷五二四四；同書卷九十職官攷五六四五至五六四八。欽定大清會典事例卷二四九至二五一戶部俸餉。

附註：（a）文武官柴薪祇支給漢官；

（b）除俸銀與祿米外，京內文武官還有辦公費用，稱爲「月費」。清續文獻通攷卷一四一職官，攷九〇一三載：「京官另有月費，一品支公費五両，遞減至一両，每両折錢千文。」

（c）據上引資料，可知文官在康熙九年以前、武官在乾隆十八年以前，還有另一筆收入，其名目可分爲蔬燭炭銀、薪銀心紅紙張銀、案衣什物銀，修宅銀，迎送上司撒扇銀，廩給銀等等，現統稱爲雜項。又案雜項的支給是官職分配，由於官職前後變化不同，特別是順治時，京外文職，多在後來裁減；故文官方面，只以總督布政使、按察使、知府、知縣等官作爲代表。武官方面則較完全，所擧的是提督，總兵，參將，遊擊，都司，守備，千總，把總等官。

根據上表所引的數目，大約可知在雍正、乾隆兩朝以前，官吏的俸祿是次遞次裁減的；特別是地方政府，裁減更大。（註十七）又好像存留銀両一樣，爲了軍費的緣故，從康熙十四年（一六七五）起，曾一連停發薪俸達五年之久。（註十八）當時官吏負担可說相當的重，他要維持他的家族的生活；（註十九）此外，幕府的脩金，（註二十）爲籌各項地方臨時開銷而實施的捐納制度，亦算在他的身上，（註廿一）而爲前代所無的罰俸制度又時時刻刻地在威脅他。（註廿二）這區區薪俸，怎夠他維持呢？（註廿三）在官俸微薄不敷開支，地方存留不足公用的環境下，自然會引起很多流弊，而最顯著的便是虧空和加派了。

虧空的現象，在順治年間早已出現。（註廿四）康熙時不過是更爲嚴重罷了。（註廿五）雍正帝進行整理虧空時，始發現在康熙一朝中，中央的戶部被虧空了二百五十多萬両。（註廿六）地方上，虧空的情形更爲普遍，如江蘇省蘇、松等處的積欠銀一千多萬両中，其中一半便是給歷任的官吏所吞沒的。（註廿七）此外，山西、直隸、山東、河南等省亦有類似的情形。（註廿八）

加派的情況更值得我們注意。清人入關，洞察前代亡國的根源，故首先免除三餉，嚴令永不加派。（註廿九）但由於上述的情況，官吏却不得不靠加派來維持他們龐大的開支，故借用了必須徵取的火耗來達到他們的目的。火耗的出現和以銀納稅有關，故火耗的徵收大致開始於明代。（註三十）在賦稅制度方面，清代沿襲明制，征收賦稅是以銀爲主；但人民納稅所用的銀，多畸零散碎；負責征收賦稅的州縣長官，爲便於統計和運送，便把這些散碎銀両，鎔鑄成一定形狀和重量的錠。（註卅一）當鎔鑄的時候，不免有所折耗，所以州縣長官征收錢糧時，也就要在正額以外加征一點，這種附加征收的部份稱爲火耗。此外，地方解送各項賦稅至京師的運費和各項雜費等，也是算在這附加部份。（註卅二）總計各項開支，約是正額的五—六%。（註卅三）

清政府爲維持永不加派的懷柔政策起見，以火耗的征收類似於加派，故也曾下令禁止過，從順治元年到康熙十七年間（一六四四—七八），屢次下禁征的諭旨。（註卅四）但是，一方面因爲是有實費的開支；同時又是地方官吏生財之道，故這些訓令根本未被重視過。（註卅五）康熙四二年（一七〇三），政府稍爲變通辦法，默許地方官吏得征收一分（10%）火耗，（註卅六）而把剩餘的部份（減去耗折和運費的支出，則剩餘的部分應爲實征額4—5%）全歸地方長官所有，用作公費及生活費的津貼。（註卅七）用這種辦法來補充經費的，可以稱爲附加法。（註卅八）

虧空的出現，雖然由客觀形勢所造成，究竟爲法律所不容，故只是部份貪官汚吏的勾當。但火耗的征收則不同，因爲那是政府所默認而又沒有嚴格限制的，故可給予官吏上下其手的機會。此外，由於賦稅征收，全由州縣官負責，故只有他們才有機會得到這種額外津貼，地方高級長官與中央官員却沒有這種權利，祇好紛紛借故向州縣長官要錢。當時地方官吏餽贈中央各部衙門官員的，稱爲部費，部費數額並無一定，但從其引起的流弊來看，相信數目一定很大。(註卅九)而下屬餽送上司的，則稱爲規銀；在順、康二朝中這已成爲一種公開的秘密，風氣愈後則愈流行。(註四十)康熙末期，兩江總督每年約有四萬三千多兩的規銀，兩廣總督衙門超過二萬六千兩，即窮如雲、貴，張文煥在年半總督任內，亦收到十萬多兩；其他如山東巡撫衙門，竟達十一萬兩，貴州巡撫衙門亦有一萬兩。若與他們原有薪俸比較，規銀數目之大，可謂驚人。(見附表三)

(附表三)康熙末年督撫所得規銀與原薪俸比較表

衙門	規銀(兩)	原薪俸(兩)	規銀爲原薪俸的倍數
兩江總督	四三，〇〇〇(+)	一八〇	二九四・四
兩廣總督	二六，〇〇〇(+)	一八〇	一四四・四
雲貴總督	六六，〇〇〇(+)	一八〇	三六六・六
山東巡撫	一一一，〇〇〇(+)	一五〇	七四〇・〇
貴州巡撫	一〇，〇〇〇(+)	一五〇	六六・〇

資料來源：兩江總督規銀數見硃批諭旨（台灣文源書局印，民國五四年）第一本頁十三及頁三一，雍正四年八月廿八日，六年三月十七日署理江南江西總督印務都統范時繹兩奏摺。兩廣數見同書第一本，頁六二二，雍正元年三月三日兩廣總督楊琳奏摺。雲貴數見同書第七本頁四二五三，雍正元年六月十九日雲南驛鹽道李衛奏摺。山東數見同書第二本頁八九一，雍正元年十一月十二日山東巡撫黃炳奏摺。貴州數見同書第一本頁五七五，雍正二年五月二九日貴州巡撫毛文銓奏摺。

這些餽贈，表面上看不出是賄賂，事實上是藝術化的賄賂行爲。（註四一）在這種上下需索，層層壓迫之下，自然不是一分火耗所能承担，於是「稅輕耗重」的情形便在康熙時出現。（註四二）例如陝西的附加成數在末年時已增爲20—40％，山西是30—40％，山東約爲30％，湖南則10—30％（註四三）我們可以說，這是官吏被迫所走的路，故雖是最清廉的地方官如陸隴其，也不能避免重耗的時習。（註四四）不單如此，上司既收了下屬的規銀，自不能禁止他們的貪汚行爲，甚至而官官相護，其敗壞官常，苦累百姓的情況，可以被肯定。（註四五）

這是由於當時的不完善財政制度所引出的流弊，而這種流弊之所以愈來愈甚，應與當時的官吏構成分子有很大的關係。清順、康二朝，由於軍費支出龐大與及財政收入不正常，爲解決財源上的問題，故實施一種鬻官賣爵的捐納制度，初期僅及於虛銜的監生，後來則及於實官，人民用錢則可捐得知縣、知府的職位。這一羣官吏，是抱着投資的心理而來，在這種情況下，自然是大肆貪欲。這更做成虧空與賄賂風氣的盛行。（註四六）

康熙帝決非爲一昏庸的君主，上述的情況他是能夠理解的，例如默許征收一分火耗，利用附加稅來彌補各項的不足，便是一種改善的辦法。不過基於當時的經濟與政治環境不穩定，故只着重在固本培源的工作上，而未大刀濶斧地進行除根清源的工作；（註四七）故此，除非是犯上大貪極惡的罪名，否則都會受到寬容。（註四八）因而造成一個罕見的網漏吞舟局面，官吏肆無忌憚，更加速貪風的盛行與吏治的敗壞。

這種財政、經濟與及政治上的弊病，是有待於雍正帝來收拾的。雍正帝是從鬥爭中取得皇位，再有四十多年出任親王的經驗，（註四九）故政治經驗非常豐富，更加上爲人務實、嚴苛，精力異常充沛，（註五〇）故能主動地提出各項改革。除個性不同外，雍正帝能夠積極地去整頓和改革時弊，主要的還是他處在一個絕對有利的客觀形勢下。有關這一點，我們可以分成兩方面來討論：

（1）政治方面

清人雖在一六四四年入主中國，便是一直要到康熙二十年（一六八一）年平定三藩，二二年平（一六八三）平定台灣鄭氏勢力後，國內政治才算統一。在此以前，當然顧及不了什麽改革。國內政治統一後，接着於康熙二八年（一六八九）和俄國訂立尼布楚條約，劃定東北邊界；然後在康熙二九年到三六年（一六九〇—九七）三次擊敗噶爾丹，統一漠北地區；康熙五九年（一七二〇）進軍西藏，驅逐準噶爾，重新統一西藏，奠定了大清帝國廣袤的版圖。（註五一）這是雍正帝所承受的果實，在一統的安定局勢下，雍正帝心無旁騖，得專心致力於內政改革。

（2）經濟方面

順治朝承明末衰弊之後，又要集中全力穩定基業，加上天災頻仍，（註五二）所以財政、經濟等無由固定。

綜觀順治一朝，歲入常不供歲出，（註五三）政府要靠捐納、（註五四）附加征收、（註五五）裁減經費等等辦法來彌補赤字的不足。（註五六）康熙前期，因三藩盤據東南及四川等財富地區，清廷只得拿到天下一半賦稅的收入。（註五七）待政局安定後，政府收入回復正常，國庫才慢慢的有了盈餘。康熙四八年（一七〇九）戶部積存有五千多萬両庫銀，（註五八）這和以前比較，眞有天淵之別。造成這種經濟穩定的原因很多，主要的有：

（a）民主的復甦

經過長期戰亂以後，淸初人口固然銳減，（註五九）但是自然資源却相對的增加，人民謀生容易，故只要秩序恢復，氣候正常、無重賦苛役，民生自然轉而復甦。終順治一朝，全國各地仍給戰雲密罩，人民生活仍非常痛苦。（註六〇）到康熙時，情勢大爲改善。隨着政局的安定，政府集中全力去治理黃河和淮河的水患，（註六一）而像順治時那種普遍而嚴重的天災亦不常見，故局勢慢慢安定下來。而且康熙帝頗爲重視民生問題，他除了積極地提倡農業，獎勵開墾外，（註六二）又能體卹民生，儘量減低人民在賦稅上的重担，如從康熙元年到四八年（一六六二—一七〇九）中，一共蠲免天下錢糧達一萬萬両（註六三）在這情況下，人口自然慢慢滋長，（註六四）土地面積亦逐漸增加，（註六五）國家經濟命脈遂得到穩定。

（b）美洲白銀再度流入

從順治十八年到康熙二三年（一六六二—八四）間，清朝政府爲對抗台灣的反抗勢力，實行海禁政策；遂使自十六世紀後，中國與西班牙以菲律賓爲媒介而進行的貿易，被迫暫時停頓。在過往的貿易中，中國商人始終佔在有利的地位，故使產自西班牙殖民地——美洲的百銀，源源地大量流入中國。但自海外貿易停頓後，國家經濟却因白銀不能流入而大受影響。及台灣併入清帝國版圖，海禁政策便立行撤消，中外貿易遂得繼續進行；而且由於有荷蘭和英國先後來華貿易，更使中外貿易進入另一新階段。通商的結果，中國商人非常有利，中國再度保持出超的地位，從而更多的美洲百銀不斷再度流入，使中國財富大量增加。（註六六）

上述的經濟現象並非一時的，而是長時期發展的趨勢。在康熙末年，因爲頻在西北用兵，經費開支龐大，戶部存銀，由五千多萬兩，跌到八百多萬兩。但是很快的在雍正初年內，又回升到六千多萬兩，（註六七）可見國家經濟基礎的穩固。

從上文的討論中，可知在順、康時，由於制度上的缺點與人事上的疏豁，因而產生經濟上及政治上大的流弊。雍正帝有見及此，遂利用他在政治上的經驗和見解，在時局安定的情勢下，而進行一連串嚴肅的整頓。養廉制度雖是其中的一種，但却是完全針對時弊的核心而發的，故它的重要性是很大。

附註

註一：參照劉大年論康熙，中國近代史諸問題（北京人民出版社印，一九六五年十月初版）。頁一七六至二〇四。

註二：除財政經濟外，康熙所遺下的，還是一個宗室跋扈、朋黨固結、吏治鬆弛的局面，只不過是前者的流弊較爲明顯罷了。見黃培雍正時代的密奏制度——清世宗治術的一端，清華學報新三卷第一期。此外蕭一山清代通史卷上，頁七〇六，亦有論及。

註三：除順治初年曾以其根本地——滿州的積蓄以充京師附近經費外，此見東華錄順治卷一，頁二二，順治元年九月丁亥睿親王諭文及同書卷二，頁六，順治元年十月壬午所記述朝鮮國解米事。大抵清朝一切經費全自中國本土征收。而賦稅形式可大別爲地丁、鹽課、關稅和雜稅四項，見清史稿（聯合書店，民國三一年）志一〇六。食貨六會計，頁四九八，所載清初各朝歲入類。除了上述正項外，捐納的收入亦是很大的一宗，見許大齡清代捐納制度（香港龍門書店印，一九六八年），頁二三。

註四：東華錄順治卷三，頁四三，順治八年六月辛酉給事中魏象樞奏：「國家錢粮，部臣掌出，藩臣掌入。」又東華錄康熙卷一，頁十八，康熙二年五月丙戌戶部議准給事中吳國龍所奏，自康熙三年起，除地方存留外，其餘通解中央，由戶部總承各項開支。

註五：欽定大清會典事例（台灣中文出版社印，民國五二年），卷一〇七戶部田賦，頁一：「凡州縣經征錢粮，扣留本地支給經費，曰存留。」清朝文獻通考（台灣新興書局印，民國五四年）卷四十國用庫藏，攷五二二七：「各省州縣田賦，除輸布政使司轉輸戶部外，存庫以待經費者，是曰存留。」

註六：欽定大清會典事例卷一六九戶部田賦，頁一：「凡州縣經征錢粮，運解布政使司，候部撥用，曰起運。」又依註八所引東華錄條，可知起運正項的最終目的地，是戶部。

註七：分成法是指全部賦稅收入由中央與地方按某一成數分配的辦法。見李超英財政學（台灣國立編譯館出版，民國五五年）頁一六八——一六九。

註八：大概為了繼起不絕的滅滿興漢運動，窮民為生活所迫而發生的地方騷動與清帝國廣袤版圖的維持等等，清初政府必須不斷地支出龐大驚人的軍事費。茲附一簡表加以說明：

清初軍費佔總收入比例表

年代	軍費佔總收入比例	資料來源
順治九年（一六五二）	八七%	皇清奏議（雲間麗澤學會石印本，光緒廿八年）卷四，頁五十，敬陳開墾方畧疏；王慶雲石渠餘紀（台灣文海出版社印行，民國五六年）卷二，頁二三至二四；皇朝經世文編（台灣國風出版社印行，民國五二年）卷二九，頁二六，張玉書紀順治間錢粮數目；清史稿志一〇六食貨六，會計頁四九八。
順治十三至康熙初年（一六五六—一六六二）	軍費超過總收入達四,四〇〇,〇〇〇	同上
康熙六年（一六六七）	八十%	皇清奏議卷十七，頁三六，請開黔蜀屯政疏。
乾隆六年（一六四一）	六十—七十%	皇清奏議卷三六，頁八，敬籌八旗變通之法疏。

註九：名義上皇室財政歸內務府管理，政府收支則統由戶部籌劃；但是實際上，二者的關係多混淆不清。大抵乾隆以前，戶部庫銀每每奉諭解撥到內務府去，見東華錄乾隆卷三六，頁二九，乾隆四六年九月丁卯上諭，奉撥數目不很清楚，相信爲數定必不少，否則順治十七年工科給事中姚延啓不致於說：「今戶、工二部錢粮日絀，即內帑所積，能有幾何？」（皇淸奏議卷十四，頁七）而皇帝便藉此等銀兩而行善沽名，特別多用於賑濟與賞賜方面。大淸十朝聖訓（台灣文海書局出版，民國五四年）多有此項記載，如世祖聖訓卷四，頁二，順治十六年己亥五月辛巳上諭；聖祖聖訓卷一，頁四，康熙十三年甲寅二月乙未朔上諭，可見一斑。偶遇政府經費不敷支出時，則動撥內務府庫銀，如順治八年便曾以內務庫銀支發該年各官俸銀，見東華錄順治卷三，頁四十順治八年三月癸未。皇淸奏議卷十，頁四八，順治十四年姚延啓請簡冗費寬舊久疏，亦以當時情況爲「宮府合爲一體」。無論如何，這是一種政治上退步，亦是異族入主時的一種必然搜刮現象。

註十：石渠餘紀卷四，頁四四：「康熙間度支充實，於八旗兵丁時加恩養。初動公帑數百萬代淸積逋，又於各旗設立官庫，資濟匱絀。四十二年貸帑金六百五十餘萬兩，四十五年合計未完者，尙三百九十餘萬，詔豁免之。年征旗租解部，至後敕賞八旗兵丁一月錢粮，久以爲例。」案淸初有所謂八旗圈地，這是淸統治者優厚其部族的一種方法。但旗人不事生產，故多將田土典賣，自後旗人無固定收益，生計益艱困，而依靠政府賑濟渡日，故政府於此花費甚大。參照劉家駒淸朝初期的八旗圈地（國立台灣大學文學院出版，民國五三年。）

註十一：欽定大淸會典事例卷一七〇戶部田賦，頁四：「康熙元年題准，州縣錢粮，先儘起運之數全完，方准存留。」東華錄康熙卷十七，頁二四至二五，康熙四八年十一月丙子諭：「從前各省錢粮，除地丁正項外，雜項錢粮不解京者尙多。自三藩變亂以後，軍需浩繁，遂將一切存留欵項，儘數解部。」

註十二：皇淸經世文編卷二六戶政理財上，頁六一，張玉書請杜設法名色疏：「蓋每年正供賦額，各有抵銷，遇有別項費用，部臣輒請敕該督撫酌量設法，不得動用正項錢粮。」東華錄康熙卷十七，頁二四，康熙四八年十一月丙子諭：「……其留地方者，惟俸工等項必不可省之經費；又經節次裁減，爲數甚少。……州縣有司，無纖毫餘賸可以動支。」

註十三：前註東華錄條內，康熙帝直認地方官吏不得不因公而挪移正項。李光地榕村全集（清道光九年刊本）卷二六，頁四，康熙三九年正月二十日李光地上條陳清查錢粮虧空疏：「……或地方有萬不得已之事，因公挪移（賦稅），亦所不免。」東華錄雍正卷二，頁二四，雍正元年七月丁未：「……因通省公費，……有不得不取給於此（火耗）者。」

註十四：洪武初年官俸全支本色（米），故官吏收入亦算豐裕。參攷彭信威中國貨幣史（上海人民出版社，一九六五年）頁一八七、三六四、四六八、六七二每朝官吏月俸表。由於明政府要維持大明寶鈔的價值，自洪武二十五年開始，部份官俸用寶鈔折發，使得官吏的眞實所得隨寶鈔購買力的跌落而減少，這是明代官俸薄的主要原因。明史（開明本廿五史）卷八二、志五八、食貨六；顧炎武日知錄（台灣世界書局出版，民國五七年）卷一二俸祿，頁二八五至二八八；皇朝經世文編（台灣國風出版社，民國五二年）卷一八吏政官制，頁一，任源祥制祿議；趙翼廿二史箚記（台灣世界書局，民國四七年）卷三二，頁四七三至四七四，明官俸最薄條等等，均有論述。

註十五：政治制度方面，可參攷陶希聖、沈任遠明清政治制度（台灣商務印書館印行，民國五六年）下編，頁五十。財政方面，如賦役全書的纂編，「一條鞭法」的實行等，亦是參照明代制度而釐定的，見東華錄順治卷四，頁三一，順治十年六月辛亥諭；同書卷六，頁十九，順治十四年十月丙子諭。

註十六：直接說明俸祿非薄的，順治時有何承都，魏裔介等人，見皇清奏議卷五，頁十六至十八，順治九年何承都請省冗員疏；同書卷十，頁四四至四七，順治十年魏裔介敬陳軍屯大政疏。康熙時，有在朝的李光地，見康熙政要（宣統二年排印本）卷六納諫，頁二十至二一引李光地年譜李光地與康熙帝講論語；陸隴其，見國朝先正事畧（台灣文海出版社印，民國五六年）卷九陸清獻公隴其，頁七，載他在康熙九年考進士時所撰的廷對策時務；魏象樞，見國朝先正事畧卷三魏敏果公象樞，頁十，載他在康熙十一年補御史大夫時所上的奏疏。私下討論的有潘耒，見日知錄卷十二，頁二八五至二八八，俸祿注文。間接說明俸薄的，可見皇清奏議卷七，頁二六至二八，順治十一年林啓龍嚴貪汚以肅官方疏；東華錄康熙卷十，頁二，康熙二七年一月丁酉諭；同書卷十九，頁十七至十八，康熙五四年十二月辛未諭；皇朝經世文編卷二七戶政理財，頁五四雍正二年高成齡議覆提解耗羨疏。

註十七：除見（表二）中清初官吏年俸表變化情況外，又可參攷東華錄順治卷七頁三一，順治十八年正月丁未遺詔；東華錄康熙卷十七，頁二四，康熙四八年十一月丙子諭；又前註康熙政要與日知錄條亦有論述。

註十八：皇清奏議卷二一，頁十至十一，康熙十八年金世鑑請復官俸以養廉疏。

註十九：皇清奏議卷二十四，頁一，康熙四一年劉子章請裁節外家口疏：「……外任官員，除攜妻子兄弟而外，其奴婢有多至數百人，甚至千餘人者。」東華錄康熙卷八，頁三十，康熙二三年十二月庚子諭文中，亦指出漢軍官「每赴外任，多攜僕從」。

註二〇：皇朝經世文編卷二五吏政幕友，頁九至二三，汪輝祖佐治藥言。病榻夢痕錄（同治元年，盱眙吳氏望三益齋刊本），上卷頁五四，載幕府脩金在乾隆初年，每年有二百五十両左右；以此數推測，則乾隆以前，相差亦應不遠。

註二一：皇清奏議卷四，頁十五，順治八年魏琯督臣誨貪剝民疏。皇朝經世文編卷十五吏政吏論上，頁五，盧錫晉吏議；同書卷二六，頁六一，張玉書請設法名色疏。東華錄雍正卷十三，頁十，雍正十三年乙亥諭。此外，日人安部健夫耗羨提解の研究——雍正史の一章としてみた，東洋史研究十六卷，第四號，岩見宏養廉銀制度てみた，東洋史研究十六卷，第四號；岩見宏養廉銀制度の創設について，東洋史研究二二卷，第三號與及同期宮崎市定雍正による俸い銀扣除の停止について等文，對這個問題，均有簡單的研究說明。

註二二：清代官員犯過，若罪名成立，往往是刑罰和罰俸同時兼施。罰俸和現在的法庭罰欵大致是相同。詳細情況筆者並未知悉，僅就欽定吏部則例（台灣成文出版社印，民國五五年）得一簡單的理解。

註二三：官吏清廉而無家產的，如于成龍、陳璸、陸瓏其等，只好「枵腹從公」（高成齡議覆提解耗羨疏語），或是自耕而食；清廉而有家產的，如張伯行，則以本身的錢財來應付各項支出。他們都是康熙朝最清廉的官員，至於其他官員，難免額外多取，甚至向人借債度日。借債的情形，見皇清奏議卷二三，頁四至五，康熙三五年劉蔭樞請嚴利債之弊疏。又上述各官員的情況，可參看國朝先正事畧及清史稿各人本傳。

註二四：順治朝虧空貪污事件見於正史甚多，如世祖章皇帝聖訓卷六，懲貪佞，順治八年辛卯閏二月甲寅、丁丑兩上諭；同書卷三誡飭臣下，順治九年壬辰十一月乙未諭；同書卷六，順治十年癸巳正月癸巳諭。皇清奏議卷五，頁三四至三五，順治十年魏象樞請明會計疏；同書卷八，頁十五，順治十一年朱汶課吏懲貪疏，同書卷七，順治十一年林啓龍嚴貪吏以肅官方疏；同書卷十一，順治十五年金漢鼎嚴侵漁以清逋賦疏；同書卷十三，頁二四，田六善請勸清吏以勵循良疏。至於虧空的數額，亦相當大。東華錄康熙卷一，頁二十四，康熙三年六月庚申諭文中載，自順治元年至十七年，地方拖欠銀共二千七百萬兩，米七百萬石，葯材十九萬斤，紬絹布共九萬匹；而拖欠的主要原因，是由於地方官員的侵吞。

註二五：說明康熙朝虧空現象的材料更多，最具有代表性的，莫如見東華錄康熙卷十七，康熙四八年十一月丙子諭；同書卷二一，頁十一至十二，康熙五九年七月庚午上諭與及同書卷二一，頁三六至三七，康熙六一年九月甲午，十月甲寅兩上諭。此外，榕村全集卷八六疏一，載康熙三九年正月二十日與四十年五月八日李光地所上的條陳清查錢糧虧空疏與請嚴定承審虧空疏中，亦有同樣的說明。

註二六：世宗憲皇帝聖訓卷二三理財，頁五至六，雍正八年十一月戊子諭。

註二七：同上書卷二三，頁三，雍正六年十一月丙子諭；同卷頁四，雍正七年十月甲子諭。

註二八：參攷王業鍵清雍正時期（一七二三—三五）的財政改革，史語所集刊三三本。

註二九：東華錄順治卷一，頁十三，順治元年七月壬寅攝政睿親王諭；清朝文獻通攷卷一田賦一，攷四八五五；清世祖實錄卷五二，頁十二至十三，順治八年正月庚申諭。除却順治十八年，因爲國用浩繁、兵餉不足，而依明代故例，以一年爲限，加派一分（見東華錄康熙，卷一，頁八，順治十八年八月甲寅）外，永不加派似成爲清皇室的家法，它的作用無非是籠絡一般老百姓。

註三〇：日知錄卷十一，以錢爲賦錢糧論畧；清朝文獻通攷卷三田賦三，攷四八七三；石渠餘紀卷三紀耗羨歸公，頁四一至四二，均以火耗起於明代。日人佐藤圭四郎西亞の火減りと中國の火耗一文，集刊東洋學第一卷第六號，結合中國與西亞細亞的火耗問題加以討論，可供作參攷。

註三一：清朝文獻通攷卷十五錢幣三，攷四九八三，按語載：「……地丁銀……鹽課銀……漕項銀……關稅銀，皆必傾熔成錠，然後起解。」又同頁載雍正三年諭文中，可知傾熔的錠是大錠。依彭信威中國貨幣史，頁七七七，對清代銀兩的分析，則知大錠重五十両，形狀如馬蹄。

註三二：東華續錄乾隆卷一，頁二一，雍正十三年十一月癸亥諭：「向來州縣征收錢糧，因銀色有傾銷之耗折，解送有路途之盤費，故於正項之外，征收耗羨。」皇朝經世文編卷二七戶政理財下，頁六，孫嘉淦辦理耗羨疏：「傾銷有費矣，……解送有費矣，故隨正供而輸耗羨。」又據同書卷二七戶政理財下，頁十七至十八，朱雲錦戶部平餘案畧：「凡有解部錢糧，每千両除解平餘銀二十五両，飯銀七両，俱於耗羨內動支起解。」

註三三：眞正因傾熔而耗折的數不很淸楚，惟依日知錄卷十一，頁二六三至二六四，以錢爲賦內記述，則約爲2%左右，佐藤圭四郎西亞の火減りと中國の火耗一文所提出的傾熔數目亦是2%左右。如果加上上述運費和雜費的數目，則眞正實費的開支約是賦稅的5至6%左右。

註三四：石渠餘紀卷三，紀耗羨歸公，頁四十至四十一，載曰：「謹案火耗起於前明，國初屢有嚴禁。順治元年令曰，官吏征收錢糧，私加火耗者，以贓論。康熙初，有額外科歛，許民控告之罪；有剋取火耗，上司徇隱之律，禁令非不嚴也。」

註三五：皇淸奏議卷八，頁三二，順治十一年季開生謹陳民情疏；同書卷十二，頁三九，順治十六年李鼎玉請培元氣定章程疏，均以當時的火耗征收得很重。康熙時，火耗的征收已成公開的秘密，皇朝經世文編卷十七吏政銓選，頁五十，魏裔介復黃菉園書：「天下之財，盡沒於火耗，是皇上之天下，其財半入於有司也。」由此可見火耗盛行的情形。

註三六：石渠餘紀卷三，頁四一：「……禁令非不嚴也，禁之而不能，則微示其意而爲之限。」終康熙一朝，爲避免加派的罪名，始終不肯確定火耗征收數額，而只有消極地默認一分的火耗，見東華錄康熙卷十五，頁三十，康熙四二年十二月庚寅諭；同書卷十七，頁二二，康熙四八年九月乙未面諭河南巡撫鹿祐。

註三七：見上註東華錄卷十七條；同書卷十九，頁十五，康熙五四年十一月庚子，偏沅巡撫陳璸上禁加耗疏，康熙帝稱他爲「沽名條奏。」同卷頁十七至十八，康熙五四年十二月辛未，面諭陳璸：「身爲封疆大臣，而室中蕭然無一物可以與人，亦非大臣所宜。夫第謂一介不以與人，一介不以取諸人，豈眞一無所取？」

註三八：附加法多行於中央集權國家；當賦稅支配權統屬於中央，地方政府得在中央稅收上實行附加，以充地方經費。資料來源見註七。又淸代財政，雖經雍正一朝的改革，但仍非常混亂，見續淸朝文獻通攷卷六九國用會計，攷八二五五。由于政府繼續實行不均衡的分成法，故附加稅便成爲淸代地方經費的主要來源。參攷王業鍵先生博士論文 China's Land

Taxation in the Late Ching, Harvard University, April 1969。

註三九：地方各項經費的開支，均得向中央報銷，故中央官員可利用這機會向地方要錢，當時是稱爲部費。見皇朝經世文編卷二六戶政理財上，頁五五至五六，靳輔苛駁宜禁疏。部費似無定額，依東華錄雍正卷一，頁十五，雍正元年正月甲午諭：「各省奏銷錢糧，……積弊甚大，若無部費，雖冊檔分明，亦以本內數字互異，……往來駁詰。一有部費，即靡費錢糧百萬，亦准奏銷。」又東華錄康熙卷十七，頁二三，康熙四八年九月乙未諭：「爲督撫者……每因部費繁多，以致不能潔已。」由此推測，部費數目可能很大。又在順治時，中央各部均有本身考成則例；自康熙四年後，中央各部經費才歸到戶部，見皇清奏議卷十七，頁十六，康熙四年盧崇峻政歸易以端治疏。戶部以外的官員，因分不到部費，故多利用到地方出差的機會，與地方官分肥。見皇朝經世文編卷十五吏政吏論上，頁三四，靳輔專差宜減疏；東華錄雍正卷一，頁九至十四，雍正元年正月辛己訓飭督、撫、提、鎭以下文武百官的十一道諭旨。

註四〇：地方上，下屬送給上司的稱爲規銀或規禮。地方上級官員對下屬苛索的材料甚多。通論性的如皇朝經世文編卷十五，頁五至八，盧錫晉吏議，東華錄雍正卷一，頁九至十四的十一道諭文。此外，論述順治朝的，見皇清奏議的請明計典疏（卷五、頁三三至三六），課吏懲貪疏（卷八，頁十五至十八），嚴貪吏以肅官方疏（卷七，頁二六至二八），清治源疏（卷十，頁一至八），嚴侵漁以清逋賦疏（卷十一，頁十至十二），請敦教化嚴法度八條（卷十二，頁二二至二八），請勸清吏以勵循良疏（卷十三，頁二一至二三），此外，世祖章皇帝聖訓卷三誡飭臣、卷六懲貪佞，亦有多處論述。說及康熙朝的，如皇清奏議的請禁額外開征疏（卷二一，頁十九至二四），澄清吏治疏（卷二三，頁二四至四十），請嚴懲貪虐各官疏（卷二二，頁三二至三四）；東華錄康熙卷一，頁三三，康熙四年十二月壬子諭，同書卷十，頁二一，康熙二八年二月乙卯諭。

註四一：見張德昌清季一個京官的生活（香港中文大學出版，一九七〇年）

註四二：見皇朝經世文編卷二七戶政理財下，頁十三，錢陳羣條陳耗羨疏。事實上，重耗的情形在順治年間早便出現（見前註三五），康熙時則更爲普遍，可見同書卷十七，頁五十，魏裔介復黃菉園書；同書卷二五，頁五七至五八，趙申喬禁絕火耗以甦民困書。

註四三：東華錄康熙卷二一，頁三六，康熙六一年九月戊子諭；同書卷九，頁七，康熙二四年六月辛卯諭，硃批諭旨第二本，頁八八三，雍正元年七月十日山東巡撫黃炳奏摺；東華錄康熙卷十九，頁十五，康熙五四年十一月庚子諭。

註四四：見（註四二）錢陳羣條陳耗羨疏。

註四五：見（註三九）、（註四〇）所引皇清奏議、聖訓與東華錄條。

註四六：據許大齡清代捐納制度的研究，捐納開始於順治六年；終康熙一朝開例捐納有三十多次，但行實官開捐的則有三年，一共捐得縣官五百多個。這班縣官，操理地方實際事務，因出身不正，故多貪污枉法，對當時的政治有極壞影响。

註四七：從東華錄康熙卷十七，康熙四八年十一月丙子上諭中對虧空的解釋，可見康熙帝是明白實情的。本來康熙四八年左右是乾隆以前清代最富裕的一個時期，當時戶部存銀若五千萬両（見同上諭），但可惜爲了擴張清代版圖，在後期長期對西北用兵，故內政的整頓，始終沒有積極地進行。

註四八：如康熙二四年九月、十一月所誅的耿文明和穆爾賽，三六年五月所殺的温保和甘度等都是罪惡滿貫的，見聖祖仁皇帝聖訓卷二五，頁四至五，康熙二四年九月庚辰與十一月戊午兩上諭；同書卷二六，頁一，康熙三六年五月辛卯諭。對一般小貪的官員，康熙帝是採用寬容的態度，同書卷二八，頁四，康熙二四年十月庚子上諭大學士：「今年所擬秋決貪官甚多，若盡行處決，朕心不忍。」東華錄雍正卷一，頁七，康熙六一年十二月上諭：「……近日道府州縣虧空錢糧者，正復不少。……皇上好生如天，不忍即正典刑，故伊等每恃寬容，毫無畏懼，恣意虧空。」

註四九：孟森清世宗入承大統考實，明清史論著集刊（台灣世界書局印行，民國五一年），與清代史（台灣正中書局印行，民國五一年）均有收載。

註五〇：硃批諭旨第八本，頁五〇七八，雍正五年四月一日，杭州織造孫文成奏摺後硃批語：「凡奏百事稍有不實，恐爾領罪不起。須知朕非生長深宮之主，係四十年閱歷世情之雍親王也。」此外，雍正帝魄力過人處可由下面一事見得到，東華錄雍正卷八，頁三十，雍正八年七月甲戌諭：「各省文武官員之奏摺，一日之間，常至二三十件，或多至五六十件，皆朕親自閱覽批發，從無留滯。」至於對雍正帝的全面批評，可見清史稿卷九，頁六二，世宗本紀論曰。

註五一：孟森清代史，頁一二七至一六二；蕭一山清代通史卷上，頁四〇八至四四五及同卷六七一至七〇六；劉大年論康熙，中國近代史諸問題。

註五二：皇清奏議，卷四，頁三九至四十，順治九年王永吉請採羣議以濟時艱疏：「水旱南北同災，直省饑饉並報，……大兵、大旱、大水共集一時。」

註五三：見前註八所引清初軍費佔總收入比例表內，有關順治朝的資料。

註五四：見許大齡清代捐納制度，頁二三。

註五五：根據東華錄康熙卷一，頁七，順治十八年八月甲寅戶部議覆文中，可知曾在這年，按明代故例，加派練餉一分，共征銀五百多萬兩。

註五六：當時政府云面，對公費盡量裁省，如在順治十三年，便裁減七十五萬多两，以補各項必要的開銷，見世宗實錄卷一〇三，頁二九至三十，順治十三年九月辛未。又可參攷前註十二。皇帝方面，亦是盡行節約，石渠餘紀卷一，頁一，紀節儉；皇朝經世文編卷二九，頁二六，張玉書紀順治間錢糧數目等處，對順治帝的節儉處，均有詳述。

註五七：魏源聖武記卷二，頁四二，康熙勘定三藩記上：「核天下財富，豐耗於三藩。」

註五八：東華錄康熙卷十七，頁二五，康熙四八年十一月丙子諭。

註五九：全漢昇先生清代的人口變動，史語所集刊三二本。

註六〇：皇清奏議卷十四，頁九，順治十七年姚延啓敬陳時務八欵：「天下之民，有圈地之苦，有逃人之苦，有喂養馬匹供養大兵之苦，有封船之苦，有縴夫之苦，有藩府咟朘削之苦，有驛遞擾之苦，有盜賊焚掠海寇出沒之苦，又有水旱不時之苦。」此外，同書卷五，頁二八，順治十年房可杜請隆治安圖疏；同書卷九，頁二八，順治十二年杜漢敬陳兵民之困疏；同書卷十二，頁五，魏裔介請停察荒之差疏等等，亦有同樣的記述。

註六一：康熙帝把河務與藩事，漕運並列爲重要的事務，曾先後動用是國帑數千萬兩來修理河工，自己又曾親自南巡六次，又派靳輔統承負責。此等記述見東華錄康熙卷十一，頁二九，康熙三一年二月辛己諭；同書卷十六，頁二四，康熙四六二月乙巳諭；同書卷二一，頁二七，康熙六十年九月甲午諭；同書卷十六，頁二七，康熙四六年五月戊寅諭。此外鄭肇經中國水利史（台灣商務印書館印行，民國五五年），頁六五至七三，亦有概括性的論述。

註六二：獎勵農業與開墾的政策，在順治時已積極的進行，見欽定大清會典事例卷一六六，戶部田賦，頁一。康熙時除繼續執行這種政策外，還把在十世紀與十一世紀間輸入來的新稻米種子，推廣到全國去，使稻米的生產期由一熟變成兩熟，對稻米的生產很有貢獻。此等記述見文獻叢編（北平故宮博物院文獻館印行，民國二四至三二年）蘇卅織造李煦所上的奏摺；乾隆御制的授時通考（上海中華書局印，1956年）卷二十穀種稻一，頁四二一所載聖祖御製文中，亦說出康熙帝本人如何去選種，試驗及推廣新種到全國去的情況。

註六三：見東華錄康熙卷十七，頁二六，康熙四八年十一月甲申諭；石渠餘紀卷一，頁十二，紀蠲免。

註六四：全漢昇先生清代的人口變動一文以這段時期爲清代人口的恢復時期。

註六五：這裏所說的土地，主要是指耕地，其增加的情況如下：

清初全國耕地面積額增加指數表

年代	耕地面積（頃）	增加指數
順治十六年（一六五九）	五，四九三，五七六	一
康熙二四年（一六八五）	六，〇七八，四三〇	一·一
雍正二年（一七二四）	六，八三七，九一四	一·二四

資料來源：清朝文獻通攷卷一至卷三，攷四八六〇至四八七三。

附註：以順治十六年額爲基數。

註六六：關於白銀輸入中國的意見，完全參攷全漢昇先生美洲白銀與十八世紀中國物價革命的關係，史語所集刊二八本；明清間白銀的輸入中國，香港中文大學文化研究所學報第二卷第一期。

註六七：皇朝經世文編卷二六戶政理財，頁二九至三十，乾隆四六年阿桂論增兵籌餉疏。

（三）文官養廉制度的內容

雍正帝早就對當日政治上貪污的情形有徹底的理解，（註一）故他即位後第一件所做的事便是清理前朝虧空。康熙六一年（一七二二）十二月，雍正帝剛即位不久，便下令限各地虧空於三年內完補清楚。（註二）但是，由於積弊太深，清理的成績並不滿意，故再寬限多三年。（註三）雖然雍正帝嚴責督行，（註四）依然沒有顯著效果，最主要的原因是財政制度的弊點仍舊存在。而且在虧空項目下，有很多是無法追查；（註五）這些無著的虧空，若和其他一樣，限令完補，只等於迫使地方官員再踏上貪污的途徑。為除根清源，他還同時進行一種合理的調整，那就是增加官員的薪俸（時稱養廉銀）和地方經費，設法彌補無著虧空，使得任何使官吏貪污的客觀因素都被清除。這一個為了保持官吏廉潔而作出的調整，便是養廉制度。

雖然當時國家經費已經漸上軌道，但政府仍然無法承担推行養廉制度的全部經費。（註六）雍正帝希望把已存在的一種附加稅——火耗，歸由地方政府管理（時稱火耗歸公），而以它的收入來支付調整的費用。

事實上，火耗歸公的軍法早在順治元年（一六四四）已由貳臣駱養性提出過，但在永不加派的原則下，却受到嚴厲的斥責。（註七）此後，清政府一直維持禁征的方針；可是，重耗的現象却是愈來愈猖獗。康熙四二年（一七〇三）的默許一分火耗，便是由禁征到暗中承認的一個時期。雖然這算不上是一種改革，但也產生若干效果。那就是：

（1）默許的加派，可以滿足當時官僚集團的慾望，驅使他們繼續為清帝國効力。

（2）直接加派者爲低級州縣官員，他們多是漢人；（註八）以漢人取諸漢人，自然不會引起種族上的仇恨。而在另一方面，滿族統治者却不斷的施行前所未見的大規模免稅運動。相形之下，益發顯得滿州人的仁政和愛民。

（3）政府自始至終不但絕不插手管理火耗征收事宜，而且從不正式承認火耗征收的事實。這樣一來，財政上的困境可以解決，永不加派的清譽又可以得到維持。（註九）

嚴格說來，這實是一種愚民、愚官的政策，但由於運用巧妙，並沒有引起被統治者的反感。

因爲康熙帝始終不肯承認火耗征收，故康熙六一年（一七二二）陝西總督年羹堯以當地虧空數目太大，奏請火耗歸公以作塡補的時候，亦受到與駱養性相同的命運。（註十）他們的建議直到雍正朝才得到實行。因爲以前那種愚民、愚官的放任政策，終於產生多種流弊，對當時的財政發生惡性侵蝕作用，着實到了非改革不可的局面，故有養廉度制的出現。

養廉制度是逐漸地醞釀演變而成的，故它的前後內容畧有不同；雖然如此，總離不開如何保持官吏廉潔這個目標。

（甲）議行時的性質——雍正二年（一七二四）前後

首先提出火耗歸公的是山西巡撫諾岷，他在雍正元年（一七二四）奏請將原由各州縣附加征收和支配的火耗銀，完全解交到省布政司庫，改由省行政當局統籌支配，以便彌補過往無著的虧空，及分給全省大小官員作爲養廉銀。（註十一）這個建議得到山西布政使高成齡的附和，雍正二年，高氏上奏摺極力籲請朝廷把這個辦法推行於全國各地。（註十二）雍正帝把他的奏摺批交總理事務三大臣會同九卿、詹事、科道等朝廷官員會同議論。會議結果，他們作出下面的意見：

（1）各省征收火耗，應酌定分數。

（2）提解火耗銀時，應採用酌提的形式。即各州縣應得的養廉和公用欵項，可聽由他們如數扣除，不必解到司庫後再次撥給。

（3）請在山西一省先行試行。

但是雍正帝却不同意他們的意見，因爲：

（1）他認爲州縣大小不同，錢糧多寡亦不同；若酌定分數，則錢糧多的，火耗便多，少的便少，因而出現不平均的情況。故他主張按錢糧多寡，事務繁簡而由地方自行决定征收分數。

（2）如果採用酌定形式，則很難確保州縣官員不會貪取或上下其手。故他主張採用全提形式，即把全部火耗銀提解到司庫去，而作通省統籌運用。

（3）他認爲辦法可行，應通行於天下，而不必先在山西試行。（註十三）

養廉制度在雍正帝協議之下，差不多已成爲必行的事實。當時反對的大臣雖然不少，但除了吏部侍郎沈近思較有見解外，（註十四）其他不外是一羣想維持現狀，而不希望有激烈變動的保守份子，（註十五）在嚴明君主操縱之下，他們很快便變得噤若寒蟬。

雖然反對的浪潮被壓下去，但雍正帝最後所作的決定却充滿彈性，它的內容主要可分爲兩點：

（1）這個辦法是否實行，中央政府完全不過問，而聽由各省總督，巡撫和布政使等重要官員斟酌當地情形來決定。換句話說，政府採行放任態度。

（2）火耗銀的主要作用，是彌補過往無著的虧空。（註十六）

雍正帝所以作這樣的決定，原因可能有兩種：

（1）個人政治的理想。他認爲這種附加稅，是人民的一種額外負担，祇不過目前對它有急切的需要，故不能取消。不過，他仍然希望等待虧空完全清理，國家經費回復正常後，慢慢地把火耗減輕，以致完全取消。（註十七）

（2）受到傳統家法的牽制。清初統治者爲鞏固政權，曾努力地去實行懷柔政策，輕征薄賦的政策已來不及實行，（註十八）當然絕對不會承認加派這一回事。順治帝和康熙帝不惜陷國家財政於窘境，也要維持這種清譽。雍正帝雖然能幹有爲，明知加派是暫時不可避免的，但爲了他的滿州政權的安全，只好表面絕口不談這件事。

爲公爲私，雍正帝在當時是不能把他的調整運動積極宣揚出去的。但假如事情果眞如這個決定一樣，則養廉制度便告流產，所得的效果也不會超過康熙帝的默征。至於眞正的面目如何，我們要看它實在推行的情況。

（乙）在各省實在推行的情況

養廉制度純粹是見行在地方各省，故它的眞正面目只能在各省的推行情況看得出來。現試行分述如下：—

（1）山西省

這是最先實行火耗的一省，雍正元年（一七二三）以前征收率是30—40%；元年五月巡撫諾岷減爲20%，把火耗銀用在彌補無著虧空，增加官俸和公用三項上。這個辦法在布政使高成齡協助下，推行得非常徹底。照高成齡的估計，雍正三年（一七二五）前火耗銀收支情況如下：

（附表四）雍正三年前山西火耗銀收支表

收入（両）	支出（両）
五〇〇，〇〇〇	養廉、公用三〇〇，〇〇〇
	彌補虧空二〇〇，〇〇〇

資料來源：硃批諭旨第三本，頁一三六九至一三七〇，雍正三年二月初八日山西布政使高成齡奏摺。

無著的虧空在雍正三年完全清理妥當後，火耗銀便集中用於養廉和公用兩方面。（註十九）各官的養廉銀額並沒有詳細的記載，只知巡撫每年有三萬一千七百餘両；（註二十）這可說是全國最高的巡撫養廉銀額。

雍正三年刑部左侍郎伊都立署理山西巡撫印務時，認爲現在的火耗有了盈餘，應該減低征收率至13%；這件事雍正帝大爲讚賞。但後來因爲用度不敷，到雍正四年（一七二六）十月又改回原來的征收率。雍正帝知道後，大爲震怒，除着令伊都立「照原裁減之數，仍行裁減」外，並把他交由吏部嚴加處置，說他「朝三暮四，

有同兒戲，……何以取信於民」。（註二一）因此，自雍正四年後，山西的征收率變成13%。（註二二）

（2）河南省

自雍正元年諾岷在山西推行火耗歸公後，河南巡撫石文焯也在同一年做效實施，因而得到雍正帝的嘉賞。（註二三）河南的征收率是10%，其收支情況如下：

（附表五）雍正元年後河南火耗銀收支表

收入（兩）	支出（兩）
四〇〇，〇〇〇（+）	養廉、公用二四〇，〇〇〇—二五〇，〇〇〇（+） 彌補虧空一五〇，〇〇〇—一六〇，〇〇〇（+）

資料來源：硃批諭旨第二本頁一一四〇至一一四一，雍正二年正月二三日河南巡撫石文焯奏摺。

河南和山西的情況差不多，都是有一筆數目很大而無法追查的虧空欵項，故在火耗銀支出方面，用在彌補虧空的雖然沒有山西那麼多，但亦佔去40%。至於各官分配到的養廉銀亦不薄，他們所得的數目見（附表二五）。

雍正年間各省養廉額表

火耗歸公雖然實行得很早，但當時似乎並沒有嚴格管制過，而且又是採用酌提形式；在寬鬆的環境下，部份州縣官員便做出捏報虧空數目和暗中加派的貪污行爲。（註二四）雍正三年（一七二五）巡撫田文鏡改行全提，並嚴加處理，這樣才顯出效果來。

無著的虧空到雍正三年亦告完補清楚，火耗銀便有了盈餘；於是田文鏡便創議把養廉銀分派給各衙門的胥吏，雍正帝亦十分贊同。此後，河南通省大小官員均有分得這種額外的津貼。（註二五）直到雍正十一年（一七三三），河南存庫盈餘火耗銀共有七十多萬兩，雍正帝不准把它歸入公項；他因此蠲免河南十一年的地丁錢糧四十餘萬，而以這筆款項補作該省賦稅。（註二六）

（3）湖南省

在諾岷和石文焯以後，湖廣總督楊宗仁在雍正元年（一七二三）也推行加一的火耗征，它的收支情況如下：

（附表六）雍正元年湖廣（湖南、湖北）火耗銀收支表

收入(兩)	支出		
	分配	銀(兩)	佔支出的%
一一七，九五二	州縣扣存以作養廉和公用	三七，七四四(+)	三二
	提解司庫充一省公用	三五，三八五(+)	三〇
	部費和提解賦銀運費	一七，六九二(+)	一五
	按察使、道、知府及同知等官養廉	二七，一二八(+)	二三

資料來源：硃批諭旨第一本頁一三一雍正六年五月十五日湖廣總督楊宗仁奏摺；同書第七本雍正六年十月十一日湖南布政使趙城奏摺；同書第三本頁一七八三至八四湖廣總督邁柱、湖廣巡撫王國棟奏摺。

但是，因爲當日仍是屬於醞釀議行的時期，並沒有什麽法則和方針，而且楊宗仁又未能盡心籌畫，故湖廣官員把它當作一種新的規銀來看待。下屬爲討好上司，每每在正項還未撥運時，耗銀便已先行提解；或者上司遇到本身銀而不敷應用時，則向下屬預支這筆欵項，事後官員或升遷，或獲罪謫職，這些被預支早解的數目都無法追還，以致造成挪新掩舊和虧空的流弊。因此，湖廣雖早便實行，效果却很差。（註二七）

雍正七年（一七二九），湖南布政使趙城奏請繼續征收加一火耗，並提議採用全提的形式。雍正帝命他與總督邁柱和巡撫王國棟會同辦理，他們所作的決定如下：

（附表七）雍正七年後湖南火耗銀收支表

收入	支出		
	分配	銀　（両）	佔支出的%
一一七，九五二(両)	養廉	八二，五六六(十)	七〇
	公用	三五，三八五(十)	三〇

資料來源：硃批諭旨第三本頁一七八三至八四，湖廣總督邁柱、湖南巡撫王國棟奏摺。

養廉銀雖佔去70%，但仍未夠支付，王國棟便把歸公的規銀，及商稅和蘆課贏餘銀共九，六五七両用在養廉。各官按官職大小，事務繁簡來作分配，他們所得的數目可見（附表二五）。除了支付入流的官員外，來往湖南、湖北的特派官員「湖廣巡察」、改土歸流的土司及各衙門胥吏，亦有機會分享這種津貼。（註二八）

（4）湖北省

湖北早期情況與湖南相同。到雍正七年（一七二九）才正式通盤計算實行，征收率是10%，形式採用酌提，它的收支情況如下：

（附表八）雍正七年後湖北火耗銀收支表

收支(両)	支出：分配	銀(両)	佔支出的%
一一二，〇〇〇	州縣扣存以作養廉公用	三五，五二〇	三二
	提解司庫爲一省公用	二三，二〇〇	二〇
	提解運費	一一，一〇〇	一〇
	提解司庫爲官員養廉	四二，一八〇	三八

資料來源：硃批諭旨第十本頁六〇二三，雍正七年九月十九日署理湖北巡撫印務四川布政使趙弘恩奏摺；
同書第四本頁二〇〇八雍正九年十二月六日湖北巡撫王士俊奏摺。

湖北通省官員人數不少，此外尚有一百六十多名胥吏，四萬餘兩的養廉銀實不夠分派；不足的數目約爲二萬五千兩銀，由歸公規銀用來補足。（註二九）

（5）直隸省

雍正元年（一七二三）六月，巡撫李維鈞實行征收11%的火耗，當時是採用酌提形式，但提取比率並無記載，僅知它的分配情況如下：

（附表九）雍正元年後直隸火耗銀收支表

收入(両)	支	出(両)
二三〇，二七一	養廉	一二〇，二七一
	公用	五〇，〇〇〇
	彌補虧空	六〇，〇〇〇

資料來源：硃批諭旨第一本頁四一六，頁四四五至四四六，雍正元年六月廿五日，二年八月六日直隸巡撫李維鈞兩奏摺。

各官養廉銀額可參見（附表二五）。

雍正七年（一七二九），署理總督事務提督楊鯤為求劃一收支，提議改酌提為全提；（註三〇）同時，過去無著的虧空數目亦差不多完補清楚，故官員養廉銀較為增大。當時的收支情況如下：

（附表十）雍正七年直隸火耗銀收支表

收入(兩)	支出(兩)	
二五五，一六一	養廉	一七九，九六〇
	公用	七五，二〇一

資料來源：硃批諭旨第七本頁四二二六至四二二七，署理直隸總督事務提督楊鯤奏摺。

（6）山東省

雍正朝以前火耗的征收率是25至30%；雍正元年（一七二三）開始，由巡撫黃炳通盤整理，把征收率減至18%。耗銀全部交到布政司庫，作爲通省之用。它的收支情況如下：

（附表十一）雍正七年山東火耗銀收支表

收入(兩)	支出(兩)	
五四〇，〇〇〇	養廉	二〇〇，〇〇〇
	公用	一四〇，〇〇〇
	彌補虧空	二〇〇，〇〇〇

資料來源：硃批諭旨第二本頁九二二，雍正二年九月四日山東巡撫陳世倌奏摺。

各官養廉銀額見（附表二五）。

養廉制度實行後，很多省分由於火耗收入少，不能滿足需求，故紛紛以原有的規銀充公補足；山東當然也不例外。例如山東道員的養廉銀爲六千兩，但其中驛道和糧道的地位較爲重要，該等道員便以經費不足爲藉口，繼續接收下屬的規銀；除養廉銀外，糧道每年有千養兩規銀，驛道則有九千多兩。這自然引起他們的下屬和其他同品位或地位較高的官員的不滿。雍正六年（一七二八）總督田文鏡考察實況，削除他們的規銀，每年只分給養廉銀。不單如此，他還對雍正帝作了一個極重要的建議，那就是不可隨意任由各省督、撫借公用爲名而把各項規銀歸公；他指出他們之所以積極地進行歸公，目的不外是掩藏自己過去在這方面貪污的行徑，或以這些欵項入自己的私囊。（註三一）雍正帝十分贊同他的意見，立即把它制成詔令向全國宣佈。（註三二）

經過田文鏡整頓後，山東火耗銀慢慢地有了盈餘，雍正七年（一七二九）巡撫岳濬奏准把部份盈餘分派給各衙門胥吏，作爲他們的養廉銀。（註三三）

雍正十一年（一七三三），山東火耗盈餘銀有七十餘萬兩，雍正帝命巡撫岳濬以河南爲例，蠲免該年地丁銀四十餘萬兩，而以這筆欵項用作塡補。（註三四）

（7）浙江省

浙江賦糧，向來很重，爲着要減輕老百姓的負担，火耗征收率比較其他省分爲輕。雍正朝以前不到10%，雍正元年（一七二三）巡撫黃叔琳減至5—6%；二年（一七二四）署理巡撫石文焯更減爲2%，得火耗銀六萬一千多兩，只用於一省的公費上。（註三五）

雍正五年（一七二七），雍正帝認爲浙江大小官員不應沒有配給養廉銀；故除恢復原來5—6%征率外，還從正項賦稅中撥出十萬兩，連同火耗銀共二十四萬兩，一起存在司庫中，以作通省合理的調整。（註三六）

（8）甘肅省

雍正三年（一七二五）開始推行，征收率是15—20%，得銀四萬餘兩，糧六萬三千餘石。因收入數不敷支用，故以歸公的規銀來補足。它的收支情況如下：

（附表十二）雍正三年甘肅火耗銀收支表

收入		支出		盈餘
火耗	四〇，〇〇〇兩 六三，〇〇〇石	養廉	六六，〇〇〇兩	二七，五二〇石
規銀	二六，〇〇〇兩	公用	三五，四八〇石	

資料來源：硃批諭旨第六本，頁三七四三，雍正六年二月二七日陝、甘布政使孔毓璞奏摺；同書第二本頁一一七二至七三雍正三年十月一日甘肅巡撫石文焯奏摺；同書第九本，頁五六一七，雍正七年三月十二日蘭州巡撫許容奏摺。

至於各官所得的養廉銀額，亦有詳細的記載，可參見（附表二五）。

雍正七年（一七二九）左右，由於軍務的緣故，川、陝總督岳鐘琪建議，以陝西爲例，增加甘肅官員的養廉銀。但甘肅布政使許容一則認爲甘肅暫時沒有經費來作增加，二則經過他調查後，認爲官員現有的養廉銀已經很足夠，故請求否決這件事。雍正帝同意他的見解，而沒有加以變動。（註三七）

（9）貴州省

雍正三年（一七二五）推行，征收率是15%，比較以前的20%畧爲減輕。但是因爲賦額有限，火耗銀僅得一〇，七九二兩，實在不夠各項的開支；故另以歸公的規銀和各項稅羨共銀四八，四一六兩，連同火耗銀來做調整的費用。當時收支情況如下：

（附表十三）雍正三年後貴州火耗銀收支表

收	入（兩）	支	出（兩）
火耗	一〇，七九二	養廉	五二，三〇〇
規銀、稅羨	四八，四一六	公用	六，九〇八

資料來源：硃批諭旨第八本頁四八一〇，雍正三年九月九日雲、貴總督高其倬奏摺；同書第一本，頁三二二，雍正三年署理貴州巡撫印務威寧總兵官石禮哈奏摺。

養廉銀的支出佔去收入的絕大部份。各官所分派的數目見（附表二五）。

到雍正八年（一七三〇）巡撫張廣泗請准以養廉銀給地方衙門胥吏，及新設苗區官員。這筆欵項由政府收購貴州出產的鉛礦所得的餘息五、六萬兩來支付。（註三八）

（10）四川省

雍正三年（一七二五）總督岳鐘琪首先創行，他革除一切雜派，征收加三火耗，以作通省養廉和公用；雖然雍正帝認爲太重，但他並沒有干涉和減輕。（註三九）

雍正四年（一七二六）四川的地丁賦額是三十三四千餘兩，加上火耗共得銀十萬四百五十五兩。它的分派情況如下：

（附表十四）雍正四年後四川火耗銀收支表

收入（両）	支	出（両）
一〇〇，四五五	總督養廉銀	三，三三〇
	巡撫養廉銀	六，六六〇
	布政使養廉銀	一〇，〇二四
	按察使及以下各官養廉銀	八〇，四四一

資料來源：硃批諭旨第四本，頁二二四一，雍正五年九月九日四川布政使管承澤奏摺。

附註：表中養廉銀數實包括該衙門辦公銀數。

除了養廉銀以外，總督、巡撫和布政使等官員還有歸公規銀的收入，例如巡撫便有一萬八千多兩銀，這主要供他作犒賞兵丁之用。（註四〇）

（11）廣東省

雍正四年（一七二六）推行，征收率是13%。當時的收支情況如下：

（附表十五）雍正四年廣東火耗銀收支表

收入	支出		
	分配	銀（兩）	佔支出的比例
一三〇，〇〇〇兩	州縣扣存以作養廉公用	五〇，〇〇〇—六〇，〇〇〇	$\frac{5}{13}$—$\frac{6}{13}$
	提解到司庫以作督、撫及布政使的養廉	三〇，〇〇〇	$\frac{3}{13}$
	提解到司庫以作按察使、道、府等官員養廉	二〇，〇〇〇—三〇，〇〇〇	$\frac{2}{13}$—$\frac{3}{13}$
	修補戰船費用	一〇，〇〇〇—二〇，〇〇〇	$\frac{1}{13}$—$\frac{2}{18}$

資料來源：硃批諭旨第一本，頁三六六，雍正四年四月十四日廣東巡撫楊文乾奏摺；同書第三本，頁一三

四二，雍正五年二月一日廣東布政使常賚奏摺。

由此可知，廣東實行酌提形式。可能由於執行得並不嚴密，所以提解率在雍正五、六、七年間（一七二六—一七二八）慢慢地增加；這可以說是上司仗勢欺壓下屬以增加其收入的一個表現。相對地，州縣所扣存的數目自然減低，他們損失的部分，以提高火耗征收率的方法補回來。到雍正七年，火耗征收率由13%明增到18%，有些州縣甚至暗派到31%。雍正帝知道這件事後，十分震怒，立刻下令總督郝玉麟調查。（註四一）郝氏體察實情後，認爲恢復原來13%的征收率不可能，應提高至16.9%才能滿足各項需要。所以七年後，廣東的征收率便重新更改。這是火耗歸公後，征收率不減而減的唯一特殊例子。當時的收支情況如下：

（附表十六）雍正七年廣東火耗銀收支表

收入(兩)	支出：分配	銀(兩)	佔支出的比例
一六九，〇〇〇	州縣扣存以作養廉公用	九〇，〇〇〇	$\frac{9}{16.9}$
	提解到司庫以作一省公用及其他官員養廉	七〇，〇〇〇	$\frac{7}{16.9}$
	提解賦銀的運費	九，〇〇〇	$\frac{0.9}{16.9}$

資料來源：硃批諭旨第十本，頁五八四四，雍正七年十二月二七日，廣東總督郝玉麟奏摺。

(12)江西省

雖早在雍正二年（一七二四）實行加一火耗，（註四二）但有關的情形却很含糊，直到雍正五年（一七二七）才確定分配與提解形式。當時的收支情況如下：

（附表十七）雍正五年後江西火耗銀收支表

收入(両)	支出(両)	
一五〇，〇〇〇	養廉	一二〇，〇〇〇
	公用	三〇，〇〇〇

資料來源：硃批諭旨第九本，頁五六六六，雍正五年署理江西巡撫吏部侍郎邁柱奏摺；同書第三本，頁一八三七，江西布政使李蘭奏摺。

當時，公用銀直接提解到司庫去，養廉銀則不同，州縣以外的官員，從最高的10%，至最低的4%，分別在火耗銀中提取（他們養廉銀額是從二三一，五〇〇両到六，〇〇〇両不等），但州縣官員應得的部份却是先行扣存的，因此它的提解形式屬於酌提型。

可能由於硬性規定州縣官員的提取比率，而忽略了各州縣地丁銀收入的不同，州縣養廉銀很快便出現不平均的現象。（註四三）雍正七年（一七二九），布政使李蘭和巡撫張坦麟針對這個缺點加以改善。此後，各州縣提取養廉銀的比例如下表所示的一樣。

（附表十八）雍正七年後江西州縣養廉銀提取比率及數額表

州縣地丁銀額	火耗銀額	提取比率	養廉銀數
五，〇〇〇兩（一）	五〇〇兩（一）	一〇〇%	五〇〇兩（十）*
一〇，〇〇〇兩（一）	一，〇〇〇兩（一）	一〇〇%	一，〇〇〇兩（一）
二〇，〇〇〇兩（一）	二，〇〇〇兩（一）	五〇%	一，〇〇〇兩（一）
三〇，〇〇〇兩（一）	三，〇〇〇兩（一）	四〇%	一，二〇〇兩（一）
四〇，〇〇〇兩（一）	四，〇〇〇兩（一）	三五%	一，四〇〇兩（一）
五〇，〇〇〇兩（一）	五，〇〇〇兩（一）	三〇%	一，五〇〇兩（一）
五〇，〇〇〇兩（十）	五，〇〇〇兩（十）	二五%	一，二五〇兩（十）

資料來源：硃批諭旨第三本，頁一五八七，雍正七年正月廿九日署理山西巡撫印務張坦麟奏摺。

附註＊不足五，〇〇〇兩地丁銀的州縣，所得火耗銀除全部扣存外，還有另外補足的欵項。

用這個賦稅多則減低提取比率、賦稅少則增加提取比率的辦法解決過去州縣養廉不均的現象後，該年火耗銀收支的情況便如下：

（附表十九）雍正七年江西火耗銀收支表

收入(兩)	支出(兩)	盈餘(兩)
一五〇，〇〇〇	養廉 八六，六七八 公用 一七，五六九	四五，七五三

資料來源：同上表。

同年十一月，署理巡撫印撫印務謝旻請准以江西歸公的規銀七千五百兩支付各衙門胥吏養廉；同時，他又認爲李蘭和張坦麟所實施的州縣養廉銀提取法仍有漏洞，即沒有注意到事務繁簡這一點。他提議將州縣分爲上中下三等：「糧多地衝」爲上等，「糧多地僻」與「糧少地衝」爲中等，「糧少地僻」爲下等；上等州縣官員養廉銀爲一千二百兩，中等一千兩，下等八百兩。（註四四）這種分配的辦法，和以前的比較起來，似乎更爲合理。

（13）雲南省

在雍正五年（一七二七）實行，征收率約爲10%，共得火耗銀一萬四千多兩。雲南位於西南邊界，事務雖然較簡，但僅得萬餘兩銀，實不能滿足求需求。因此，養廉制度推行的費用除火耗銀外，主要還是靠各項歸公的規銀和稅羨。當時的收支情況如下：

（附表二十）雍正六年（一七二八）雲南火耗銀收支表

收	入（兩）	支	出（兩）
火耗	一四，七五六	養廉	一四二，九四〇
規銀、稅羨	一九六，六九八	公用	六八，五一四

資料來源：硃批諭旨第五本，頁二七五五至二七五七，雍正六年六月十二日雲、貴總督鄂爾泰奏摺。

由上表可知，火耗銀所佔的分量很低，假如沒有規銀和稅羨來補足，實在不足開支。支出方面，以養廉銀所佔的比例爲最大，養廉額的分配可參見（附表二五）。

（14）江蘇省

雍正五年（一七二七）巡撫陳時夏與布政使張坦麟相議推行，決行10%的征收成數。當時，張坦麟建議酌留20%火耗爲州縣養廉和公用，其他的則提解到司庫統籌運用。但陳時夏反對他的辦法，提議把火耗銀全部提解到司庫，然後公平地分配。他們分別向雍正帝請示，結果採用陳時夏的辦法。（註四五）當時火耗銀的收支情況如下：

（附表二一）雍正七年江蘇火耗銀收支表

收入(兩)	支出(兩)		盈餘(兩)
三四一，九〇〇（＋）	養廉	一八四，三〇〇（＋）	三六，三〇〇（＋）
	公用	一二一，三〇〇（＋）	

資料來源：硃批諭旨第二本，頁七一七，戶部左侍郎署理蘇州巡撫王璣奏摺。

附註：王璣從雍正七年二月到七月任此職，見清史稿表四一，疆臣年表，頁八六六九。

江蘇是著名的鹽產區，鹽政官爲數不少，故雍正十二年（一七三四）總理鹽政兩江總督趙弘恩和管理淮鹽政布政使高斌請准以原有規銀四萬一千多兩歸公，充作兩淮鹽政所屬大小官員養廉及各項公費開支。（註四六）

（15）廣西省

於雍正六年（一七二八）實行，征收率是2%，得銀六千餘兩；由於數目太少，故祇用來應付一省臨時急切的公用。（註四七）七年（一七二九）才議給官員養廉銀。六千兩自然不夠，養廉銀主要來自各項稅羨和歸公的規銀。雍正八年（一七三〇），各衙門胥吏和新設的土司亦得到分配。（註四八）火耗銀的收支並沒有詳細的記載，故僅說明它的大概情形。

（16）安徽省

自雍正七年（一七二九）開始推行，火耗征收率是10%，它的收支情況如下：

（附表二二）雍正七年後安徽火耗銀收支表

收　入(兩)	支　　出(兩)
一九八，二七三	養廉及公用一七八，八〇〇
	臨時急需　一九，四七三

資料來源：硃批諭旨第七本，頁四〇〇八、四〇〇九、四〇一四，雍正七年正月十日、二月廿二日十月二五日江南安徽巡撫魏廷珍三奏摺。

雍正十年（一七三二）江南總督高其倬和安徽巡撫徐本奏請以浙江充公的鹽規銀用作安徽各衙門胥吏的養廉，但爲雍正帝所拒絕，並予以斥責。因爲充公的鹽規銀爲數不多，雍正帝恐怕此風氣一開，他省必紛紛倣效，請求撥給，將會造成「無項可撥」的情況；爲免多生枝節，故不批准他們的請求，（註四九）因此安徽的胥吏並沒有分配到。

（17）福建省

直到雍正七年（一七二九）才由巡撫劉世明着手推行，征收率是14%。當時收支情況如下：

（附表二三）雍正七年福建火耗銀收支表

收入（兩）	支出		
	分配	銀（兩）	佔支出的%
火耗：一四七，〇〇〇	州縣扣存以作養廉、公用	四八，四五二	$\frac{4}{14}$
糧耗雜欵：二三，二三四	知府養廉	一二，〇八八	$\frac{1}{14}$
	提解司庫以作道以上官員養廉	九六，七〇四	$\frac{8}{14}$
	提解賦銀運費	一二，〇八八	$\frac{1}{14}$

資料來源：硃批諭旨第三本，頁一四〇二、一四〇九雍正七年一月二五日、六月十六日福建巡撫劉世明兩奏摺；同書同本，頁一四一五至一六雍正七年七月十三日福建巡撫劉世明奏摺中附怡親王奏摺。

推行不久，劉世明以福建還有四萬一千多兩無著的虧空銀，故奏請以解司的養廉銀，除了觀風俗使、學院和廳官的一萬二百兩足額支付外，其他祇支發84%，把扣發的欵項用在塡補。（註五〇）雍正帝很贊同他的意見；但以福建官員的養廉銀額本來並不多，再經扣除，恐怕不敷應用，故特命戶部商議應如何補給。經過怡親王允祥和各大學士會議後，決定以該省的關稅盈餘和官莊的收入共銀四萬二千兩來作增補；其中四萬九百餘兩是用來增加各官的養廉額，一千二百兩則分發給各衙門胥吏。（註五一）

（18）陝西省

大約是在雍正七年（一七二九）年以前開始推行，征收率是20％，採用全提的形式，由督、撫和布政使共同統籌運用。（註五二）各衙門胥吏的養廉銀亦在雍正七年分發。（註五三）至於火耗收支數目、官員養廉銀額，並無記載。

雍正七年後，政府在西北用兵，陝西的事務比較其他省分繁雜得多；川、陝總督岳鍾琪建議增加全省養廉銀，以作爲一種獎勵。結果得到雍正帝的應允，（註五四）但數目多少，仍然不詳。

（19）奉天省

雍正七年（一七二九）實行征收10％的火耗，得銀三千四百餘兩。其中一半爲州縣扣存，其他一半解則送到承德府，撥歸府尹和通判等官所有。（註五五）

（丙）眞正的內容與雍正十三年（一七三五）後的改變

根據上面各省實行的情況來看，養廉制度眞正的內容，和剛議行時有很大的出入。由於雍正帝作出這種彈性的決定，使得各省沒有一定的準則來遵守，故導致不少毛病，如湖廣的預支早解，廣東征收率的提高，及很多省分因實酌提形式而出現養廉銀分配不平均的問題。幸好雍正帝自始至終能夠以實事求是的態度去處理，才逐漸顯出調整的效果。這一種態度，我們可從下面兩點看出來：

（1）管制漸趨於嚴密

在當時專制和獨裁的局面下，敢違抗皇帝意旨的人本來很少，何況這又是針對時弊而發的改革。盲目反對祇表現自己對過去那種網漏吞舟、漫無法紀形勢的懷念，普通大臣多不會這樣做。故自山西實行以後，其他省分亦紛紛效尤。又自分析各省實況後，我們更可以肯定一點，那就是養廉制度的議行和實行權雖操在地方最高行政長官手上，但通過密奏制度的作用，（註五六）它的最高決斷權仍爲雍正帝所有。所以能夠按着雍正帝的意旨，把這個制度逐漸推進下去。

在公（希望取消這一種額外的附加稅）在私（保持永不加派的聲譽），雍正帝在策劃和決斷時非常小心謹愼，他極力防止這種附加稅變成一種正式賦稅，使得將來無法取消。運用時，他希望能遵守下面一個原則：火耗原是人民的財產，祇能用在人民身上。根據這一點去解釋，養廉銀分配的理由便是：這些欵項，以前本屬官員所有，但征收無準則，人民負擔通常很重；現在加以管制，人民有實數的繳納，負擔便會減輕。（註五七）彌補一項，祇是以官員應得的收入來償還他們貪汚的錢財，當然更爲公平。（註五八）公用則指地方上急切的開支，有了這筆經費後，人民便可避免種目繁多的臨時因公加派。（註五九）

在當時的政治環境下，官員早已懾於雍正帝的威嚴，而不敢貪私枉法，何況養廉銀公用是自行釐定的，爲表示公正與廉潔，他們多能克己奉行。故上述的原則不但能夠維持，效果亦非常好。如在雍正四年起（一七二六）各省便陸續有火耗盈餘銀，（註六〇）這和以前重耗而又虧空的情況相比，差別自然很大。

盈餘銀多了以後，如何處理便成問題。雍正四年（一七二六）伊都立奏請把山西盈餘銀歸入正項來運用。由於觸犯上述的原則，當然不通過，雍正帝命令把這等銀両改存司庫，以供臨時急切的支用。（註六一）支用時，亦要符合原則，我們可舉出下面兩個例子來說明；雍正五年（一七二七）湖廣總督福敏請用火耗銀修堤，雍正帝以爲這是「欽工」，只准動用正項；（註六二）同年河南巡撫田文鏡用火耗銀來賑濟河南水災，雍正帝很贊同他的辦法，因這「乃以地方之耗羨爲地方之公用，百姓得霑恩惠，而耗羨之留誠有益」。（註六三）但「欽工」與「地方公用」間，並沒有明確的界限，很容易混淆不清，故很快便出現「取攜甚便，任意支出」的情況。（註六四）雍正帝曾用另一種辦法來處置這種盈餘，那就是對有盈餘的省份蠲免該年部份賦稅，而以火耗盈餘銀代繳。雍正十一年（一七三三）河南和山東各四十萬賦銀的蠲免，便是由於盈餘而來的。雖然如此，「取攜甚便，任意支出」的情況仍然未能解決；到雍正十三年（一七三五）更發生「前任含糊交代，後任不便深求，竟將有關國計民生之項，漸成紙上談兵；而督撫亦不查察，似此日久，愈難清楚」的毛病。（註六五）爲免情形繼續惡化下去，同年六月，雍正帝便毅然放棄以前的理想和忌憚，把這些附加稅正式歸入政府所有。（註六六）因此，以前火耗歸公是指地方政府，現在則指中央戶部，性質大爲不同。

雍正帝所以這樣做，可能受下列因素的影響：

(A)當時的財政經濟，雖然是上軌道，例如雍正年間國庫存銀曾達六千餘萬兩，比較康熙末年的八百餘萬，足足增加了七倍有多（這便是雍正帝能有取消火耗這個理想的根據）。但到了後來，由於在西北繼續用兵的關係，庫銀動用大半；（註六七）取消火耗顯然沒有機會，倒不如索性來一個更嚴格的管制，希望對已有的毛病能加以控制。

(B)到雍正十三年（一七三五）爲止，淸人入主中國已有九十餘年，滿漢之防當然沒有從前那麽謹愼；故永不加賦這一個政策的作用性已較遜於前。在雍正一朝的淸釐整理中，仍然無法取消這一種附加稅；

爲怕再構成另一個新的財政禍源，雍正帝寧願自己承擔加派的罪名，希望在嚴格管制下，對他的後代和滿清帝國有一定的好處。（註六八）

至此，養廉制度便進入另一個新階段，由中央戶部總理經理，以達到全國控制的地步。

（2）火耗主要用於養廉的支出

作爲征收火耗的前題——彌補無著虧空，雖亦帶有養廉的意味，但僅屬於消極方面的，而範圍亦不很大。到事情眞正推行時，火耗銀却主要用在積極的一面——分配作養廉銀和公用；而在兩者中間，又以養廉銀最佔分量，倘若加上各衙門胥吏所分配的，數目更加大。故養廉制度表面是專指彌補一項，實際却有三個調整對象，到後來更集中在養廉一項。這種狹義的意思，愈到後來愈强。雍正以後，養廉銀的分派更成爲這個制度的唯一內容。（註六九）

（丁）小　結

總括來說，養廉制度的內容雖然前後有所不同，但它的眞正目標——如何保官員廉潔這一點，却始終不受影響。把前後的內容綜合起來，我們可歸納成下面幾點：

（1）推行的人物

最先推行的是山西巡撫諾岷，關係當然最爲密切。其次山西布政使高成齡和河東總督田文鏡亦有很大的貢獻。高氏最先積極而公開地支持諾岷的方法，他在雍正二年（一七二四）曾上奏辯駁中央內閣所提出的反對意見，使養廉制度能夠順利地推行下去。田氏對這個制度貢獻很多意見，如在雍正三年（一七二五）建議分派胥吏養廉銀；六年（一七二八）反對把各項規銀隨便歸公以作補充火耗的開支。其他如石文焯、鄂爾泰……亦是推行這一分子。他們完全是總督、巡撫和布政使三類官員，可見負責推行的完全是地方上的大吏。但是，這個制度的最高指揮人物，却是雍正帝；在當時，亦祇有他才有這種權力把這個制度徹底地推行下去。

（2）完全是地方性的調整

它的一切收支，可以說是與中央政府無關。例如地方官員得到相當高的養廉銀額，但是中央官員却沒有機會享受到這種權利。（註七〇）即使火耗最後交由戶部經理，但這種情形仍沒有改變到；一直要到乾隆初年，他們才獲得增俸的機會，但祇是雙俸，比起養廉銀額，相差亦很遠。（註七一）

（3）火耗征收率與火耗銀的分配

各省的征收率，大約是從 10% 到 20% 不等，其中祇有浙江和廣西是低於 10%，陝西則高達 30%。（見附表二三）

火耗銀完全用在養廉、公用和彌補三項上，遇到火耗銀不足分配時，則以歸公規銀、稅羨，甚至動用正項來補足。（見附表二四）

(附表二四)雍正年間各省火耗分配表

省份	實施年代	火耗徵收率(%)	收入額(両)	支出(両) 養廉	公用	彌補虧空	其他
山西	元年(1723)	20	500,000	300,000		200,000	
河南	元年(1723)	10	400,000	240,000—250,000		150,000-160,000	
湖南	元年(1723)	10	117,952	64,874	35·386		17,692
湖北	元年(1723)	10	111,000	77,700	22,200		11,100
直隸	元年(1723)	11	230,271	120,271	50,000	60·000	
山東	元年(1723)	18	540,000	200,000	140,000	200,000	
浙江	二年(1724)	2	61,000		61,000(a)		
甘肅	三年(1725)	15—20	40,000両 63,000石	66,000(b)	35,480石		27,520石
貴州	三年(1725)	15	10,792	52,300(b)	2,090		4,818
四川	三年(1725)	30	100,455	100,455			
廣東	四年(1726)	13	130,000	11,000——12,000			10,000— 20,000
江西	五年(1727)	10	150,000	120,000	30,000		
雲南	五年(1727)	10	14,756	142,940(b)	68,514		
江蘇	六年(1728)	10	341,900(+)	184,300(+)	121,300(+)		36,300
廣西	六年(1728)	2	6,000		6,000(a)		
安徽	七年(1729)	10	198,273	178,800			19,473
福建	七年(1729)	14	147,000	169,243(b)			
陝西	七年(1729)	20	——	(不詳)	——		
奉天	七年(1729)	10	3,400(+)	3,400			

資料來源：見本文(三)養廉制度的內容(乙)各省實在推行的情況。

備註：（a）浙江與廣西火耗徵收率最低，故火耗銀只用在公用一項上，養廉銀則在較後的時間才分配。

（b）甘肅、貴州、雲南、福建各省火耗銀收入不夠支出，另由歸公的規銀、稅羨或正項來補足。

（4）管制由寬而嚴

火耗的經理由州縣移到地方大吏，再由他們移到中央戶部。這一種上移的情形，可以看出政府在管理上由鬆寬到嚴謹，亦正表示養廉制度由暗中推行一變而成為公開的決策。

附註

註一：雍正帝既然曾經是一位「四十年閱歷世情之雍親王」（本文㈢養廉制度設立的背景註五十），對當前的形勢自有一徹底的理解；從他在元年正月訓飭督、撫、提、鎮及以下文武百官的十一道諭旨（見東華錄雍正卷一，頁九至頁十四），可以證明他是個具有政治觀察力的皇帝。

註二：東華錄雍正卷一，頁七，康熙六一年十二月諭。

註三：東華錄雍正卷四，頁四十，雍正四年八月癸亥諭。

註四：王業鍵清正時期（一七二三——三五）的財政改革，史語所集刊三二本；黃培雍正時代密奏度——清世宗治術的一端、清華學報新三卷，第一期。

註五：虧空可分為有著與無著兩種：前者指虧空銀兩經查明由誰負責，有關官員自不能逍遙法外，這種虧空均限期責令賠償；後者責任不明或年久無可追著的款項。無著的數目雖然比不上有著大，但在各省也相當普遍。現列表如下：

雍正年間各省無著虧空數目表

省分	年代（雍正朝）	虧空數目 銀（兩）	虧空數目 穀（石）	資料來源
山西	元年（一七二三）	六〇〇，〇〇〇		硃批諭旨第三本，頁一三六七至一三六八，雍正二年六月初八山西布政使高成齡奏摺。
直隸	元年（一七二三）	四一三，〇〇〇		同書第一本，頁四一六，雍正元年六月廿五日直隸巡撫李維鈞奏摺。
山東	二年（一七二四）	五〇五，〇〇〇		同書第二本，頁九二二，雍正二年九月四日山東巡撫陳世倌奏摺。
河南	二年（一七二四）	九五，〇〇〇	一二八，〇〇〇	同書第二本，頁一一四三，雍正二年三月初三河南巡撫石文焯奏摺。
福建	七年（一七二九）	四一，七五二		同書第三本，頁一四〇九，雍正七年六月十六日福建巡撫劉世明奏摺。

註六：康熙一朝只着重在休養生息的工作，國家財政雖慢慢上軌道，但直到六一年爲止，國庫僅餘銀八百萬兩（見皇朝經世文編卷二六，頁二九至三十，阿桂論增兵籌餉疏）。可是在另一方面，雍正帝所承繼的大清帝國，正是百廢待舉；這區區的存銀，所能發生的作用並不大，何況要承担這筆龐大的調整費。

註七：東華錄順治卷一，頁十五，順治元年七月癸未。

註八：有關州縣官漢滿的比例，作者並未詳加統計，僅依下面兩則材料來作一大胆的判斷。其一，淸史稿一二〇，頁四四二，職官志序：「初制，內外羣寮，滿漢參用，蒙古漢軍，次第分佈。康雍兩朝，西北督撫，權定滿闕，領隊辦事大臣，專任滿員；累朝膺閫外重寄者，滿臣爲多。」由此可知，清朝前期，滿人多出任高官重職，州縣官職，實屬低微，滿人多不出任。其二，依清史稿一一八，頁四三九，選舉志七捐納的記載，康熙十三年（一六七四）以用兵三藩，開捐納事，知縣捐至五百人；這又見于許大齡清代捐納制度頁二五及頁一二九。按清朝初年，滿人的勢力如日中天，入仕任官，殊非難事，實不用藉捐納而獲一地位低微的縣官職位，故五百人中，應以漢人爲多。以此類推，州、縣官應以漢人爲多。

註九：火耗在當時因爲不被承認，故討論的人較少；即使有論及，亦僅說出表面情形。皇朝經世文編卷二七，戶政，頁十至十一，乾隆十一年趙青藜耗羨仍請歸公疏，及同書同卷頁十三，錢陳羣條陳耗羨疏，分別指出火耗對地方財政上的裨益，同時又指出，由於未被公開，故造成「康熙年間，無耗羨有清官」的美名。王慶雲石渠餘紀卷三，頁四二紀耗羨歸公：「夫責人以公義而不恤其私情，非聖主之所以使下。」故他也贊同康熙帝默征的辦法。上述的言論，對康熙帝的心意似乎並未闡明。在此筆者僅按個人的見解，舉出在文中三點理由。

註十：東華錄康熙卷二一，頁三六，康熙六一年九月戊子諭；石渠餘紀卷三，頁四二紀耗羨歸公；皇朝經世文編卷二七，頁十至十一，趙青藜耗羨仍請歸公疏。

註十一：清史稿三百，列傳八一，頁一一六〇至六一諾岷傳。

註十二：東華錄雍正卷二，頁二二，雍正二年六月初八山西布政使高成齡奏摺。

註十三：東華錄雍正卷二，頁二四至二五，雍正二年七月丁未。

註十四：沈近思以縣官過來人的經驗，指出今日火耗雖屬一時權宜征收，但他日必會變成正項，那麼「今日正項之外加正項，他日必至耗羨之外加耗羨。」故奏請不可推行。事見清史稿二九六，列傳七七，頁一一五二沈近思傳。

註十五：除沈要思外，其他反對的都是內閣或中央大員，見上註十二高成齡奏摺。他們多是滿州人，自然不敢貿然加入提倡火耗歸公者的行列，以免觸犯傳統的家法；其次火耗歸公後，財政收支有了預算，餽贈、規銀的額外收入便會隨着減少，故他們反對，並不稀奇。

註十六：見註十三。

註十七：同上。

註十八：清統治者爲討好廣大民衆的歡心，故一反明代的重稅苛役，而實行輕徭薄賦的政策，康熙帝的盛世滋生人丁，永不加賦，和雍正帝的攤丁入地，便是最明顯的表現。此外大規模的免賦運動又不時進行，故人民正式賦稅負担並不太重。劉翠溶清初順治康熙年間減免賦稅的過程，史語所集刊三七下，對這問題曾作統計和分析。

註十九：硃批諭旨第十本，頁六一六六，雍正七年二月八日山西巡撫石麟奏摺。

註二十：同上書第一本，頁一七六，雍正四年七月一日總督管理山西巡撫事務伊都立奏摺。

註二一：東華錄雍正卷四，頁五十，雍正四年十月壬申諭；硃批諭旨第一本，頁一八二，雍正四年十月初八總督管理山西巡撫事務伊都立奏摺。

註二二：見註伊都立奏摺。

註二三：硃批諭旨第二本，頁一一四三，雍正二年三月初三日河南巡撫石文焯奏摺中的硃批語：「人之有技，若己有之，爲秦誓所稱。汝此數奏（元年八月二七日奏摺，元年九有二二日奏摺，二年正月二二日奏摺），係效法諾岷之所爲，頗合見賢思齊之義。」

註二四：硃批諭旨第五本，頁三〇一三，雍正二年五月十二日河南市政使田文鏡奏摺。

註二五：田文鏡的建議見諭旨第五本，頁三〇八〇至三〇八一，雍正三年三月十七所上的奏摺；雍正帝的意見在此奏摺後的硃批語中可以見到。關於以後推行情況，可參攷同書第六本，頁三二七八，雍正六年二月三日田文鏡的奏摺。

註二六：東華錄雍正卷十一，頁十二，雍正十一年年六月己未諭。

註二七：硃批諭旨第七本，頁四二四三，雍正六年十月十日湖南布政使趙城奏摺。

註二八：同書第三本，頁一七八三至八四，湖廣總督邁柱、湖南巡撫王國棟奏摺。

註二九：同書第十本，頁六〇二三，雍正七年九月十九日署理湖北巡撫印務趙弘恩奏摺；同書第四本，頁二〇〇八，雍正九年十二月六日湖北巡撫王士俊奏摺。

註三〇：同書第七本，頁四二二五至二六，署理直隸總督事務提督楊鯤奏摺。

註三一：同書第九本，頁五一八九，雍正六年七月十三日，署理山東巡撫印務布政使岳濬奏摺；同書第六本，頁三三一三至一四雍正六年九月八日河東總督田文鏡奏摺。

註三二：見前註田文鏡奏摺中的硃批語；又見東華錄雍正卷六，頁二六、雍正六年九月庚午諭。

註三三：硃批諭旨第九本，頁五一九八，雍正七年三月一日岳濬奏摺。

註三四：東華錄雍正卷十一，頁十六，雍正十一年八月甲寅諭。

註三五：黃叔琳與石文焯的減低征率，見硃批諭旨第二本，頁一一六二，雍正二年十月十五日署理浙江巡撫河南巡撫石文焯奏摺；同書第二本，頁九七〇，雍正三年十一月二七日署理浙江巡撫事務吏部侍郎福敏奏摺。

註三六：東華錄雍正卷五，頁五六，雍正五年十月己酉諭。實行的情況，見硃批諭旨第七本，頁四三六二，四三八六雍正五年十二月三日，六年五月九日浙江總督管巡撫事務李衛兩奏摺。

註三七：硃批諭旨第九本，頁五六一七，雍正七年三月十二日蘭州巡撫許容奏摺。

註三八：同上書第八本，頁五一〇三、五一〇六，雍正八年三月二七日，六月八日，貴州巡撫張廣泗兩奏摺。
註三九：雍正三年岳鍾琪爲四川總督，見清史稿三〇二列傳八三岳鍾琪傳；加三火耗征收，見硃批諭旨第五本，頁二六九〇，雍正五年十月八日雲貴總督鄂爾泰奏摺中的硃批語，雍正帝認爲：「……川省……岳鍾琪請將一切雜派供給，盡行裁革，只存加三火耗，均與通省屬員爲養廉，百姓亦甚樂從；料理雖是妥協，但加三猶須核酌。」
註四十：同書第二本，頁一二〇二，雍正五年四月十八日四川巡撫馬會伯奏摺。
註四一：東華錄雍正卷七，頁六十，雍正七年十二月癸卯諭。
註四二：硃批諭旨第二本，頁六五三，雍正二年江西巡撫裴俸度奏摺。
註四三：同上書第三本，頁一八三七，江西布政使李蘭奏摺；同書第三本，頁一五八七，雍正七年正月二九日內閣學士兼禮部侍郎署理江西巡撫印務張坦麟奏摺。
註四四：同上書第六本，頁三七八八，雍正七年十一月九日署理江西巡撫印務太常寺卿謝旻奏摺。
註四五：同上書第三本，頁一五六四，雍正五年十一月一日蘇州布政使張坦麟奏摺；同書第一本，頁五〇八，雍正五年十一月六日蘇州巡撫陳時夏奏摺。
註四六：同上書第九本，頁五三九四，雍正十二年六月二八日總理鹽政兩江總督趙弘恩，管理兩淮鹽政布政使高斌奏摺。
註四七：同上書第九本，頁五二三八、五二五一，雍正六年七月六日、七年六月四日，廣西巡撫金洪兩奏摺。
註四八：同上書第五本，頁二九二四，雍正八年三月二六日雲貴總督鄂爾泰奏摺。
註四九：同上書第七本，頁三九四九，江南總督高其倬、安徽巡撫徐本奏摺和硃批語。
註五十：同上書第三本，頁一四〇九，雍正七年六月十六日福建巡撫劉世明奏摺。

註五一：同上書，頁一四一五至一六，雍正七年十月十三日福建巡撫劉世明奏摺和所附的怡親王奏摺。

註五二：同上書第三本，頁一六七六，雍正七年九月三日西安巡撫武格奏摺。

註五三：同上書，頁五三一九，雍正七年十二月十一日吏部尙書署理陝西總督查郎阿、西安巡撫武格奏摺。

註五四：岳鐘琪議增養廉事，並無直接記載。硃批諭旨第九本，頁五六一七，雍正七年三月十二日蘭州巡撫許容奏摺中載：「……督臣岳鐘琪又云，河西各官，辦差勞苦，蒙皇上軫念，令照陝省之例，增給養廉。」故知陝西在七年左右有增加養廉一事。

註五五：同上書第七本，頁三八六八，雍正七年二月二六日盛京刑部侍郎署理奉天府尹印務王朝恩奏摺。

註五六：密奏制度的內容和作用，見黃培雍正時代的密奏制度一文，淸華學報新三卷，第一期。硃批諭旨中所載都是這種密奏，是研究雍正時代養廉制度的最佳材料。

註五七：這一點，雍正帝講得很明白。東華錄雍正卷二，頁二四，雍正二年七月丁未：「州縣火耗，原非應有之項，因通省公費，各官養廉，有不得不取於此者；……其勢有所不能。且歷來火耗皆州縣征收，而加派橫征，侵蝕國帑，虧空之數不下數百餘萬。原其所由，州縣經征火耗，分送上司，各上司日用之資，皆取給於州縣，以至耗羨之外，種種餽送，名色繁多，故州縣有所藉口而肆其貪婪。……與其存火耗以養上司，何如上司撥火耗以養州縣乎？」又見同書卷五，頁五五，雍正五年十月己酉諭：「火耗……酌量收納，不加重苛取於民，小民亦覺相安。」又同書卷六，頁十一，雍正六年四月壬寅諭：「全革耗羨，其勢必不可行。爲有司者果能減輕收納，不苛取於民，小民亦所樂從。」同書卷十三，頁十，雍正十三年六月乙亥諭：「自行此法（指養廉制度），……閭閻咸免擾累。」我們試拿雍正前和雍正時的火耗征收率來比較，便很淸楚見到減低很多：

雍正以前及雍正年間火耗征收率比較表

省分	雍正以前	雍正年間
山西	30—40%	20%
湖南	10—30%	10%
山東	25—30%	18%
浙江	10(一)%	2%
陝西	20—40%	20%

資料來源：見本文(三)養廉制度的內容(乙)各省實在推行的情況。

註五八：東華錄雍正卷四，頁五十，雍正四年十月壬申諭：「向來山西省虧空甚多，……及諾岷到任，加意整頓。……而各屬無著之虧空，不能塡補者，則將各官應得耗羡，歸之於公，以爲酌補虧空之計。……以官員之羡餘，補官員之虧空，既可完帑，亦不累民，實權宜得中之善策也。」此處雖指山西，但其他省分諒必相同。

註五九：東華錄雍正卷六，頁十一，雍正六年四月壬寅諭：「凡爲州縣地方官，實有萬不得已公私兩項之用度。……公私之用既有不敷，必致加派巧取，爲害於民。……耗羡提解存公，將闔省公事之費及上司下屬養廉之需，咸取於此。上不誤公，下不累民，無偏少之弊，無苛索橫征之擾，實通權達變之策。」

註六十：首先出現盈餘的是山西省。山西本有六百萬両無著虧空銀，自元年開始，每年以火耗銀二百萬両來彌補，故到雍正三年底已完補清楚。巡撫伊都立便奏請將原用於彌補的二百萬存入司庫，連同正項一起動用。此事見東華錄雍正卷五，頁四九，雍正五年九月戊辰諭；又見同書卷六，頁十一頁十二，雍正六年四月壬寅諭。但眞正出現有鉅大盈餘，應在十一年左右；是年河南和山東各有七十萬，江西有十七萬一千餘両。河南、山東情況見東華錄雍正卷十一，頁十一、十六、雍正十一年六月己未、八月甲寅兩諭旨。江西則見於硃批諭旨第六本，頁三八七七，雍正十一年七月二八日江西巡撫謝旻奏摺。

註六一：伊都立便以提議火耗併入正項，及把征收率減而後增，因而獲罪，見前註東華錄雍正卷五條和前註二一硃批諭旨條。雍正帝的處理方法亦見東華錄條。

註六二：東華錄雍正卷五，頁八，雍正五年二月甲子諭。

註六三：同上書卷五，頁四九，雍正五年九月戊辰諭。

註六四：同上註。

註六五：東華錄雍正卷十三，頁十至十一，雍正十三年六月乙亥諭。

註六六：同上註。

註六七：皇朝經世文編卷二六，頁二九至三十，阿桂論增兵籌餉疏。

註六八：東華錄雍正卷十三，頁十，雍正十三年六月乙亥諭：「在當日舉行之初，朕原降旨，此事若善於奉行，則地方可受其益，儻奉行不善，則地方轉受其累。……今覽近日情形，恐有不妥之處，將來詒人以口實，則非朕准行之本意也。」

註六九：到了乾隆朝，直省文官養廉銀有定額，數目是二百八十餘萬両，不再有公用一項。參攷清朝文獻通攷卷四二，攷五二四五；石渠餘紀卷三，頁四二紀耗羨歸公；淸史稿一二七，志一〇二，食貨二，頁四七五。

註七〇：中央官員沒有養廉銀分配，是可以斷定的。雖在雍正六年雍正帝曾給六部堂官雙俸，但只是純粹賞賜的性質，與養廉銀的意思不相同。參攷清朝文獻通攷卷四二、國用四，攷五二四五。在雍正年間，即使被派到地方執行公事的中央官員，也沒有養廉銀。硃批諭旨第二本，頁七一八，戶部左侍郎署理蘇州巡撫王璣奏摺後的硃批語：「覽汝所開養廉公事需費各欵內，據稱學政及清查御史、水利郎中等三員，原册遺漏，今議增添養廉等語。朕謂此乃汝等謬誤，非遺漏也。江南學政，何須議給養廉；此外三員，俱係奉差暫行辦理，非比守土之官，豈可與地方各員一例開列？」

註七一：清朝文獻通攷卷四二，國用四，攷五二四七載：「乾隆元年八月諭：……從前在京文武官員，俸未足供其日用，時厪皇攷聖懷。是以雍正三年，……各部堂官又加恩給予雙俸。其餘大小官員，原欲次第加恩，俾得均沾渥澤。今朕仰體皇攷嘉惠臣工至意，彷彿雙俸之例，將在京大小文員俸銀加一倍賞給。令其用度從容，益得專心官守。」

（四）文官養廉制度推行後的效果

討論過養廉制度的內容後，我們要進一步看看它究竟產生什麽效果來。這裏，除了注意它的作用以外，還對它的弱點作一分析，以便說明它對整個淸代的影響。

（甲）作　用

既然是作三方面的調整，我們便可從這三點去看：

（1）官員收入較前大爲增加

這是最明顯的一點。養廉銀是由官員自行釐定。釐定時沒有一定的準則，大概以足夠敷用爲最低的限度。（註一）我們若拿各省養廉銀額來比較，會發覺參差不齊。（見附表二五）

（附表二五）雍正年間各省養廉銀額表

	原薪俸（両）	河南 養廉銀（両）	河南 為原薪俸的倍數	直隸 養廉銀（両）	直隸 為原薪俸的倍數	山東 養廉銀（両）	山東 為原薪俸的倍數	湖南 養廉銀（両）	湖南 為原薪俸的倍數	甘肅 養廉銀（両）	甘肅 為原薪俸的倍數	雲南 養廉銀（両）	雲南 為原薪俸的倍數	貴州 養廉銀（両）	貴州 為原薪俸的倍數
總督	180			20,000	111.1							22,000（雲貴）	122.2		
巡撫	155	30,000	193.2			20,000	129.0			14,120	91.1	12,000	79.3	8,500	54.3
布政使	155	24,000	154.8	10,000	64.5	10,000	64.5	9,000	58.1	11,728	75.6	8,400	60.6	4,000	29.1
按察使	130	10,000	76.1	8,000	61.5	10,000	76.1	7,000	53.7	2,980	21.9	4,000	30.9	3,000	23.0
道	105	3,000 / 10,000	28.5 / 95.2	2,000	18.5	6,000	57.1	1,700 / 4,000	16.1 / 38.1	1,000	9.5	3,000 / 5,000	28.5 / 56.1	1,800 / 2,000	17.1 / 19.0
府	105	3,000 / 4,000	28.5 / 38.1	2,000	18.5	6,000	57.1	1,700 / 2,500	16.1 / 23.8	1,000	9.5	800	7.6	800 / 1,300	7.6 / 12.2
同知	80	800 / 1,000	10.0 / 12.5	500	6.2					600	7.5	400	5.0	300 / 500	3.7 / 6.2
通判	60	600	10.0	500	8.3					600	10.0	400	6.6	300 / 500	5.0 / 8.2
州縣	60—45	2,000 / 600	38.8 / 12.6	1,200 / 800	27.7 / 15.5	1,000	16.2 / 22.2	1,200 / 600	27.7 / 11.6	800 / 500	15.5 / 8.7			700 / 400	13.5 / 7.7

資料來源：原薪俸額見清朝文獻通攷卷四二，國用四俸餉，攷五二四四；欽定大清會典事例卷二四九至二

五一戶部俸餉。

河南養廉銀數目見硃批諭旨第二本頁一一四二至一一四三雍正二年三月三日河南巡撫石文焯奏摺。

直隸養廉銀數目見同書第一本頁四四五至四六六雍正二年八月六日直隸巡撫李維鈞奏摺；同書第三本頁一四六二，雍正五年閏三月十二日署理直隸總督宜兆熊奏摺。

山東養廉銀數目見同書第二本頁九二二雍正二年九月四日山東巡撫陳世倌奏摺；同書第三本頁一六九五雍正四年三月十日山東布政使張保奏摺；同書第六本頁三三一三雍正六年九月八日河東總督田文鏡奏摺。

湖南養廉銀數目見同書第三本頁一七八三至一七八四湖廣總督邁柱 、湖南巡撫王國棟奏摺。

甘肅養廉銀數目見同書第二本頁一一七二至一一七三雍正三年十月初一日甘肅巡撫石文焯奏摺。

雲南養廉銀數目見同書第五本頁二六八八至二六九〇，頁二七五五至二七五七，雍正五年十月八日，六年六月十二日雲貴總督鄂爾泰兩奏摺。

貴州養廉銀數目見同書第八本頁四八一〇雍正三年九月九日雲貴總督高其倬奏摺。

對於這種情況，我們可以由下面兩點來解釋：

（a）內地的省分如河南、山東、直隸和湖南，耕地面積和人口都較多，（註二）事務繁雜，官員的開支自然隨着增大；養廉銀額較高，是很合理的事。反過來說，雲南、貴州和甘肅等省分，除軍務較繁外，其他都遠不如內地；官員開支小，養廉銀自然是相對的少。

（b）養廉銀是用白銀支付的，而白銀的購買力到處不同。大約內地省分，白銀流通量較大，故購買力較低；邊疆地方，流通量少。價值亦較大。（註三）故內地省分的養廉銀額較高，並不稀奇。

雖然官員的所得因地而異，但總比原來的薪俸多出很多倍。（見附表）收入多了以後，官員便不致因入不敷支而流於貪污。接着，雍正帝還進一步革除規銀的弊病。規銀出現和流行的原因以及它所引起的毛病，上面已經討論過，現在有了養廉銀，各項均告敷用，規銀自無繼續存在的必要。自養廉制度着實地推行後，各省規銀便次第裁革，或歸公而成爲養廉銀的一部分。雍正六年還頒下諭旨，以後不准官員餽送和收取規銀。（註四）這一種存在多年的公開賄賂，到此方告廓清。

（2）地方經費的增加

地方經費增加的數目，雖不及養廉銀多，但總比從前緊縮的情況，較爲改善。何況自雍正三年起，政府還推行一種撥濟的辦法，那就是批准賦稅收入少的省分，如福建、廣東和廣西，可以把全部賦稅留存，以作爲一省的用度；至於收入更少的陝西、甘肅、四川、雲南和貴州等省，除全部留存外，還可以得到別省的解欵，使得省際間的盈虧得到調劑。（註五）雍正五年（一七二七）和七年（一七二九）又先後確立一種類似現代的準備金制度，稱爲分儲和留儲；那就是地方政府，可在起運銀項下，酌留一定數目的銀両，作爲臨時各項的經費。這筆欵項的數目如下：

（附表二六）雍正年間各省留貯及分貯數目表

單位：两

省　別	原直省經費額	留　貯	分　貯	酌留總數	增加額(倍)
直　隸	487,567		150,000	150,000	0.3
江　蘇	1,245,538	300,000	100,000	400,000	0.3
安　徽	458,053	300,000	100,000	400,000	0.8
江　西	435,912	300,000	100,000	400,000	0.9
浙　江	169,059	300,000	100,000	400,000	2.3
福　建	211,120	300,000	200,000	500,000	2.3
湖　北	350,804	200,000	100,000	300,000	0.9
湖　南	291,467	300,000	100.000	400,000	1.3
河　南	582,241	200,000	150,000	350,000	0.6
山　東	627,150	100,000	150,000	250,000	0.3
山　西	448,951	200,000	150,000	350,000	0.7
陜　西	252,546	200,000	300,000	500,000	1.9
甘　肅	93,096	300,000	300,000	600,000	6.4
四　川	167,220	300,000	300,000	600,000	3.5
廣　東	416,542	200,000	100,000	300,000	0.7
廣　西	94,945	300,000	150,000	450,000	4.7
雲　南	43,784	202,000	200,000	402,000	9.1
貴　州	16,963	300,000	200,000	500,000	29.5
合　計	6,419,958			7,252,000	1.13(平均)

資料來源：原直省經費額見清朝文獻通攷卷四〇國用，攷五二二六；留貯、分貯數目見同書，同卷，頁五二二八。欽定大清會典事例卷一八三戶部，頁二二至二五亦有同樣記酌留數目。

雍正八年（一七三〇），又把地方隨正項附解的平餘銀的解額2.5%減去一半，把減收的部分留存在司庫內以作公用。（註六）因此，若和以前比較起來，以前是「無項可動，上下共相捐應，官、民並受其累」；（註七）現在有了充裕的公用款項，「既不捐於官，又不派於民；……上下各足，彼此相安」，（註八）相差當然很大。

（3）虧空的清理

至於彌補一項，對象只是無著的虧空項目，作用雖不大，却與同時積極進行的整理虧空運動相配合，使貪污的風氣和財政上混淆的現象得到澄清。自後，不但再無虧空的現象，而且有些省分還有火耗盈餘銀兩，這和從前虧空纍纍的情形比較，眞不知相去多遠。

總括來說養廉制度的主要作用是先行作合理的調整，從而杜絕任何可以使官員貪污的機會。在「公事私用，咸足用資」的情況下，種種流弊一掃而空，造成一個「夫人可以爲清官」的新局面；（註九）這可以說是養廉制度顯著的效果。雍正以後便是乾隆，這種效果繼續普遍地發揮，因而造成清代歷史上的一個黃金時代。

（乙）弱　點

養廉制度固然有它的作用，但是如果再看遠一點，則會發現這種作用並不能長久地維持。到了乾隆朝後期，我們看到貪污的風氣興盛起來；這固然與乾隆帝寵信和珅有密切的關係。（註十）假如養廉制度的確有它的客觀價值和作用，這種貪污的風氣斷不會繼續地猖獗下去。（註十一）因此，我們還須對這一個制度再一檢討，看看它的弱點究竟在甚麼地方。總括起來，大約可以分成下面三點：

（1）制度不健全

從推動過程來看，我們會發覺到這個制度是相當鬆弛的。首先，雍正朝絕大部分時間中，養廉制度只在暗中推行，一直沒有確立出顯著的法則和規律來。其次，亦不見成立甚麼組織或專用甚麼人物來處理這件事情。因此養廉制度長時間是處在權宜推行的狀態，它的內容全由人爲來決定。當時只有皇帝個人才有這樣權力，故最後這個制度仍被納入專制獨裁的軌道上，使得這個組織並不嚴密的制度，遂因統治者不同而有改變。在乾隆朝，曾經進行過一次討論，以審察它是否有存在的價值。結果議定繼續推行，而且還分給京官和武官養廉銀。（註十二）至此，這個制度似乎很完備，但是乾隆帝和以後的皇帝對這個制度並沒有重視，如遇到地方經費不足或有特殊用度時，便拿養廉銀來攤派和扣發。（註十三）名義上，官員的收入是增多了，但實際的收益却不大；因此貪污的風氣再度盛行，並非是沒有原因的。

（2）僅屬表面的調整

自養廉制度推行以後，過去的流弊確能清除，但是引致流弊的固有缺點却未因此而有所改善。上面我們已經討論過，清初諸帝爲控制地方財政，故實行不合理的分成法，使得地方財政毫無基礎。這個缺點，決非是養廉制度所能顧及改革到的，除非清統治者能捐棄他們的私心。雖然雍正帝曾設立一種準備金，又把減半的平餘銀存公備用，但是動用這筆欵項時，手續非常麻煩，而且在報銷時又會給戶部官員以一個勒索的機會，所以非在必要的時候，地方官員不會去用這筆封存的欵項。（註十四）我們再從後期的起運和存留銀両來看，懸殊的比例仍舊保持着。（見附表二七）

（附表二七）清朝後期各省起運存留數額表

單位：両

	嘉慶年間（1796—1721）				光緒年間（1875—1909）				
	a 地丁收入額	存留數額 b		存留數額佔總收入的比例 c	起運數額 d		存留數額 e		存留數額佔總收入的比例 f
		正銀	耗銀		正銀	耗銀	正銀	耗銀	
直隸	1,479,673	745,299	102,052		1,708,521	211,856	672,622		
盛京	51,221	16,087	3,640		20,318	3,298	9,148		
山東	1,640,446	345,854	207,948		2,772,630	228,638	328,171	45,941	
山西	3,173,779	329,388	98,033		2,645,503	272,848	312,540	86,200	
河南	3,263,131	204,761	173,719		2,747,240	244,109	232,944	36,272	
江蘇	3,785,890	320,333	95,665		2,231,264	113,230	291,024	24,114	
安徽	1,746,765	365,586	55,050		1,220,310	113,998	250,419	55,370	
江西	2,306,206	287,017	96,444		1,781,607	86,651	208,547		
福建	1,519,860	210,423	94,256		1,037,992	130,379	224,263	4,864	
浙江	2,501,055	245,014	65,628		2,121,750	83,584	239,796	10,731	
湖北	1,123,316	159,544	50,115		961,768	71,262	98,403	10,922	
湖南	1,153,585	234,910	42,220		936,647	74,935	94,975	9,497	
陝西	1,676,917	267,401	173,780		1,341,361	66,451	278,122	170,760	
甘肅	332,986	69,531	32,378		214,494	10,535	71,441	29,902	
四川	1,069,423	114,209	54,911		541,501	44,696	100,106	54,900	
廣東	1,054,724	192,460	52,664		864,211	126,253	161,075		
廣西	854,838	97,156	26,850		330,845	12,153	91,207		
雲南	737,734	66,815	63,802		147,000	47,641	46,771	32,684	
貴州	115,582	29,373	9,701		65,864	5,044	28,930	14,440	
		4,305,186	1,497,856		23,690,826	1,943,169	3,740,504	542,527	
	29,581,113	5,803,042		$\frac{b}{a}=19.6\%$	25,633,995		4,283,031		$\frac{e}{d+e}=14.3\%$

資料來源：嘉慶年間地丁收入額，見史料旬刊（台灣國風出版社印，民國五二年）頁四三〇至四三二，四五二至四五三、四七一至四七二、四九四至四九五、五一四至五一五、五三四，彙核嘉慶十七年各直省錢粮出入清單；嘉慶年間存留數額與光緒年間起運存留數額，見欽定大清會典事例卷一六九至一七〇戶部田賦。

所以，財政上的固有缺點並不因養廉制度的推行而得到改善。而最可惜的一點，像養廉制度這樣求政治上進步的例子在以後很少見到，到了後期甚至失去原來的作用。難怪有清一代，財政始終是那麼混亂。（註十五）

（3）君主的私心

雍正帝雖是一個有爲的君主，但到底是異族的統治者，帶有私心亦在所難免。雍正年間，他不肯公開承認實行養廉制度，實有他的一番苦心。但後來火耗有了盈餘，國庫的存銀亦以倍數增加；按理，即使不以正項全代替這種附加稅，亦應着量減低稅率。雍正帝沒有這樣做，而以盈餘存歸司庫以作急切的公用或作爲蠲免的本錢；人民雖亦蒙受益處，但始終不及減收或取消來得更好。蠲免正是清初諸帝極力實行的一種懷柔政策，用心何在，可以想像得到。直到雍正末年，因火耗的收支出現混淆不清的現象，爲免「詒人口實」，（註十六）故交由戶部經理，使火耗成爲一種新的賦稅。假使當時雍正帝確爲人民着想，則這種附加稅，是否存在或稅率是否如此高，（註十七）是一個值得攷慮的問題。

附註

註一：這一點較難說明，但我們可從下面一個例子領畧出來。雍正五年，都察院左都史御史福敏出署湖廣總督，以爲「受恩深重，自奉過厚，踧踖難安，」而自動削減養廉銀；雍正帝却以他爲「矯廉」，削減後則會使「後任難乎爲繼」，而有「枵腹從事」的情形出現。見東華錄雍正卷五，頁十五，雍正五年三月癸卯。

註二：茲附表說明河南、山東、直隸、湖南、甘肅、雲南和貴州的人口、耕地面積和田賦數目。

雍正二年（一七二四）各省人口、耕地面積與田賦銀糧數

省分	人口	耕地面積（頃）	田賦 銀(両)	田賦 粮(石)
河南	2,049,417	658,884(+)	2,943,452	——
直隸	3,248,710	658,884(+)	1,906,933	米105,442(+) 麥42(+)豆7,786(+)
山東	2,278,305	557,492(+)	3,007,946	米474,037(+) 麥34,747(+),穀808(+)
湖南	341,300	305,276(+)	1,092,634	米 149,601
甘肅	302,763	117,706(+)	196,343	23,074
雲南	21,388	64,114(+)	91,257	1,602(+) 米 141,378(+)
貴州	145,240	12,290(+)	57,788	米 109,855(+)

資料來源：人口數目見清朝文獻通攷卷十九，戶口一攷五〇二七；耕地面積與田賦銀粮數，亦見同書卷三田賦三，攷四八七二至四八七三。

註三：見全漢昇、王業鍵清雍正年間（一七二三——三五）的米價，史語所集刊三十本。

註四：雍正帝早就對規銀的積弊知道得很清楚。但在雍正初年的環境下，他不能大刀濶斧地革除，而只能採用一種勸廉的方法。硃批諭旨第一本，頁四六二，雍正元年三月三日兩廣總督楊琳奏摺的硃批說：「不累屬官，不擾百姓，分內應得之項，取以備犒賞等費之用，何妨乎？且督撫操一省之權，其一切用度非科所限，而法可繩也。如廣收禮節，藉口濫派，……斯類

劣跡，屏除淨盡，其他一切朕可不問也。」由此可見他的除弊態度並不積極。自養廉制度實行後，他斷然不容許它的存在。雍正六年七月，他更頒一諭旨，命令各省官員嚴飭禁革陋規。他說：「自朕即位以來，嚴飭官方禁止私賄，又恐督、撫等官用度不敷，……是以給以養廉之項。……爲有朝廷既給養廉，而仍收屬員陋規之理？……在地方官，薪水之資，自不可缺。但於屬員之手，接受節禮陋規，則斷乎不可。……倘再有私收規禮者，將該員置之重典，其該管之督、撫，亦從重治罪。」見東華錄雍正卷六，頁二十至二一，雍正六年七月乙亥諭。

註五：清朝文獻通攷卷四十國用二，攷二二七；欽定大清會典事例卷一六九戶部田賦，頁十四至十五。又參攷彭雨新清末中央與各省財政關係一文，中國近代史論叢（台灣正中書局印行，民國五二年）第二輯，第五冊，頁四至頁五。

註六：東華錄雍正卷八，頁三五，雍正八年十一月戊子諭。

註七：同上書卷十三，頁十，雍正十三年六月乙亥諭。

註八：硃批諭旨第六本，頁三三〇一，雍正六年七月十一日河東總督田文鏡奏摺。

註九：皇朝經世文編卷二七戶部理財，頁六至九乾隆七年孫嘉淦辦理耗羨疏。

註十：和珅的恃寵貪污，已成公定的事實。他不單止自己貪污，而且還造成一個貪污的時代。薛福成庸盦筆記（萬有文庫第二集七百種）卷三，頁五至六，入相奇談曾說明這一點，他說：「和珅性貪黷無厭，征求錢財，皇皇如不及。督撫司道，畏其傾陷，不得不輦貨權門，法爲奧援。高宗英明，執法未嘗不嚴；當時督撫如國泰、王亶望、陳輝祖……之倫，贓欵纍纍，屢興大獄，侵蝕公帑，鈔沒貲產，動至數百萬之多，爲他代所罕見。其始未必非皆和珅之黨，迨罪狀敗露，和珅不能爲力，則亦相率伏法。然殛愈衆，而貪風愈甚，或且惴惴焉懼罹法網，惟益圖擴奪刻剝，多行賄賂，隱爲自全之地。非其時人性獨貪也，蓋有內隱爲驅迫，使不得不貪者也。」

註十一：張德昌清季一個京官的生活，頁二一九至二二五，京官與外官，說出清朝後期京官與外官的貪汚行徑。

註十二：清史稿對這一次的議論有一概括的論述，食貨志二、賦役，頁四七五載：「自山西提解火耗後，各直省次第舉行。其後又酌定分數，各省文職養廉二百八十餘萬両……。及帝（乾隆）即位，廷臣多言其不便，帝亦慮其多取累民。臨軒試士，即以此發問，復令廷臣及督撫各抒所見。大學士鄂爾泰、刑部侍郎錢陳羣、湖廣總督孫嘉淦皆言……可以垂諸久遠；御史趙青藜亦言，……請無庸輕議變更。惟御史柴潮生以爲耗羨乃今日大弊。詔從鄂爾泰議。」此外東華錄乾隆卷五，頁七至十，乾隆七年四月乙未、乙巳兩諭，同卷頁十九，乾隆七年十一月乙丑諭，更有詳細論述；皇朝經世文編卷二七，戶政理財下，收有孫嘉淦辦理耗羨議，趙青藜耗羨仍請歸公議、錢陳羣條陳耗羨疏，亦可供參攷。至於武官養廉見序言章註四，京內文官養廉則見前章註　。

註十三：在乾隆後期，養廉銀已經作特殊用度和攤派。高宗純皇帝聖訓卷四聖德，頁一，乾隆四一年十月癸丑諭：「春（伊齡阿）於山東接駕時，……進貢次數勤而且多，朕以斷非一人養廉所能購買。」東華續錄乾隆卷四二，頁四五，乾隆五三年十一月庚辰諭：「前因五十五年，值朕八旬萬壽，經辦理慶典大臣議，令各督撫等分扣養廉備充經費，以遂其效誠獻悃之心。」道光年間亦有扣發的情形，如清朝續文獻通攷卷七三國用十一，攷八三〇三載：「道光二十二年諭：據貴州自巡撫以至州縣，每年養廉分別捐出二成一分，儲備經費。朕以分年捐出，且爲數無多，業經允許。」咸豐年間。因軍需告急，養廉銀亦遭受扣發，同上書卷七三國用十一，攷八三〇四載：「三年，太僕寺卿李維翰奏請暫停養廉以充軍餉。命軍機大臣等會同該部議奏。議上：武職自三品以上停給二成；文職自一品至七品暫給養廉銀六成，八品以下，免其停扣。此項銀両，……聽候撥用，俟軍務告竣，仍復舊額。從之。」

註十四：見彭雨新清末中央與各省財政關係一文。

註十五：清朝續文獻通攷卷六九國用七，攷八二五五載：「臣等案：……我國財政棼如亂絲，國稅地方稅尤混而爲一，不可爬梳。曩聞歲出歲入，不敷數至鉅，朝廷不以纖悉示吾民，雖國庫如洗，民終無由信之。」此外，羅玉東光緒朝補救財政之方畧，中國近代經濟史集刊第四本；彭雨新清末中央與各省財政關係等文章對於清朝後期的財政情况，有一詳細的分析，可作參攷。

註十六：東華錄雍正卷十三，頁十，雍正十三年六月乙亥諭。

註十七：火耗原本是一時權宜的征收，但到後來已變成一種賦稅，不單沒有取消的意思，而且在嘉慶年間起，還作起運與存留的分配。（見附表二十七）至於火耗的征收率，後期和前期差別並不很大，現附表說明：

清代前後期火耗征收率比較表

省分	雍正年間（1723—35）的火耗征收率（%）	光緒年間（1875—1909）的火耗征收率（%）
山西	13—20	5—12
河南	10	10—15
湖南	10	10
湖北	10	11
直隸	11	5—15
山東	18	14
江西	10	10
浙江	2—6	4—9
甘肅	15—20	15
貴州	15	10—15
四川	30	15
廣東	13—16.9	16.9
雲南	10	20
江蘇	10	5—10
廣西	2	8—10
安徽	10	7.5—10
福建	14	10
陝西	20	15
奉天	10	10

資料來源：雍正年間的征收率，見本文各省實在推行情況所引資料；光緒年間的征收率，則見欽定大清會典事例卷一六四戶部田賦隨徵耗羨，頁一至九。

（五）結　論

滿清統治中國，在政治上固然採用專制和獨裁的方式，對於財政的管制，亦不見得寬鬆。順、康年間，滿清政權初立，百廢待舉，而且又要對付國內外的殘餘反抗勢力，政府開支非常大，再加上異族統治者本有的私心，故在賦稅分成時，中央佔去絕大部分。地方存留經費數目既少，而又缺乏彈性，根本不敷開支；不足的部分，要由官員設法籌備。官員的俸祿本已微薄，至此則更覺難以維持，只好將這種負担轉嫁到人民身上。滿清一直以加派爲極端不祥的事，明知有這種需要，却始終不允許實行；地方官員只好借用合法的火耗征收，來達到加派的目的。在毫無管制之下，地方財政的困難雖能解決，但却因此而形成一個貪風盛行，吏治敗壞的時代。

雍正帝是一位嚴謹而有魄力的君主，早有整飭時弊的決心，他除積極地追賠虧空外，還設立養廉制度來作合理的調整。廉是廉恥，養廉便是保養廉恥，它的對象是官；故養廉制度的簡單的意義便是如何使當時的官員能安份守己，而不致貪汚枉法。養廉制度的實行，是把順、康兩朝任由州、縣官征收和支配的火耗，統由地方最高長官管理負責，火耗銀主要拿來作增加官俸、地方經費和彌補無著虧空三項。希望藉着統籌的支配，一方面解決地方的財政困難，同時又可使附加稅變爲有限制和有規則，而收到一石二鳥的好處。

在雍正朝中這種具有作用性的制度，只長時間在暗中推行。除了保持永不加派的傳統家法外，雍正帝所以不作一個公開而積極措施的原因，亦有他個人的理想；他認爲火耗是人民額外的負担，現行的征收只是一時的權宜辦法，希望將來國家財政穩定後，逐漸由減輕而至完全取消。雖然這並不是公開的政策，但雍正帝却管得很嚴，故收到的效果亦相當的大。

到雍正後期，現實環境却不容許取消這種附加稅，同時在不公開的實行下，混淆不清，任意動用等等毛病終會於普遍地出現。故到了十三年，雍正帝毅然把養廉制度的財源——火耗，交由戶部經理，達到全國控制的地步。由於管制上前後的不同，使得養廉制度的內容前後稍有變動，但是它的保持官員廉潔的目標仍然沒有改變。

由於養廉制度的實行，過去地方公私不敷支用的情況便一掃而空，對當時的經濟和政治均產生顯著的作用。但當我們進一步去分析時，我們發見養廉制度並不是一個徹底的改革，而只是表面的調整；雍正帝本想以此爲基石而作深一層的改革，但事實上却是失敗了。此後養廉制度雖然繼續推行下去，但在君主的私心與財政混亂的局勢下，不但不能發揮它的作用，反而變得黯然無光；因此，這個稀有地求政治上進步的制度終於受到扼殺。這樣一來，難怪滿清一朝政治和財政始終不能上軌道了。

參考書目

十二朝東華錄（順治、康熙、雍正、乾隆朝） 清蔣良騏纂，王先謙編，台灣文海出版社印，民國五二年。

大清歷朝實錄（世祖、聖祖、世宗、高宗） 台灣華文書局印，民國五三年。

大清十朝聖訓（世祖、聖祖、世宗、高宗） 台灣文海出版社印，民國五四年。

清朝文獻通攷 清高宗敕撰，台灣新興書局印，民國五四年。

清朝通典 清高宗敕撰，台灣新興書局印，民國五二年。

清朝續文獻通攷 清劉錦藻撰，台灣新興書局印，民國五四年。

雍正硃批諭旨 台灣文源書局印，民國五四年。

欽定大清會典事例 台灣中文書局印，民國五二年。

皇清奏議（皇清名臣奏議彙編初集） 清琴川居士輯，雲間麗澤學會石印本，清光緒二八年。

皇朝經世文編 清賀長齡編，台灣國風出版社印，民國五二年。

國朝先正事畧 清李元度撰，近代中國史料叢刊第十二輯收，台灣文海出版社印，民國五六年。

日知錄 明顧炎武著，台灣世界書局印，民國五二年。

榕村全集 清李光地著，清道光九年刊本。

十駕齋養新錄 清錢大昕著，國學基本叢書收，台灣商務印書館印，民國五六年。

病榻夢痕錄　清汪輝祖著，盱眙吳氏望三益齋刋本，淸同治三年。
授時通攷　清高宗御編，上海中華書局印，一九五六年。
石渠餘紀　清王慶雲著，近代中國史料叢刊第八輯收，台灣文海書局印，民國五二年。
聖武記　清魏源著，台灣世界書局印，民國五一年。
廿二史箚記　清趙翼著，台灣世界書局印，民國四十年。
庸盦筆記　清薛福成著，萬有文庫第二集收，商務印書館印，民國二六年。
康熙政要　清章梫著，清宣統二年排印本。
清史稿　趙爾巽等撰，聯合書局印，民國三十年。
清代通史　蕭一山著，台灣商務印書館印，民國五一年。
清朝全史　日人稻葉君山著，但燾譯訂，台灣中華書局印，民國四九年。
清代史　孟森著，台灣正中書局印，民國五一年。
明清政治制度　陶希聖、沈任遠合著，台灣商務印書館印，民國五六年。
清實錄經濟資料輯要　南開大學歷史系編，中華書局印，一九五九年。
中國貨幣史　彭信威著，上海人民出版社印，一九六五年。
清代捐納制度　許大齡著，北京燕京大學哈佛燕京學社原出版，香港龍門書店翻版，一九六八年。
中國水利史　鄭肇經著，台灣商務印書館印，民國五五年。

清朝初期的八旗圈地　劉家駒著，台灣台灣大學文學院印，民國五三年。
清季一個京官的生活　張德昌著，香港中文大學出版，一九七〇年。
財政學　李超英著，台灣國立編譯館出版，民國五五年。
論康熙　劉大年著，中國近代史諸問題，北京人民出版社印，一九六五年。
美洲白銀與十八世紀中國物價的關係　全漢昇著，中央研究院歷史語言研究所集刊（下稱史語所集刊）二八本。
清代的人口變動　全漢昇著，史語所集刊三二本。
清雍正年間（一七二三—三五）的米價　全漢昇著，史語所集刊三十本。
清季中國與菲律賓的貿易　全漢昇著，香港中文大學文化研究所學報第一卷。
清雍正年間（一七二三—三五）的財政改革　王業鍵著，史語所集刊三二本。
清代中央政權形態的轉變　李宗侗著，史語所集刊三七本。
清初順治康熙年間減免賦稅的過程　劉翠溶著，史語所集刊三七本。
雍正時代的密奏制度——清世宗治術的一端　黃培，清華學報第三卷，第一期。
清世宗與年羹堯之關係　黃培，大陸雜誌史學叢書第一輯第七冊收。
說硃批諭旨　黃培，大陸雜誌史學叢書第一輯第七冊。
光緒朝補救財政之方畧　羅玉東，中國近代經濟史集刊，香港龍門書店翻印，一九六八年。

清季兵爲將有的起源　羅爾綱，中國近代經濟史集刊。
清末中央與各省財政關係　彭雨新，中國近代史論叢（台灣正中書局印，民國五二年），第二輯，第五冊。
耗羨提解の研究——雍正史の一章としてみた　日人安部健夫，東洋史研究第十六卷，第四號。
養廉銀制度てみた　岩見宏，東洋史研究第十六卷，第四號。
養廉銀制度の創設について　岩見宏，東洋史研究，第二二卷，第三號。
雍正帝による俸い銀扣除の停止について宮崎市定東洋史研究第二二卷，第三號。
西亞の火減りと中國の火耗　佐藤圭四郎，集刊東洋學，第一卷，第六號。
Wang-pei, Aspects of Ch'ing Autocracy: An Iustitutional Study 1644-37. 。清華學報第六卷，第一、二期。
Yeh-chien Wang, China's Land Taxation in the Late Ch'ing. Harvard University, April 1969.

李、陳、黎三朝的越南佛教與政治

曹仕邦

景印本・第第十卷・第一期（下冊）

2　施助建寺造鐘像及其政治目的
3　從書寫佛經看越人對中國的觀感
4　法會釋囚與政治上的奪權鬥爭

三　陳　朝

第三章　陳朝弘揚佛教的政治原因與帝室敬信的眞正態度

1　得國神話的宣傳及其作用
2　上皇出家爲僧與其權力的保留（附后妃出家）
3　文人政治的抬頭與佛教政治勢力的衰退

第四章　陳朝「弘揚」佛教的的成績和所引起的社會經濟問題

1　陳朝的建寺與鑄鐘
2　從儒士反佛文字看陳朝佛教的社會潛勢力
3　冗僧問題與沙汰僧徒

四　黎　朝

第五章　從黎朝提倡儒學看佛教在社會上的潛勢力

1　中國明朝對越南儒學和佛教的統治手段

前　言

一九六七年秋，仕邦得緣追隨　陳師孟毅（荊和）左右，習越南史，　孟毅師知仕邦治中國佛教史有年，遂勉以從事越南佛教史之探討，指出其中待發之覆甚多，即現代南越僧伽之種種活動，亦可以自歷史方面究其根源。既承　誨示，乃紬讀越南之史籍，果發現時下越僧之好干政、樂自焚，固有其歷史之根源可溯，而古時彼國佛教與政治關係之密切，實亦頗出意料之外者，因摭錄所得資料，成一初稿，未及修訂而應聘南下，不意在星洲更發現與此有關之典籍，　庋藏於新嘉坡大學與南洋大學圖書館中，　於是課餘取舊稿增補修訂，而是成篇，謹持此呈獻於
孟毅師之前，並祈通人賜正。

一九七一年四月六日於返港舟中，時値航經南越，沿岸山巒於左舷淸晰可望也。

一　導論：佛教對越南獨立初期在政治上所起的作用

越南以獨立姿態出現於歷史舞台上，始於中國宋太祖開寶元年（九六八）時丁部領於今北圻、中圻一帶建立的大瞿越國，史稱丁朝。在此以前，從秦漢到隋唐，這些土地一直都在中國版圖之內。雖然處於中國長期統治期間，越南人民曾進行過無數次獨立運動，甚而曾建立過短暫的政權，如後漢時的徵側，梁時的李賁、趙光復，陳、隋之際的李佛子等，但這些政權都終於被中國武力所消滅。及五季之亂，無暇南顧，越南境內一時羣雄並起，結果丁部領削平各部，建立政權，下開黎桓建立的前黎朝、李公蘊建立的李朝，陳守度奉陳煚爲帝而建立的陳朝。陳朝以後，越南曾短時期受中國的明朝統治，及黎利於一四一八起義於藍山，逐漸收復國土而建立後黎朝，下開阮福映建立的阮朝。是越南歷代繼統相承的獨立基礎由丁朝開始。

越南獨立以前，既曾經是中國的郡縣近一千多年，換言之，這千年以來越南是中國文化活動的區域，故獨立以後，越南依然是一個中國化的國家。唯是其地佛教的勢力，在獨立以後表現得大大超過了儒家，以至丁、前黎和李三朝全仗佛教支持其政權，形成了「帝與僧共天下」的形勢。儒家要遲至後黎，纔眞正取代佛教勢力而領導政治。這點跟中國一向以儒家爲政治及社會的領導中心，完全不同。因此，陳師孟毅囑仕邦向這方面從事探討。而這一重要的歷史問題，不特日本岩村允成氏所著的安南通史未有論及，南來而後，讀到越南楊廣咸氏（Duong Quang-Ham）撰的安南史（註一）及中國黎正甫先生撰的郡縣時代之安南一書（註二）中述及越南建號後歷史的部份，均未見片言與此有關（註三），尤使仕邦覺得這問題有探討的價值。

然而越南古代史的研究有史料上的困難，法國漢學家馬思伯樂氏撰「李陳胡三氏時安南國之政治地理」一文（馮承鈞先生譯，收在西域南海史地考證譯叢一書四編），曾指出：

> 安南歷代史書之不明者，莫逾唐代廢安南都護以後，迄明代設交趾布政司以前，自十世紀迄十五世紀間之史事，安南正史若以中國載籍補正，固足以知其宮廷變幻與大戰陳跡，第若宗教、行政、經濟、文學之歷史；總而言之，安南社會之全部生活，則因史料欠缺，昔無一人尋究及之（註四）

馬思伯樂氏的論文原發表於一九一六年的遠東法國學校校刊，他當年所提到的問題，雖然後來都漸漸有學人從事研究，但史料欠缺的情形至今依然。而越南史料還有一個重要的缺陷，這個缺陷，早在黎、阮之際已由越南本身的史學家潘輝注氏（註五）指出了，潘氏在所著歷朝憲章類誌卷四二文籍誌中畧云：

> 修史之體，非志傳不能詳備，北朝（中國）歷代事跡所以昭昭於後世者，誠以二十史之修纂靡遺故也。我越之史惟用編年，歷朝行世，事僅載大畧，而其沿革之始終得失之本末寥寥難考，典章制度，亦將何所考證。

潘氏指出越南史書「惟用編年」，記事不能詳備，也就是馬思伯樂氏所認為古代安南社會之全部生活難以從事探索之故。

更有一層，現存的越南史料大抵以紀述近代的阮朝者較多，故許雲樵先生譯日本岩村允成氏安南通史一書（註六），本文共二七一頁，而阮氏獨佔一〇五頁，其餘一六六頁，則為紀述自太古以迄黎朝的史事，因為有系統的紀述阮朝以前歷史的史書，僅有大越史記全書（以後引用簡稱「全書」）和越史通鑑綱目（後簡稱「綱目」）

兩種而已。本文就是在這種史料缺乏的情況下從事研究。

越南獨立始於丁朝和前黎朝，由於年代久遠，而全書和綱目都編纂甚晚（註七），故兩書所保存這二朝的記載都極有限。然而，就此有限的史料中，我們依然能夠看出佛教在越南勢力的深厚和對始建國時政治的助力。全書冊三卷一丁先皇紀頁二B畧云：

> 太平二年（九七一），初定文武僧道階品，以阮匐為定國公，劉基為都護府士師，黎桓為十道將軍，僧統吳眞流賜號匡越大師，張麻尼為僧錄，道士鄧玄光授崇眞威儀。

綱目正編卷一畧同，而增「帝崇尚釋教」一語。丁先皇部領是否奉佛？另一問題，而太平二年為丁朝建國的第四年，當時所置官位不過寥寥數種，而其中即有僧徒和道士被委任為管理釋老二教的官員。按，僧道官在中國是由於佛道兩教流行後；朝廷委任專門統理天下僧尼、黃冠的官職（註八），現在丁朝立國伊始，便亟亟援僧人吳眞流、張麻尼及道士鄧玄光此職，可見兩教為當地社會普遍信奉，故急於置官管理。

蓋越南古即漢朝的交趾郡，魏晉六朝的交州，唐朝的安南都護府故地，而其地為佛教自海道來華必經的門戶，早在漢末三國之際已有佛教存在（註九），因此現存的越南神話中有關佛教的，甚至遠託於相當中國殷周之世（註十）。至於道教的存在，大抵緣於越南曾服屬唐朝，而唐代帝室尊李聃為遠祖；朝廷頗獎掖老氏（註十一），因而道教亦流行於安南都護府之故。今以此兩事非本文所能詳，故畧而不論。而史書所載丁氏得國的神話，也跟佛教扯上關係，全書冊三卷一丁先皇紀頁四A畧云：

> 初帝微時，嘗漁於膠江水，網得大圭，觸船頭闕其角。是夜投膠水寺宿，藏圭於魚笥底，待明出市賣

魚。時帝方熟睡，其莒有異光，寺僧起問故，帝以實言，仍以圭示之，僧歎曰：吾子他日富貴不可言，但恨福不長耳。

網魚得圭而由寺僧指點富貴，從這故事看，則丁先皇是否「崇尚釋教」也不必深究了。

及黎桓於丁廢帝太平十一年（九八〇）六月代丁氏爲帝而建立前黎朝以後，佛教與政治結合的力量便第一次表現出來。全書冊三卷一黎大行皇帝紀頁十一畧云：

天福八年（九八七），宋復遣李覺來，至冊寺。帝遣法師名順，假爲江令迎之，覺甚善文詠，時會有兩鵝，浮水面中，覺喜吟云：「鵝鵝兩鵝鵝，仰面向天涯」，法師於把棹次韻，示之曰：「白毛舖綠水，紅棹擺青波」，覺益奇之。及歸館，以詩遺之曰：「幸遇明時贊盛猷，一身二度使交州，東都兩別心尤戀，南越千重望未休，馬踏烟雲穿浪石，車辭青嶂泛長流，天外有天應遠照，溪潭波靜見蟾秋。」順以詩獻帝，帝召僧吳匡越觀之，匡越曰：「此詩尊陛下，與其主無異。」帝嘉其意，厚遺之。覺辭歸，詔匡越制曲以餞，其辭曰：「祥光風好錦帆張，遙望神僊復帝鄉，萬重山水涉滄浪，九天歸路長。情慘切，對離觴，攀戀使星郎，願將深意爲邊疆，分明奏我皇。」覺拜而歸。

李覺奉使越南事，宋會要輯本第一九七冊蕃夷四、交趾條頁七七二五有載。上引史文是中國載籍所無的宋越兩國通使情形的第一次詳細記載。這次欵接宋使，黎朝文武官員竟無人能出而與之酬唱詩文，至勞僧人名順扮作江令任禮賓之事。而李覺遺詩越南的「江令」，大行皇帝黎桓又命僧人吳匡越審讀詩中有無輕視本朝之意；及命之制曲餞別宋使。匡越大師制曲之事，潘輝注非常激賞，歷朝憲章類誌卷四八邦交誌的欵接之儀條畧云：

（李）覺辭歸，匡越制曲以餞之。按前黎酬接宋使，頗覺情文周至，辭曲之美，足誇人才，國體增重，可使北人屈服。後來每北使返回，每有詩柬餞送以耀人文，蓋寔始於此也。

越人對這次外交酬對成功的重視，觀潘氏之語可知，而當時「足誇」的「人才」都是和尙！這强烈地顯示越南在黎朝時不獨唯有僧侶是飽沾儒學的知識份子，而且是參與國家大事的朝臣！又全書册三卷一黎臥朝皇帝紀頁十八B景帝二年（一〇〇九）條載這位末代帝王的失德好虐殺事跡中，有一事爲：

嘗削甘蔗於僧郭昂頭上，假爲失手，傷僧頭流血，仍大笑。

也見僧侶的盤桓帝側。而全書册三李仁宗紀頁七A畧云：

廣祐四年（一〇八八），封僧枯頭爲國師。注云：封爲國師，詢以國事，如黎大行之於吳匡越爾。

據此則吳匡越既然是大行皇帝的國事顧問，請他審查宋使之詩，固理所當然。而他在丁朝時是僧統，按理也應是實際參預丁朝國政的朝臣了。

僧人在政治上担任如此重要的角色，無疑是很特殊的情形，按理越南在漢末三國之際已經是士人避地之所，交趾一郡學風甚盛（註十二）。並且唐代安南文士與中原交往頻繁，越南人曾有一位官至宰輔的姜公輔，讀呂士朋先生北屬時期的越南一書第四章第四節「唐代安南的文風」可知，何以經過五代之亂，獨立後的越南會出現如此情況，實在是一個値得研究的問題，仕邦讀續越甸幽靈集，其靈彰靈應大王條畧云：

神姓趙名昌，唐時安南都護，常車駕巡遊轄內，之安唐，之明倫，愛其山奇水秀，土廣人稠，因建學舍於邑居之北，爲東郊鄉校。由是東方之民，英俊髦士，咸來肆業，居民均被禮義之敎，遠方聞之，珠履齊集，學徒雲擁，所居成聚，初稱讀村，後別爲丹輪社，入其門者，多成達顯官。王沒後，士民號泣思慕，乃於學舍遺址築祠奉王及其夫人爲神。

按，神話每基於眞人眞事的特別動人者，是否像趙昌一類的都護在唐代少見，故其興學事業特別爲越人思慕；若然，則多少能以反映唐代安南都護府教育方面的鱗爪，可惜不論在越南、中國兩方面的載籍中對這方面都史闕有間，不易稽勾，故今只好暫置之不論。而越南佛教與政治關係的密切，在以後李朝的歷史中更强烈地表現着，儒學的興起，也要到陳朝以後，且待後數章詳論之。

至於越南黎朝與宋的交往中，有兩事跟佛教有關，其一是向宋請大藏經。宋會要第一九七冊蕃夷四、交趾條畧云：

景德二年（一〇〇五，黎大行皇帝應天十二年）正月，賜黎桓印本藏經，令進奉使賫還本道，從其請也。四年（一〇〇七，黎臥朝皇帝應天十四年）七月，黎龍鋌遣其弟峯州刺史明昶，副使安南支使殿中丞光成雅等來貢，龍鋌表乞賜九經及佛經一藏，從之。

其二是官制的倣效宋朝。全書冊三卷一黎臥朝皇帝紀頁一六B畧云：

應天十三年（一〇〇六），春二月，改文武臣僚僧道官制及朝服，一遵於宋。

黎應天十三年當宋景德三年，宋會要第二百冊道釋一、頁七八七四畧云：

景德二年，御史殿引對諸寺院主首，詢行業優長者次補左右街僧官。

黎朝倣宋官制，大抵亦置左右街僧官。至於僧職務，宋史卷一六四職官志畧云：

左右街僧錄司掌寺院僧尼帳籍及僧官補授之事。

黎氏僧官職司，應與此同，而其時政權有賴佛教支持，則此職的重要性當較之中國的僧官爲甚了。

註一：越南楊廣咸氏的著作，仕邦所見到的是新嘉坡大學圖書館所藏的；由廣瀨哲士等翻譯的日文本，東京東亞研究所一九二九年出版。至於楊氏安南史原文，仕邦未有機緣讀到。

註二：商務三十四年版，新嘉坡大學藏。

註三：楊廣咸氏著書時代，據其書譯本（參註一）的序文是成於法屬時代，是「初等學校中級上級之歷史教科書」。大抵由於殖民地時代著書多所忌諱（尤其教科書），故未便認眞叙述本國的歷史。黎正甫先生絕未接觸過越南本國的歷史，其書全據中國史料之有關越南的寫成，加上作者帶着大國沙文主義思想，竭力强調「安南」是中國失去的故土，自然難以找出歷史的眞相。須知越南雖曾是中國的郡縣，但自十世紀獨立後，對中國的離心力不斷滋長，如本章引潘輝注氏對吳匡越制曲餞別宋使所發的感想，又本文第二章三節述及越帝不再服用宋錦事，都是離心力的具體表現，再者，倘使越南自十世紀以後仍是中國的領土，何以明成祖要發兵攻滅陳朝而佔其土地？而明人統治越南直至被黎利領導的復國運動驅逐，前後十五年，其間對越人灌輸儒學以冀收向心之效也有十年工夫，但其國復國運動的義兵，在明人佔領的第六年便起事（本文第五章第一節有所論述），這不啻說明了離心力凝成後，已很難將這個脫離中國而獨立的國家再收入版圖了。

註四：見台灣商務印書館民五十一年九月一版頁一百十。

註五：潘輝注是黎、阮之際的人物，其考證見拙著論佛祖統紀對紀傳體裁之運用一文註五九，新亞學報九卷一期頁一六八——九。

註六：仕邦南來而後，在新嘉坡大學圖書館讀到日本富山房發行的岩村氏「安南通史」原文，但這究竟非現下流通易購的本子，故本文引用此書時仍採許雲樵先生的譯本（星洲世界局出版）。

註七：見本文所附的越南史籍簡介。

註八：參新唐書卷四八百官志的崇玄署條。又參宋釋贊寧僧史略卷中「立僧政」、「僧統」、「左右街僧錄」、「管屬僧尼」諸條。

註九：交趾爲佛教來華門戶之一；及當地早有佛教，凡有關中國佛教史或中西交通的論著多有提及，無庸再舉例證，而越南載籍中有兩條述及漢末三國時有關佛教的史料：嶺南摭怪卷二蠻娘傳略云：「漢獻帝築城於平江南邊（今天德江），城之南有佛寺名福巖寺，有僧自西來，號伽羅闍黎，住持此寺。男女老少信慕，敬奉號爲尊師，人人皆求學佛道。辰有一女名蠻娘，亦篤求學道，躬身炊爨，以供養一寺之僧及四方學者，五月間，夜刻短促，蠻娘供給已熟，僧徒誦經未已，未暇食粥，蠻娘坐待假寐于山房，迨各僧誦罷，各歸本房，蠻娘當門獨臥，僧闍黎步過其身，蠻娘欣然心動，胞裏受胎，三四月間，蠻娘有慚色而歸，僧闍黎亦羞而去，至三岐路江頭寺居之。」大南一統志卷三九北寧省下，寺觀類的延應寺條略云：「按法雲佛，傳士燮爲太守，治羸𨻻城，僧丘陀羅寓城之西，有一修女阿蠻者，僧溺觸之，有娠生一女，僧納之深山大樹中。」

註十：嶺南摭怪卷一夜澤條，述「雄王」的三世孫的女兒僊容娘娘與褚童子婚後「童子遂與商人同出，海外有山名瓊圓山，山上有小庵，有小僧名佛光，傳法於童子，童子遂留聽法，僧人乃贈童子一杖一笠。童子回，具以佛道告僊客，遂棄市肆商業，相與遊方，尋師學道。立杖覆笠以自蔽，迨夜三更，現出城郭，珠樓玉殿，臺閣廊廟，府庫廟社，別成一國。」按，雄王在位據越南的史書是相當於中國殷、周之世（全書卌一卷一鴻龐紀），這神話所述，是越南人在海外遇神僧學佛，是否印度 **Kalinga** 移民在南海傳播佛教的反映？是注得注意的問題，當另爲文論之。

註十一：參陳觀勝先生 **Buddhism in China：A Historical Survey** 一書頁二一七，及僧史畧卷中僧道班位條。

註十二：見友人龐君聖偉論三國時代之大族一文頁一九六至二〇〇（刊新亞學報六卷一期），及呂士朋先生北屬時期的越南一書第三章第五節「交州的文風和學術」。

二　李朝

第一章　李朝僧徒與政治的關係——兼論儒學的抬頭

黎嵩越鑑通考總論（在大越史記全書卷首）論李朝之失有云：

> 李太祖因臥朝之失德，乘時啓運，遷都定鼎，敬天愛民，天下晏然。然聖學不聞，儒風未振，僧尼半於民間，佛寺滿於天下，非創業垂統之道也。

黎嵩視李朝立國之初便崇尚佛教爲「非創業垂統之道」，按越鑑通考撰於後黎襄翼帝洪順六年（一五一四），已在李朝創業的順天元年（一〇一〇）的五百年後（註一），當時越南士人對佛教的觀感已變（詳後），所論未得李朝之實。因爲李氏之能取代前黎；並維持二百一十五年的天下，始終是靠着佛教的支持。李朝的開科取士，始於第四代的仁宗朝，在此以前，帝王諮議政事的顧問是僧人，綱目卷三引陳驤騰名節錄；指出未有科舉之前「雖聰敏之士，亦由釋道簡知」始得爲官。即使在興立科舉之後，仍有視僧人爲政治顧問的事例。本章就是專論李氏歷朝僧人實際參政的情形，以見佛教對越南獨立初期歷史所佔的比重。而儒學因設科舉後遂漸抬頭，也是日後陳、後黎兩朝文人政治發展及其取代佛教政治影響力的張本，故合論之。本章題目雖稍有牽合之嫌，而實上由於彼此間的微妙關係，是不妨一起論述的。

1. 萬行法師與李朝的創業

全書冊三卷二李太祖紀頁二畧云：

順天元年（一〇一〇）秋七月，帝自華閭城徙都于京府大羅城，改其城曰昇龍城，於城外起興天御寺，城外離方；創造勝嚴寺。黎文休曰：李太祖即帝位，甫及二年，宗廟未建，社稷未立，先於天德府創立八寺，而度京師千餘人爲僧，則土木財力之費不可勝言也。豈非浚民之膏血歟！而太祖垂法如此，宜其後世百姓太半爲僧，國內到處皆寺，其源豈無所自哉！

按，黎文休是陳朝紹隆十五年（一二七二）撰大越史記的史家（註二），去李朝時代最近，而黎氏指出李朝歷代所以崇尚釋教，是由於李太祖「垂法如此」。若從李太祖的出身和受教育等經歷看，其世代奉佛及獎掖佛教是必然的發展。綱目正編卷二黎龍鋌（臥朝帝）紀景瑞二年條畧云：

（臥朝帝崩，李公蘊自立後）追尊父爲顯慶王，母范氏爲明德皇太后。帝母范氏遊蕉山寺，遇神人交，因而有娠，以丁太平五年甲戌生帝，年三歲，古法寺僧李慶文養爲子，因姓李。

謹按：其本生父不知所出。

李太祖之所以姓李，蓋緣於僧人李慶文的收養，是他在孩提時已受佛教環境的培養。加之他的受教育亦在佛寺，全書冊三卷二李太祖紀頁一A畧云：

爲兒時遊學六祖寺，僧萬行見而器之（綱目正編卷一黎龍鋌景瑞二年條稱李太祖「幼常受業於僧萬行」，萬行異之」），曰：此非常人，強壯之後，必能爲天下明主也。及長，不事生產作業，惟涉獵經史，慷慨有大志。

不獨此也，他所以能取代前黎而有天下，也是受這位萬行法師的鼓勵。全書冊三卷一黎臥朝帝紀頁一九（綱目正編卷一黎紀畧同）畧云：

> 景瑞二年（一〇〇九）冬十月，帝崩。是月癸丑日，（左親衛殿前指揮使）李公蘊自立爲帝。先是古法州延蘊鄉木綿樹震，鄉人詳認震迹，有文曰：「樹根杳杳，木表青青，禾刀木落，十八子成，震宮見日，兌宮隱星，六七年間，天下太平，」僧萬行私自評曰：「根者末也，猶臣也。青菁聲相近，青當作菁，盛也。禾刀木，黎字也。十八子，李字也。震東方也，日猶天子也。兌西也，星猶庶人也。此言君夭臣盛，黎落李成。」乃謂李公蘊曰：「近者臣覩符讖之異，知李氏壯盛，而興業必矣。」公蘊懼語泄，遣其兄將萬行匿于蕉山，然亦以此自負，始萌覬覦神器之心，而人亦附焉。

歷來建國者每託於符讖，李氏的創業史有如此記載亦不爲奇，而必由萬行法師據易經爲之解說聳湧！李太祖恐怕事泄而匿萬行於蕉山，蕉山是太祖母親得娠之地，大抵史書暗示李公蘊匿僧於老家，以便他暗中替自己策劃篡位大計。而這些「大計」不免包括拉攏佛教在內，嶺南摭怪卷三冲天昭應神王傳畧云：

> 按古法（寺）記，多寶禪師重於修寺觀。初時太祖潛龍辰，知多寶之高行，亦相與從遊。及受禪後，親幸其寺。

這便是即位前拉攏僧徒的證據，而保存於記載神話的書中。

及李朝既建，全書僅於卷三太祖紀頁六A順天十六年（一〇二五）條提及「僧萬行死」，再不見有關這位法師的記載。而大南一統志（以下均簡稱稱「一統志」）卷三九北寧省下，僧釋類畧云：

阮萬行，東岸人，幼超異，該博三學。出家，精於禪，發語多爲符讖，黎大行常召問，李太祖拜爲國師，事詳史記。

一統志稱李太祖拜萬行爲國師之事見於「史記」，今本大越史記全書無此記載，而志稱萬行姓「阮」，則也許是指示所據屬何種「史記」的綫索。陳師孟毅爲檢示全書冊四卷五陳太宗紀頁四B署云：

建中八年（一二三二）夏六月，頒國諱廟諱。元祖諱李，因改李朝爲阮朝，且絕民之望李氏也。

陳朝借避諱來「絕民之望李氏」，凡有關文獻書「李」字的均改寫爲阮（註三）。今一統志所據的「史記」稱萬行姓「阮」，很可能此即黎文休於陳朝所撰的「大越史記」，那就是說，萬行本來與李太祖同姓，而爲黎氏避諱所改。若仕邦的推論不誤，則萬行幫助李太祖，還有「同宗」的親切關係。據志所引的「史記」，萬行於黎朝時已爲帝王召問，久已接觸政治了。

至於國師的任務，前已考知是越南帝王的政治顧問，則李太祖建國後，萬行法師仍然是替他策劃治國的謀主！

現今南越共和國首都西貢，有越南佛教聯會（Unified Buddhist Church of Vietnam）創辦的萬行佛教大學（Van Hanh University），校長釋明珠博士（Dr. Thich minh Chau）過港時曾爲仕邦言及大學的命名是爲了紀念這位千載以前的高僧。則歷來越南佛教界對萬行法師政治成就欽儀景仰的深切，可見一斑。甚而現今南越僧侶的干政活動，亦可自此找到其淵源（註四）。

2. 李太宗對僧徒的籠絡

太宗李佛瑪入繼大後，他跟父親李太祖一樣，表現得奉佛甚篤，黎嵩越鑑通考總論稱他：

勇知兼全，征伐四克，習禮樂之文，爲守成之令主也，然耽於僊遊詩偈之禪，惑西天歌調之曲，非經國子民之道也。

由於未獲見武瓊的越鑑通考，不知黎嵩據以論述的史料底內容（註五）。全書與綱目均不載太宗有國師輔政，一如萬行之於李太祖，而僧人參與政治活動的史料，也僅有綱目正編卷二李太宗紀所載：

通瑞二年（一〇三五）十一月，將軍阮慶等謀反伏誅。先是慶與義弟都統譚碎狀，僧胡氏及皇弟勝乾、太福等謀反，慶、碎狀及僧胡氏皆伏誅。

這一條而已。並且，這屬於反對太宗的政治活動。不過，太宗朝僧徒對政治影響的記載缺乏，並不表示佛教勢力在這方面的減退。另一方面，太宗本人固然樂於建寺、鑄鐘和造像（見後章），而僧人造祥瑞媚帝之事，也多見於這一朝。全書冊三卷二李太宗紀畧云：

天成五年（一〇三二）春二月，雷公觀前釋迦寺優曇樹開花。

通瑞元年（公元一〇三四），是歲古法州法雲寺僧休上言，寺中放光數道，尋光掘之，得一石函，內有銀函，銀函之內有金函，金函之內有琉璃瓶，瓶中有舍利。帝遣迎入禁中，觀畢還之。

通瑞二年（一〇三五），詔發銅六千斤，鑄鐘置於重光寺，鐘成，使人拽送之，其鐘不待人力，自能移轉，頃刻間至其寺。

通瑞四年（一〇三七）秋七月，烏路桑中古佛湧。

通瑞五年（一〇三八）九月，神人見跡於大勝寺。

從天成五年至通瑞五年的七年間，接連出現五件與佛教有關的祥瑞，全書於記述大鐘自移轉一事之後，引吳士連的史論（在頁十四B）畧云：

史臣吳士連曰：凡物方則止，圓則行。鐘之行，以其形之圓也。蓋曳其行，而有不勞人力者。寺僧欲神其教，乃誑言颶之爾。其曰神人迹、舍利光、優曇花、古佛湧之類，皆出僧徒之言，當時秉史筆者，不揆諸理，從而書於册也。

後世史家指出所有祥瑞都是僧人假造，何以當時秉史筆者書之史策而不疑；這固然是反映出那時候佛教氣氛瀰漫的程度，而李太宗不特被黎嵩稱爲「勇知兼全」而又「習禮樂之文」的皇帝，且全書册三卷二李太宗紀頁十一稱：

帝沉幾先物，同符漢光（武），征伐四克，比迹唐太（宗）。

同書同册卷頁二三畧云：

史臣吳士連曰：史稱帝仁哲通慧，文武大畧，六藝無不精諳，惟其有此才德，故能有爲。

他既然是個文武兼全的英明君主，則接受僧人所獻的祥瑞，不見得是佞佛，而是跟建寺造像，同樣是爭取佛教支持的一種手段。太宗是李朝第二代君主，李朝能有二百餘年天下，他的政治手段對奠定日後的政權，是有一定作用的。而太宗許多獎掖佛教的行爲中，影响越南佛教最深遠的，厥爲自焚的鼓勵。全書册三卷二李太宗紀頁十三（綱目卷二所述過簡，不錄）畧云：

天成七年夏四月，改通瑞元年（一〇三四）。時有嚴寶性，范明心二僧，焚身盡成七寶，詔以其寶留於長聖寺，供以香火。帝以其異，改元通瑞。史臣吳士連曰：佛家之說，有謂舍利者，乃焚身時精氣所聚之精，不爲火所滅之物，相傳以爲學佛成，身化爲此。世人以不常見而異之，帝惑之，因而改元。自時厥後，好名之人，祝髮爲僧，忍耐受死，如智通之類，多矣。

按，在中國的僧徒生時燒身或示寂後行荼毘法（火葬）而得舍利，是僧史上常見的記載。雖然高僧的舍利往往很受帝王尊重，然而向來沒有被重視到因此改元；一如越南李太宗那樣的。在古代，帝王改元是一件大事，此舉固然給予當時的佛教徒很大的鼓舞（通瑞元年至五年那四次僧人僞造祥瑞，恐怕也緣於受這鼓勵而引發），而吳士連是黎聖宗時的史家，在李太宗身後四百餘年（註六），而稱「自時厥後，好名之人，祝髮爲僧，忍耐受死」，則越僧生時自焚（忍耐受死）以博取名譽似乎從此成了四百年來的傳統作風，其自焚動機也不似中國僧徒的「忘身」行動，一如冉雲華先生 Buddhist Self-Immolation in Medieval China 一文（註七）之所論了。而且，近年來南越發生的僧人以自焚方式向吳廷琰政府抗議的壯烈行動，恐怕亦淵源於此。

至於吳士連提及的智通，是陳仁宗至陳明宗時的僧人，事跡見全書冊四卷六陳英宗紀頁十六A。

3. 草堂法師與李聖宗

安南志畧卷一五人物（頁一四六）畧云：

陳覽，李聖王近侍官也。王構閣江中，聽草堂法師傳法，覽藏身筏下竊咱（聽？），王覺，欲以槍梭鏦之，師止曰：彼亦有緣，毋庸殺也。即授覽以法水。

史文以後繼述陳覽得法後屢次被李聖宗刁難，都靠着自己的法術解救的事，因與本文無關，恕不具引。李聖宗雖有跟草堂法師學習密宗法的可能，故需構閣江中以防旁人參聽。而陳覽即使竊聽，李聖宗又何致動了殺機！安南志畧同卷頁一四七方外條畧云：

草堂，隨師父客占城，昔李聖王攻占城獲之，與僧錄爲奴。僧錄作語錄置几上而去，師竊改之，僧錄異其奴，聞於王，遂拜爲國師。

草堂既然是李聖宗的國師，則構閣江中的所謂「傳法」，很可能是諮議國政時的烟幕，草堂本屬占城俘虜，而占城（今越南順化一帶）在古代跟紅河流域的越南王朝是世代的死敵，據法國馬司培羅氏占婆史一書所考，知李聖宗於神武元年（一〇六九）伐占城大勝，虜其王律陀羅跋摩三世，占城國中大亂，十王競立，互相攻伐（註八）。則李聖宗與草堂商議的，說不定就是欲乘其內亂而計劃再侵占城，由於草堂自彼國來，故找他在一隔離地點詢問占城內情。仕邦所以作此推測，因爲草堂改越南僧錄所作的語錄而受知，他的本領是佛家理論而非禁咒術法，而且安南志原卷三仙釋類中的草堂傳稱：

草堂禪師，最有道行，精通佛典，李王拜爲師，後端坐而化。

是另一史料，也僅記草堂「精通佛典」而非法術，更見傳法一說是烟幕作用。若以上推斷不誤，則李聖宗對陳覽始終惡感，恐怕也緣於曾竊聽「國家最高機密」之故。

4. 枯頭國師與李仁宗 空路、覺海、徐道行附

全書卷三李仁宗紀頁七A畧云：

廣祐四年（一〇八八）春正月，封僧枯頭爲國師，置十火書家。

本注曰：或云賜之節鉞，與宰臣並立殿上，處斷天下事務詞訟。未必有也。蓋是時仁宗崇佛，封爲國師，詢以國事，如黎大行之於吳匡越爾。

這條史料很重要，靠着它，「國師」參與國事的職任才得到明確的證據，雖然注文指出枯頭國師領節鉞處斷天下事務詞訟爲「未必有」，但必緣於國師在朝廷上佔着重要的政治地位，才有此傳說。綱目正編卷三李仁宗卷所載與此畧同，而稱：

枯頭，僧名或號？未詳。

像這樣重要的一位政治人物，史書連他的法號是甚麽都弄不清楚，越史早期記載的簡畧，良可慨歎！

不過在仁宗時代，倒有幾位跟宮廷關係甚深的僧人，由於生平有神異事迹而見於其他記載，爰引之作爲當時佛教與政治關係密切的佐證。嶺南摭怪卷二空路、覺海傳畧云：

空路禪師，姓楊氏，乃海清人，與覺海爲道友。（李仁宗）會祥大慶十年示寂，有詔蠲戶三千以奉香火。覺海禪師，亦海清人也，李仁宗辰，嘗與通玄眞人召入蓮花宮凉石侍坐，忽有蛤蚧對鳴，帝命玄以以法止之，玄默咒，先去其一。帝笑謂覺海師曰：尙留一個與沙門師，師即咒其一亦止，帝作讚曰：覺海心如海，通玄道亦玄，神通能變化，一佛一神遷。師由是馳名天下，僧徒傾向。及示寂，詔蠲戶三千，以奉香火，官其二人以褒賞。

覺海禪師見悅仁宗，連他的道友空路禪師也「詔蠲三千戶以奉香火」，優禮名僧，自然是李朝籠絡佛教的一貫政策。

仁宗晚年無嗣，神宗李陽煥以皇侄入繼大統，其事與徐道行禪師連上了神話性的關係。全書卷三李仁宗紀頁九B至頁十A畧云：

會祥大慶三年（一一一二），時帝春秋已高，無嗣，召擇宗室子立爲嗣。帝弟崇賢侯（本注：名缺）亦未有嗣，適石室山僧徐道行至侯家，亦語祈嗣事，道行曰：他日夫人臨誕時，必先相告，蓋爲祈於山神也。七年（一一一六）夏六月，僧徐道行尸解於石室山。先是崇賢侯夫人杜氏懷娠，至是產難，侯追念道行前前日之言，使人馳報，道行即易服澡身，入巖中尸解而逝，夫人尋生得男，即陽煥也。

徐道行在嶺南摭怪卷二和越甸幽靈集都有詳細傳記，均稱他自言托生世間暫爲國王，越史畧卷二記徐道行事畧異，亦說他托生崇賢侯家爲子，仕邦所以引用全書，蓋緣於全書是越南的正史而收此記載，正好是佛教與政治關係深切的有力說明。一統志卷三二山西省下寺觀條頁五四畧云：

天福寺，在安縣柴山社，寺左徐禪像，右李神宗像，中則佛像也。

據此可見李神宗爲徐道行託世之說是如何的深入人心。

5. 阮明空與李神宗

李神宗既既有僧伽託世的傳說，故他對佛教信奉極虔，全書册三卷三李神宗紀，於題目之下的注文中稱他酷好祥瑞，崇尚浮屠。

又於卷中載天順元年（一一二八）眞臘以萬人入寇，爲李公平所敗後「帝幸太清、景靈二宮及城內諸寺院，拜謝佛道冥祐」一節之後，繼引黎文休之言畧云：

夫運籌帷幄之中，決勝千里之外，皆良將臨戎制勝之功也。神宗當告捷大廟，論功於朝堂，以賞（李）公平等克敵之勳，今乃歸功於佛道，臨寺觀而拜謝之，非所以勞有功鼓士氣也。

從上述的記載和史論，都反映出神宗的佞佛。而當時的「國師」是阮明空，全書同卷畧云：

天彰寶嗣四年（一一三五）、帝病篤，醫治不效，僧明空治之愈，拜爲國師，蠲戶數百。

本注：世傳佛徐道行將尸解時，病中以藥咒付弟子阮至誠，即明空，曰：後二十年，見國王遭奇疾，即治之，蓋此事由也。

阮明空以藥咒治病而得爲國師，當然是李神宗寵信的人，其時儒學抬頭不久，在政治上未產生影响力（後見），這位國師無疑是神宗的政治顧問。

李朝一共有九位皇帝（太祖、太宗、聖宗、仁宗、神宗、英宗、高宗、惠宗、昭皇），而前頭五位除了太宗以外，都發現有「國師」輔政，以越南早期史料的缺乏而有此記載，則其國脫離中國後能奠定立國基礎；早期佛教徒所付出的支持力量也可想見。

6. 僧徒的外學修養畧論

僧徒在越南早期的政治上担任如此重要的角色，那些「國師」們雖以神異或符讖之術干進，但襄助帝王治國，則必須有外學的修養。所謂外學，蓋佛教徒向稱本教的經典爲內典，佛門以外的學問爲「外學」，在中國，習慣上所稱僧人的「外學」大抵多指儒學而言。越南是中國文化區域之一，故本文也獨論僧徒的儒學，由於史料有限，這裏僅能大畧地稽勾出一個粗淺的輪廓而已。全書冊三卷三李仁宗紀（綱目正編卷四畧同）頁十三B畧云：

天符睿武元年（一一二〇）冬十月，帝幸應豐省行宮，省斂。十一月還京師，儒、道、釋並獻賀詩。

同書同冊同卷李神宗紀頁二三A畧云：

天彰寶嗣二年（一一三四），石興武兵王玖獻六眸龜，胸上有籀文，詔諸學士及僧道辨之，成「天書下示，聖人萬歲」八字。

獻六眸龜事綱目正編卷四所載畧同，而繫這件事於天順四年（一一三一）。按，這兩宗事可解釋爲僧人通儒學。又全書冊三卷四李高宗紀（綱目正綱卷五畧同）頁十四A畧云：

天嘉寶祐元年（一二〇二），命樂工制樂曲，號占城音，其聲清怨哀傷，聞者泣下。僧副阮常曰：吾聞詩序云：「亂國之音怨而怒」，是敗亡之兆也。

僧人阮常據詩序以論徵兆，頗似萬行法師的據易經來解釋震迹（見首節）。至於僧徒個人外學修養較詳細的記載，在有關李朝史料中僅得一人而已。越甸幽靈集的徐道行大聖事迹實錄（嶺南摭怪卷二畧同）畧云：

徐道行，少時遊蕩，嘗與儒者費生，道士黎全義，伶人潘乙乞相與爲友，夜則勤苦讀書，日則擊球弄笛賭博爲樂。父嘗責其荒怠，一潛窺房內，見殘燈如豆，簡編堆積，道行據案而睡，手不釋卷，由是不復爲慮。

這說明徐道行未出家前，是個勤苦讀書的人。

7. 李朝儒學的抬頭

所謂儒學抬頭，是指越南帝王開科取士之後，漸發展為一如中國的文人政治而言。越南的科舉，始於李仁宗之世，綱目正編卷三李仁宗紀畧云：

太寧四年(一〇七五)，初以三塲試士。選明經學者，以三塲試之；擢黎文盛首選，入侍學，本國科目自此始。陳驥騰名節錄：文盛嘉定東究人，性嗜學，辰未有科舉，雖聰敏之士，亦由釋道簡知。文盛獨好讀書，至是開科，預選十餘人，文盛為之魁，世傳黎氏發魁云。

全書卷三李仁宗紀頁五A，亦記其事，以過畧不引。在未有科舉之前「雖聰敏之士，亦由釋道簡知」，從這句話，可反映出佛教對政治的支配力量。但即使仁宗朝已開科取士，而十四年後的廣祐四年，却正是仁宗重用僧人枯頭為國師(見第五節)之時，儒學一時仍未能在政治上取得地位，直至英宗之世，儒家的地位才稍見增長。綱目正編卷五李英宗紀（全書卷四畧同）畧云：

大定十七年（一一五六）冬十二月，立孔子廟。李初，文廟合祀周公孔子，至是蘇憲誠請另立孔子廟，帝從之，立廟於昇龍城南。

這是儒宗第一次受到重視的記載。同書同卷李高宗紀畧云：

貞符七年（一一八二）春正月，詔求賢良，號李敬修為帝師。敬修內侍帷幄，外則教民忠孝。本註：敬修慈廉雲耕人，原姓杜，賜國姓。英宗末，與（蘇）憲誠輔政，至是號為帝師。

儒士獲「帝師」之稱，是越南開國以來的第一次。按英宗、高宗兩朝都是史書不載有「國師」輔政的朝代，而高宗紀說明當時由李敬修與蘇憲誠輔政，則「帝師」這名號的出現無疑表示儒學抬頭的里程碑。

註一：見全書册八卷六黎襄翼帝紀頁十三A。

註二：見全書册四卷五陳聖宗紀頁二十A。

註三：例如現存的越史畧一書，將李朝改爲阮朝，凡李姓一律作阮姓（如李公蘊作阮公蘊），四庫提要卷六六便據此推斷這部書作於陳朝。

註四：參拙著從歷史根源看南越僧人的干政活動一文，刊中國學人第三期。

註五：歷朝憲章類志卷四二憲章類畧云：「越鑑通考總論一卷，洪順間東閣學士黎嵩撰，時武瓊（越鑑）通考書上進，襄翼帝欲撮其大要以爲總論，便於省覽，乃命黎嵩爲之。」仕邦讀日本岩村允成氏安南通史的引書目，列有越鑑通考，知道這部書至今仍存。

註六：全書册七卷四黎聖宗紀頁九A畧云：「洪德十一年（一四七九）春正月二十六日，令史官修撰吳士連，撰大越史記全書十五卷。」今本全書所採吳士連的史論，當錄自吳氏所撰的同名著作。而洪德十年距通瑞元年（一〇三四）爲四百四十五年。

註七：刊 History of Religions 四卷二期，芝加哥大學出版。

註八：馮承鈞先生譯，商務民五一年九月台一版，頁六六。

第二章　李朝度僧建寺等布施活動及其政治作用

李朝得國靠佛教支持，得國後又要爭取崇信佛教的社會擁護，故帝室對佛教的宗教活動與建設都大力施助，於是一代佛法便大形蓬勃，但相對而言，有利必有弊，本章便是專論李朝布施佛教的政治作用與它的利弊。

1. 度民爲僧的政治作用及其影響

李太祖得國之初，便大規模的度民爲僧，全書冊三卷二李太祖紀畧云：

順天元年（一〇一〇），黎文休曰：李太祖即位，甫及二年，宗廟未建，社稷未立，先於天德府創立八寺，而度京師千餘人爲僧，至有毀形易服，破產逃親，百姓太半爲僧。

五年（一〇一四）夏五月，石（當作「右」）街僧統沈文苑奏請立戒場於萬歲寺，賜僧徒受戒，可其奏。

同書同冊同卷畧云：

順天十年（一〇一九）春正月，詔度天下人民爲僧（綱目正編卷二畧同，而增「先是度京師百姓，至是又度天下民」）。

度民爲僧雖然始於順天元年，而五年後纔立戒場替出家的人受戒，大概由於元年時立國伊始，所以詔令僅發出而未能執行。但再過五年後，却更從「度京師千餘人爲僧」推廣而爲「度天下人民爲僧」了。

李太祖以後，政府度民爲僧的記載，僅有全書冊三卷三李神宗紀頁十九A稱：

天順元年（一一二八）夏五月，度老兵都曹武袋等四人爲僧。

一條而已，比起建國初年的規模，不啻霄壤。原來李太祖兩次度僧，是他取代黎氏政權後的一種討好佛教也同時是討好老百姓的兩面手法，因爲度民爲僧，使僧人數目增加，是僧伽團體所高興的事，而編戶之民一經落髮受戒，便不用負担對政府的租稅，也是使老百姓高興的事。出家後不必付租稅，今謹借用李朝以後的史料作證明，黎朝詔令善政卷四禮屬下，載黎玄宗景治元年（一六六四）七月的「申明教化條例令」，此令共分四十七梅，其第三十梅中有如下一段話：

男女不得爲僧尼，避居弗（佛）寺，躲避租稅。

托爲僧尼既然可以躲避租稅，而就仕邦所見的黎朝史料，均不載何時僧尼開始免繳租稅，可見出家人享有這豁免權是向來如此。不然的話，百姓又何至樂於出家？可見李朝時僧人亦有此豁免權，其情形跟中國佛教一樣。

李太祖除了在順天元年度京師民爲僧之外，還在同年免天下三年的稅，全書冊三卷二李太祖紀畧云：

順天元年（一〇一〇）冬十二月，天下三年諸稅，孤寡老癃積年欠稅籍者，並蠲除之。

寬免三年各種稅項和不收欠稅，與度民爲僧使避租稅（出家後終生不必付稅），同樣是新政權以經濟措施來爭取民心的政治手段。越南民間既然崇奉釋教，此舉當然能夠收到很大的効果。

除了度民爲僧以外，同時亦有提高僧人地位的措施。全書冊三卷二李太宗紀頁十A畧云：

（太宗）天成元年（一〇二八）十一月，置僧道階品。

按，丁朝創業之初，即立僧道階品，本文的導論已論述過了，現在李朝又再爲僧道置階品。這兩次置階品的內容雖不可考，但「階品」兩字包含「此高彼下」或「此先彼後」的意思，太宗於繼位之初就有如此措施，也許正是繼承太祖的遺策，重新釐定僧道階品而將僧人地位提高，而爭取佛教對其政權的擁護。從李朝創業的背景看，太宗此舉是有此可能的。

至於李朝對僧人如何管理？由於史闕有間，今已不能詳。前引順天五年條有「右街僧統沈文苑」，又前章論僧人外學，引全書李高宗天嘉寶祐元年條有「僧副阮常」，大抵沿黎朝之舊，立僧統僧副以管理天下僧尼。

佛教既經李朝帝室的獎掖，結果便有黎文休所論的「百姓太半爲僧」，李朝對佛教勢力的澎漲，除了置僧官管理之外，有無其他制抑之策？雖然李氏每每委任僧人爲參預政事的「國師」，但對佛教的過份發展，從現存的有限史料中，仍可爬梳出政府如何應付的一點綫索來。全書册三卷三李仁宗紀（綱目正編卷三畧同）頁七A畧云：

> 廣祐四年（一〇八八）春正月，定天下寺爲大、中、小名藍，以文官貴職兼提舉，時寺有田奴，庫物故也。

史稱以「文官貴職兼提舉」的原因是「寺有田奴、庫物」，這種寺院財產的來源，在中國的情形是僧徒一方面不必向政府繳納租稅，另一方面，富有的檀越向寺院布施求福，寺院既收到大量的金錢或田產；一般善信男女入寺行香，多少也有點捐獻，於是漸漸由於積存財物過多，發展成寺院從事經濟活動，如蓄養佃奴替僧人耕種寺田，利用檀越的財施號營商業或典當業等（註一）。越南是中國文化活動的區域，現在越南寺院既有「奴田」和「庫物」，恐怕寺院經濟的發展與中國相同。

寺院既有經濟力量，李朝政府便委派「文官貴職」兼寺院的「提舉」。按黎臥朝帝時曾「改文武臣僚僧道制及朝服，一遵於宋」（見第一章），而宋代的提舉官近於現代的所謂「督辦」（註二），兼有「監督」及「辦理」的任務，換言之，李朝寺院經濟是由政府「提舉」。至於如何施行，則今已無法考究。不過可注意的，是廣祐四年同時也是李仁宗重用僧人枯頭爲國師的年份（見第一章第四節），這說明李朝一方面拉攏僧人參加政治，但另一方面，也派俗家官貴去監視寺院，並非完全對佛教放任的。

除了對寺院經濟加以提舉外，對人民出家後來也施限制，綱目正編卷五李高宗紀（全書册三卷四頁十三B畧同）畧云：

天資嘉瑞十年（一一九五）春二月，初試三教，以、儒、道、釋試士，中者賜出身。

按，李朝於仁宗世已開科取士（見前章第七節），故試儒不爲奇，而僧道亦要經考試賜出身。大抵當時出家已濫，故政府師法中國的舊規，要有意出家的人通過考試始發給度牒（註三）。考試而外，更有沙汰。全書册三卷四李高宗紀（綱目正編卷五畧同）頁十三B畧云：

天資嘉瑞十三年（一一九八）春正月，詔沙汰僧徒，從譚以蒙之言也。

這是越南史書上出現「沙汰僧徒」字樣的第一次，沙汰僧徒當然跟僧徒猥濫有關，而這一提議出自譚以蒙之口，史稱譚氏「不學無術，柔懦不斷，政事日隳。」（註四），以這樣一位大臣而有如此建議，恐怕「後世百姓太半爲僧」的問題到了後期已眞正威脅到李朝的經濟和社會，故任何負行政責任的人都躲不開這問題。加上其時儒學開始抬頭，故終有沙汰僧徒之詔。然而當時已切實執行此詔？還是這僅屬一紙具文？現已無從考究了。

2 施助建寺造鐘像及其政治目的

黎嵩越鑑通考總論畧云：

大抵李、陳之亡，雖由綱常紊亂，亦由異端之蠱惑。發庫錢而造佛像，發庫銅而鑄洪鐘，發庫紙而寫佛經，李朝之事佛謹矣。然殺李氏之子孫者，纔出陳守度之兇險，而佛不能救。

黎嵩之論完全是站在儒家立塲的反佛口吻，而指斥李朝以國家財力從事鑄鐘寫經以求福祐，其實除了信仰的原因外，還有它的政治作用存在，現在分別排比史料，論之如下：

綱目正編卷二李太祖紀（全書册三卷二頁二至三畧同）畧云：

順天元年（一〇一〇）春二月，建寺于天德府。發錢二萬緡，建寺八所，皆立碑記功。又於昇龍城內造興天御寺，太清宮，萬歲寺；城外造勝嚴天王寺，錦衣、龍興、天光、天德諸寺。諸鄉邑寺觀有頹毁者，悉令修之。

全書三卷二李太祖紀畧云：

順天元年，是歲發府銀一千六百八十兩，鑄洪鐘，置大教寺。

順天五年（一〇一四）冬十月，詔發府銀八百両，鑄鐘二口，置於勝嚴寺及五鳳星樓。

順天七年（一〇一六）春三月，起天光、天德二寺及塑四天王像。

順天十年（一〇一九）發金銀鑄洪鐘，置興天，大教、勝嚴諸寺。

順天十四年（一〇二三）秋九月，建眞教寺。造寺於城內，令僧誦經，帝臨幸觀之（全書卌三卷二頁六A作「順天十五年（一〇二四）秋九月，造眞教禪寺於城內，以便幸覲誦經」）。

以上是太祖一朝的布施興福。

綱目正編卷二李太宗紀畧云：

天成四年（一〇三一）春正月，驩州人叛，二月帝親征，降之。秋八月，寺觀成，大赦。初，帝還自驩州，命造寺觀九百五十所，至是成，設法會，大赦天下。

全書卌三卷二李太宗紀頁十四畧云：

通瑞二年（一〇三五），詔發銅六千斤，鑄鐘置於重光寺。

綱目正編卷二李太宗紀畧云：

通瑞三年（一〇三六）春正月，大願佛像成，設慶會於龍墀，大赦天下。

全書卌三卷二李太宗紀畧云：

乾符有道二年（一〇四〇），先是人令工匠造雕佛千餘像，畫佛千餘軸、寶幡萬餘頂，至是工畢慶成（綱目正編卷二畧同，而增「至是成，設會大赦，免徒流人罪，賜天下稅錢之半」一節）。

乾符有道三年（一〇四一）冬十月，帝幸僊遊山觀。起慈氏天福院，及還，詔發銅七千五百六十斤，鑄彌勒佛；海淸、功德二菩薩及鐘，置於其院。

天感聖武六年改元崇興大寶元年（一〇四九）冬十月，造延祐寺。初帝夢觀音佛坐蓮花台，引帝登台，及覺，語羣臣，或以爲不祥，有僧禪慧者，勸帝造寺，立石柱於地中，構觀音蓮台于其上，如夢所見，僧徒旋繞，誦經求延壽，故名延祐（綱目正編卷二畧同）。

以上爲太宗一朝的布施興福。

仕邦按，太祖和太宗是開國之初的兩位君主，他們以國家財力替佛教建寺造鐘像，除了本身出自佛教家庭的宗教熱忱外，自然還帶着討好佛教；使他們擁護自己統治權的用心在。

自茲以降，由於家庭信仰加上祖宗垂法，布施興福竟成了李朝的一貫政策。今繼續摭輯有關史料以見。全書冊三卷三李聖宗紀畧云：

龍瑞太平二年（一〇五五）夏四月，造崇慶寺，報天寺，發銅萬二千斤，鑄洪鐘，帝親銘文（綱目正編卷三畧同）

龍瑞太平四年（一〇五七）正月，築大勝資天寶塔，高數十丈，其制爲十二層，本注曰：即報天塔也（綱目正編卷三則稱「造寺於報天坊，築塔十二層」，註云：「報天坊，在何內壽昌縣仙市村，古寺遺跡猶存」，則「報天」乃地名，非建塔來「報答天恩」之意）。冬十二月，起天福、天壽二寺，以黃金鑄梵王、帝釋二像。

以上是聖宗一朝的布施興福。

全書冊三卷三李仁宗紀（綱目正編卷三、四畧同）畧云：

龍符五年（一一〇五）秋九月，帝重修延祐寺，增於舊貫，浚蓮台池，名曰靈沼池，池之外繚以畫廊，廊之外又疏碧池，並駕飛橋以通之。庭前立寶塔，以月之朔望，及夏之四月八日，車駕臨幸，設祈祚之儀，陳浴佛之式，歲以爲常。

會祥大慶六年（一一一五）春正月，時帝無嗣，故多立皇后及宮人，設醮以禱之。太后構興佛寺，前後百餘所（綱目正編卷四增「又發內府錢贖貧女之典命者嫁鰥夫」一句）。

會祥大慶九年（一一一八）二月，眞臘國使朝見，設春筵宴禮，及慶成七寶塔會，詔有司備儀仗于靈光殿，偕引使觀之。秋七月，占城來貢，九月辛巳，設慶成勝嚴、勝壽寺千佛會，使占使觀之。

以上爲仁宗一朝的布施興福。

從此之後，帝室在這方面的活動大爲減少，綱目正編卷四李神宗紀畧云：

天彰寶嗣五年（一一三七）秋九月，靈感寺成，赦。先是廣嚴、資聖寺成，設法會，赦罪人，至是慶成。

全書册三卷四李英宗紀頁八A——九A畧云：

大定二十二年（一一六一），造古州法雲寺。

政隆寶應七年（一一六九），重修眞教禪寺。

除了神宗、英宗兩朝之後，以後李氏各朝再不見有關記載。按，神宗有徐道行禪師托世的傳說（見前章第四節），而經他手建的佛寺如此的少，這正意味着越南寺院經過歷代建置之後，已漸漸飽和。至於英宗建寺之少，則另有原因，綱目正編卷五李英宗紀畧云：

大定十七年（一一五六），作御天行宮。吳仕曰：按英宗紀舊編，書建廟二，起祠三，造舟六，建寺修寺、築壇開門、造庫修橋各一，宮殿營第之工十。而臺閣之壯麗，池亭之宏廣，莫如是役之繁者，李氏之澤，至是盡消靡矣。

據吳仕所言，始知英宗並非不浪費奢侈，而是他對建造的興趣轉移其他方面，故造寺修寺各僅一次而已。

李朝的建寺造鐘像，從上面的史料看，除了家庭傳統的宗教信仰和帝王求福（如太宗的祈壽，仁宗的求嗣）的原因外，其作用還有：（一）自鳴勝利。如太祖之得國後與李太宗平驩州之亂後的表現。（二）誇示外國，如仁宗請眞臘及占城使者參觀新落成的大寺、寶塔等，以誇示本國文化和財力。（三）臨幸遊玩之所，如太祖造眞教寺以備自己幸覲誦經；仁宗重修延右寺的富麗堂煌是。綱目正編卷五李英宗紀，描述英宗的御天行宮如下：

大定十七年（一一五六），作御天行宮。造行宮於御天，建瑞光殿，照雲閣，凊和門，儀鳳階，延富閣，賞花亭，玉花階，又浚金蓮池，造明月橋，備巡幸也。

此行宮的構造，若跟前述李仁宗時延祐寺重修後有飛橋碧池比較，二者甚爲相近，可知仁宗頗有意借寺院爲行幸之所，黎文休稱李朝「佛宮壯麗，倍於宸居」（註五），信焉。而多建寺院後，崇奉佛教的人民心更熱心於行香禮佛，這對李氏政權的鞏固，是有一定作用的，這也是太祖太宗以後諸帝繼續熱心興福的政治原因。

3. 從書寫佛經看越人對中國的觀感

李朝建國初期，曾好幾次向中國請大藏經，而國內也曾有好幾次如黎嵩所論的「發庫紙而寫佛經」之事，這兩件事之間是有關聯的，全書册三卷二李太祖紀畧云：

順天九年（一〇一八）夏六月，遣員外郎阮道淸，范鶴，如宋乞三藏經。十一年（一〇二〇）秋九月，阮道清使回，得三藏經，詔僧統費智往廣州迎之（綱目卷二畧同）。

順天十四年（一〇二三）秋九月，詔寫三藏經，留於大興藏。十八年（一〇二七）秋八月，詔寫大藏經。

同書同册同卷李太宗紀畧云：

通瑞元年（一〇三四）秋八月，遣員外郎何授、杜寬以馴象二遣于宋，宋以大藏經謝之（綱目正編卷二畧同）。

通瑞三年（一〇三六）二月，詔寫大藏經，留於重興藏。

從上面的史料看，每次向宋朝請來大藏經，都重行抄寫一次保存，何以故？宋會要第一九七册蕃夷四交趾條畧云：

元豐五年（一〇八二），詔賜交趾郡王李乾德（即李仁宗）釋典一大藏（頁七七三三下）。

元祐二年（一〇八七）五月，交州南平王李乾德言，乞釋典一大藏，詔印經院印造賜之（頁七七三四上）。

從中國方面記載，始知越南重寫佛經之故，原來北宋賜給外國的佛經都是印刷品，而照佛家的觀念，佛經要經過手抄纔顯得敬信的虔誠（註六），李氏篤信佛教，故有重抄之舉。此外，還有一個民族自尊心的問題，全書册三卷二李太宗紀畧云：

乾符有道二年（宋康定元年，公元一〇四〇）二月，帝旣教宮女織成錦綺，是月，詔盡發內府宋國錦綺爲衣服頒賜羣臣，以示不服御宋國錦綺也。

越人能自織錦綺後，便不願再穿中國宋朝的轉來品，以此例彼，越南向宋請經，多少是小國對大國討好的手段，並不見得有逼切需要，每次得到宋藏後；不久即有下詔寫經之舉，很可能也是這種心理的表現，從此可稍窺越人對中國的離心力。

4. 法會釋囚與政治上的奪權鬥爭

李朝由於宗教信仰與政治理由， 熱心於度僧建寺， 並且往往借着建寺塔或造鐘像落成而舉行法會並赦罪人，前已言及。法會是一種布施行爲，因爲不但可供養會中誦經禮拜的僧徒，並且借此釋囚，也是善舉。而越南歷史上，竟會出現過借着這善舉而進行政治上的奪權鬥爭，很突出地顯示着越南佛教與政治關係的緊密，不可不於此述之。

這件事，就是李英宗的母親黎太后救她的情夫杜英武所採的手段。綱目正編卷五李英宗紀（全書冊三卷四畧同）畧云：

> 大定十一年（一一五〇），杜英武有罪，下吏治。帝初即位， 事無大小，皆决於英武。英武出入宮禁，與黎太后私（註七），因益驕，在朝廷攘臂厲聲，頤指使氣，衆皆側目， 莫敢言者。殿前指揮使武帶等與智明王、保寧侯、駙馬郎楊嗣明等，謀收捕之。初帝聽英武獄，配田兒（註八），太后憂悶， 思以復之，乃屢設大會赦罪人，冀英武預焉，英武竟以累赦免，復爲太尉，輔政如故。自是寵幸益隆，禍福生殺皆出其手，日以報怨爲事。

這次的奪權鬥爭，是宮廷侍衛領袖連絡了王侯駙馬要收拾權臣杜英武，他們聲勢不謂不大，却輕易給黎太后以「佛法」破解了。所謂「累赦免」者，通常政府的大赦，是大罪減刑而小罪釋放，黎太后拚命做法事，於每次法會後均借這籍口來赦囚，於是杜英武便屢蒙減刑，直到免罪而「復爲太尉」，並且「寵幸益隆」，憑着權勢「日以報怨爲事」。杜英武的政敵們何以眼看着黎太后用這手段救人而束手無策？這完全是吳士連所指的「崇佛之過」（註九）。蓋李朝一貫好興立功德，現在太后做法事供養沙門固然是功德，釋囚爲良更是功德，其他的人是沒有理由反對或干預的。

註一：參陳觀勝先生 **Buddhism in China: A Historical Survey,** 一書頁二六一——二七一，及全師漢昇宋代寺院所經營的工商業一文（刊國學季刊六卷三期）。

註二：參宋史卷一六七職官志的提舉坑冶司、提舉市舶司、提舉學事司、提舉三白渠公事、提舉弓箭手等條，史文從畧不引。

註三：同註一引陳觀勝先生書頁二四六。

註四：全書冊三卷四李惠宗紀頁十七B。

註五：全書冊三卷二李太祖紀頁二B。

註六：大般涅槃經卷六如來性品畧云：「若有衆生於八恒河沙等佛所，發菩提心，然後乃能於惡世中不謗是法，受持讀誦書寫經卷，亦勸他人令得書寫。」大集經卷二一寶幢分中護法品畧云：「釋迦如來滅度之後，隨有是經流布之處，若有聽受、持讀、誦說、書寫經卷，乃至一偈一句一字，而其國主，一切惡事即得消滅，所有樹木穀米藥草，四大天王降施甘露，而以益之。國土王法悉得增長，鄰國惡王勤求和同。」大般若波羅蜜多經卷四四〇第二分魔事品第四四畧云：「諸善男子善女人等，書寫般若波羅蜜多甚深經時，頻中欠呿，無端戲笑，互相輕凌，身心躁擾，文句倒錯，迷惑義理，不得義味，當知爲菩薩魔事。」以上所引釋典，都足以說明佛家鼓吹抄寫佛經的福田饒益和應有的敬信態度，其中般若經魔事品中所述抄經時的輕浮態度，法苑珠林卷一七敬法篇引用時列入「謗罪部」。

註七：綱目正篇卷四李英宗紀畧云：「大定元年（一一四〇）春三月，以杜英武爲宮殿令，知內外事。英武杜太后弟，黎太后親信之，故授是職。本注云：杜太后神宗母，黎太后英宗母。吳仕註：英武狀貌豐偉，善舞能歌，八歲選補上林弟子，十六歲，神宗擢入內侍帷幄，黎太后見而悅之」云云。

註八：綱目正編卷四李神宗紀畧云：「天順元年（一一二八）春正月，大赦，配役田兒、路翁者竝宂。本注：吳仕史註：田兒、路翁皆徒役名，其法今不可考。」吳仕，據一統志河內省的「人物」條稱他爲「景興正進士，撰越史標莱，案自鴻龐至陳，多所發明。」景興是後黎顯宗年號，其二年爲公元一七四二，去李神宗之世六百餘年，當時對「田兒」已僅知屬徒役的一種，這種刑罰的內容，至今更不可考了。

註九：見全書卌三卷三李仁宗紀。

三　陳朝

第三章　陳朝弘揚佛教的政治原因與帝室敬信的眞正態度

黎嵩越鑑通考總論畧云：

陳家歷代，凡十二帝，以堂堂之天子，而爲竹林之禪，以天子而爲大士，以妃嬪而爲丘尼，以王主而爲僧衆，陳家之事佛篤矣。然殺陳氏之宗室者，皆出於胡季犛之奸欺，而佛不能度，則奉佛之事，果可補哉！

據黎嵩所論，陳朝帝室敬信佛教的程度，較之李朝有過之而無不及，起碼陳朝的君主及妃嬪出家，是李朝所沒有的事。然而，陳朝帝室所以弘揚佛教，其原因不能純粹從宗教信仰方面探討，因爲開始的時侯，是另有政治上的原因，今分下面的數節討論。

1. 得國神話的宣傳及其作用

全書册四卷五陳太宗紀頁四（綱目正編卷六畧同）畧云：

建中七年（公元一二三一），上皇詔國中，凡有驛亭，皆塑佛像事之。先是國俗以暑熱，多構亭子以歇行人。堊以白粉，號驛亭。上皇微時嘗憩於此，有僧謂：少年當大貴。言訖，失僧所在。及得天下，故有是命。史臣吳士連曰：陳太宗此事，與李太祖之萬行事同，李、陳崇佛之權輿也。夫有識者，凡事皆先見，奚足爲異哉！

建中元年是陳朝始建國後的第七年，而上皇下令全國驛亭皆塑佛像來宣傳他微時「神僧」給他的預言，後來黎朝的史家吳士連認爲這不過跟李太祖得國由僧人指點相同，而僧人的指點，也不過「知者見於未萌」而已。可是，這兩件其實不能相提並論的，因爲李太祖有萬行法師實際代其策劃篡位；而陳上皇的遭遇不過自我宣傳的神話。陳朝何以大規模地宣傳這神話？其實有它的政治作用。

原來陳朝的得國，較之李朝來得更不正當，全書册三卷四李惠宗紀頁十九畧云：

建嘉十一年（一二二一），帝疾，深居宮中，盗賊恣行城外，生民流離甚矣。十四年（一二二四），帝疾日滋，無嗣。委任指揮使守度領殿前諸軍。冬十月，詔昭聖公主爲皇太子，以傳位。

同書同册同卷李昭皇紀頁二十畧云：

天彰有道二年（一二二五），殿前指揮使守度知城市內外諸軍事。守度侄陳煚爲正首，時方八歲，因入侍內，昭皇見而悅之，每夜遊，召與同遊挑謔之（註一）。煚陰以告守度，守度恐事泄併誅，自卒家屬親戚入禁中。守度閉城門及諸宮門，令人守之，百官進朝，不得入。守度徧告曰：陛下已有尚矣。羣臣皆曰諾，請擇日朝見。十二月十一日，昭皇乃降服勸進陳煚即皇帝位，拜陳守度爲國尚父，掌理天下事，守度曰：今國祚初開，民心未服，我雖叔父，不識文字，東馳西鶩，以扞盜賊，不如聖父權攝國政爲上皇（註二）。

同書册四卷六陳太宗紀畧云：

建中二年（一二二六）春正月，册昭皇爲皇后，封陳守度爲太師統國，行軍務征討事。廢李上皇，居眞教禪寺，號惠光大師（綱目正編卷六稱「至是廢爲禪師」）。

從上引史文，知道陳氏得國是陳守度乘李氏政衰，巧取於弱帝稚女之手，較之李公蘊趁着暴君死後無嗣而自立，更不能人民信服，這點陳守度自己是明白的（故親口說出「民心未服」），加上李惠宗雖然「柔弱」（註三）多病，但民望未失，故陳守度對李氏用了斬草除根的手段。全書頁四卷六陳太宗紀畧云：

建中二年秋八月十日，陳守度殺李惠宗於眞教禪寺。先是，李上皇嘗出遊東市，百姓爭趨視之，有慟哭者，守度恐人心懷舊生變。守度嘗過寺前，見惠宗踞坐拔草，守度曰：拔則拔深根。惠宗撜起拂手曰：我知之矣。至是，令人排辦香花，告曰：尙父使臣來請。李上皇曰：我誦經罷，當自盡，乃自縊於寺後園。守度令百官哭臨，降惠（宗）后爲天極公主，嫁陳守度。出李惠宗宮人及親戚女，嫁諸蠻酋長。冬十月，尊（太宗）父（陳）承爲上皇。八年（一二三二），頒國諱廟諱，元祖諱李，因改李朝爲阮朝，且絕民之望李氏也。八月，陳守度盡殺李氏宗室。

從上引史文看，陳守度不特迫死故主和盡殺李氏宗室，並且佔了惠宗后；將李氏宮人女戚盡嫁蠻夷，更進一步借着避諱爲名，將李姓改稱爲「阮」以杜民望。陳朝一方面用了這樣狠毒澈底的手段來消滅李朝的舊勢力和人民對勝朝的懷念，另一方面，却又要建立人民對新政權的向心力，所以便利用道旁的釋亭到處宣傳得國神話。從時間先後言，建中二年陳守度殺惠宗而佔其后，這種行爲必然引起民間反感，及至後來想出辦法，在建中七年利用民間奉佛來宣傳陳氏得國是神僧早有預言，便在次年盡殺李氏宗室，這不是很有計劃的配合嗎！

神僧預言的對象何以是「上皇」，因爲陳朝的實際創立者陳守度不是皇帝，太宗陳煚登基時不過八歲；絕不可能於襁褓時便遇神僧，於是便選中了太宗的父親，即被尊爲「上皇」的陳承作爲神話的中心（註四）。而陳氏歷代的崇奉釋教，除了跟李朝一樣；爲了討好奉佛的社會外，還有意借佛教來加强對人民的控制，全書頁四卷六陳英宗紀（綱目正編卷八畧同）頁五A畧云：

興隆七年（一二九九）八月，印行佛教法事道場新文，及公文格式，頒天下。

歷朝憲章類誌卷四五文籍志傳記類畧云：

法事新文一卷，陳英尊興隆七年，命儒臣校定印行。

陳英宗特別命儒臣校訂一部專給佛教徒據以做法事的新條文，把它跟公文格式一起印行頒佈天下；使人民視作準制，從這事例，已透露出陳朝通過佛教去控制人民的端倪了。

2. 上皇出家爲僧與其權力的保留 附后妃出家

本章開卷引黎嵩越鑑通考總論，稱陳朝帝室「以天子爲大士，以妃嬪而爲丘尼，以王主而爲僧衆」，像這樣降九五之尊而出家爲僧尼，是李朝所未有之事，若究其原因，則應從其內禪制度與推行佛教治民的國策上說起。

原來陳太宗以冲齡爲陳守度擁載登基，尊其父陳承爲上皇，居攝政之位，後來更利用「上皇」這一特殊身份使開國神話「發生」在他身上。如此一來，不啻暗示陳承是「奉天承運」的第一位帝王，故他死後「廟號徽宗」（註五），後來更改「徽宗廟號曰太祖」（註六），而正式登基的第一位君主陳煚的廟號也退稱「太宗」。

到了元豐八年（一二五八），陳太宗四十一歲，在這年遜位給十八歲的太子陳晃，是爲聖宗（註七）。內禪的原因，也許當時陳氏統治集團認爲開國時的「上皇居攝」方式應垂諸後代，更可能是，若使春秋壯盛的「今上」讓位給年輕的太子，更能給予陳朝初年的實際統治者太師陳守度（註八）繼續保持其操縱朝政的方便。總之如此一來，帝王在位若干年後內禪於太子竟成了陳朝一代特有的制度。

至於「上皇」遜位後如何？全書冊四卷五陳聖宗紀頁十六B畧云：

紹隆五年（一二八三）春二月，上皇（陳太宗）幸即墨行宮，改即墨鄉爲天長府，宮曰重光宮，又別構嗣君來朝所御之宮，曰重華宮。又建佛寺于重光之西，曰普明寺。是後諸帝遜位，皆御是宮，因置兩宮色役以備供奉，又置留守官掌之。

遜位後的上皇自陳太宗始，都遷居天長府的重光宮，而在其西建佛寺一所，頗有暗示遜位後親近佛門，不問世事之意，這固然是帝王有意以身爲表率，希望上行下效，從而推行其借佛教來控制人民的政策。但由於這政策是靠着信仰來推行，陳氏皇族本身不會絲毫不受感染，久之終有上皇后妃出家爲僧尼的事。

第一位出家爲僧的上皇是陳仁宗，全書不載仁宗出家的年代，綱目正編卷八陳英宗紀畧云：

興隆三年（一二九五）夏六月，上皇至哀牢。上皇自哀牢還，出家居武林行宮。

按，陳仁宗於重興九年（一二九三）三月遜位給兒子英宗，興隆三年正是他遜位後的第三年，即內禪不久便出家。全書冊四卷六陳英宗紀頁十四A畧云：

興隆十六年（一三〇八）冬十一月三日，上皇崩于安子山臥雲庵，時上皇出家，居安子山之紫宵峯，自號竹林大士。

仁宗出家後自稱「竹林大士」，因開越南禪宗的「竹林派」（註八），今以此事非本文所欲論，從畧。但僧人向來很少自稱「大士」，如中國六朝時的傅大士便非僧徒（註九）。似仁宗並非爲僧，然全書冊四卷六陳英宗紀頁二A畧云：

及（仁宗）出家時，延（上相太師昭明大王陳光啓之子文肅王）道載入聖慈宮，賜坐食海味，賦詩曰：山僧持淨戒，同坐不同餐。

仁宗自稱「山僧」，又賜文肅王陳道載食海味；而自己「同坐不同餐」，可見他是一位已出家的僧徒。續越甸幽靈集之英烈正氣段將軍傳畧云：

一日廟祝仆地，移辰躍踞高坐，集諸父老曰：明日當掃洒淨潔，備乘輿臨幸，緇服而徒行者是也，蓋伺之。該皆唯唯。翌日冠服候祠下，日向夕；倦欲散去，忽一僧曳六鉢衣，從一童，過橋憇寺前，邑人焚香羅拜，怪問之，邑人以神話奏。時（陳）仁宗避位，稱調御大王出家子山，一瓶一鉢，往來村郭，不爲俗人所見識。是夕卓錫安仁，得其故，嘉之，留一宿，早發回京師，勅旨封上等神。

幽靈集所記雖屬神話，亦可證明仁宗確出家爲僧。

仁宗出家的原因，今以史闕有間，已不可考。不過管見以爲仁宗在位時經歷了一塲艱苦的抗戰——紹寶四年至重興五年（一二八二——八九）抵抗元朝挾征服歐亞餘威來侵而終被擊退的八年抗戰（註十），經歷過這塲生死存亡的大戰，他退位後有出塵之想，也不難了解其心境，何況陳朝的政策是鼓吹佛教信仰，上皇所居的宮殿也建在寺旁，仁宗晚年走上這條路實不爲奇。

仁宗出家後的佛學著作，據歷朝憲章類誌卷四五文籍志所載計有：

禪林鐵嘴語錄一卷，僧伽碎事一卷，石室寐語一卷，並陳仁尊撰。出家安子(山)時所作，皆禪宗奧旨。

另一位有意出家而不果的上皇是陳英宗，全書冊四卷六陳明宗紀畧云：

大慶五年（一三一八），上皇有出家意，因令宮人素食。六年（一三一九），上皇崩。初英宗弗預，時保慈太后召僧普惠，就普明寺設灌頂會。英宗疾方彌留，普惠請見，陳生死事，使復之曰：僧且至此，予亡，官家有命，則僧自爲之，若後事，則僧亦未死，安能以死告哉！

英宗雖未及出家，但彌留時所說的話，足證他已勘破生死，大抵這是受到其父仁宗禪學的感染。從這例子，知道陳氏帝室學佛是有一定的成績。

陳朝后妃亦有受到傳統的感染而出家的。全書冊四陳明宗紀頁二一A畧云：

大慶五年（一三一八），上皇令宮人素食，諸宮人皆有難色，獨姉嫿阮氏延，斷指以進，上皇嘉之，因賜田四十畝，以爲日後修行之資。延果出家而終，釋號淨光尼。

同書冊五陳裕宗紀頁十一A畧云：

紹豐十五年（一三五五），英宗次妃號靜惠者，出家之後，英宗崩，回本鄉。

綱目正編卷十陳帝晛紀畧云：

昌符五年（一三八一），嘉慈皇后黎氏崩，睿宗不返，后削髮爲尼。

上面所引都是后妃爲尼的記載。

上皇內禪後退居重光宮，親近佛門，至有出家爲僧之舉，應該從此不問朝政，而事實上，他們仍保有支配政治的權力與皇帝排場，這點可自已出家爲僧的陳仁宗身上特別顯示出來。全書冊四卷六陳明宗紀頁二四B畧云：

大慶十年（一三二三），朝士范邁，范遇輩，相繼登朝。邁兄弟，仁宗出家時，爲隨侍內學生。

這說明李仁宗出家時有儒生隨侍在側，是皇帝原有排場。不特此也，全書同卷陳英宗紀（綱目正編卷八畧同）頁十B畧云：

興隆十一年（一三〇三），上皇居天長府，建無量法會於普明寺，施金銀錢帛，賑給天下貧民，乃授戒施經。

據佛教理論，出家人不能行財施（註十二），現在仁宗以錢財賑天下貧民，並非沙門應做的事，可見他未嚴守出家人的本份。又綱目正編卷八陳英宗紀畧云：

興隆七年（一二九九），辰上皇自天長（府）回京，朝官皆不知，帝（英宗）飮菖蒲酒醉臥，屢警不起。上皇徐行遍宮殿，久之，顧視不見帝，怪問之，大怒，命駕還天長，詔百官明日齊集聽旨，日晡，帝始醒，宮人以聞，帝大懼，徒步出宮，過資福寺，見學生段汝諧，帝謂曰：朕頃爲酒困，得罪於上皇，今欲上表陳謝，汝宜爲朕代草，汝諧奉旨立就。

這件事全書冊四卷六頁四亦載，但原文殘闕太甚，故不引。英宗不過偶爾酒醉爲上皇發覺，上皇竟要召集百官聽旨，英宗也怕得趕緊上表謝過。可見仁宗雖然出家，但對政治權力是抓住不放的。一九六四年劉子健先生過港，應香港中文大學邀請作專題演講（存有錄音帶），論及宋高宗遜位於孝宗，自己退居幕後操縱朝政，孝宗事無大小均以聞。越南的上皇制度，頗似師法於宋高宗的故智，觀乎陳仁宗以僧徒而保持對嗣君及朝臣控制的上皇身份，也可窺見這制度的作用了。

3. 文人政治的抬頭與佛教政治勢力的衰退

從前在李朝時代，僧徒親近君主，參預政事，其拜爲「國師」的僧人更是帝王的政治顧問，已如前述。李朝的僧官制度至陳朝依然沿襲，安南誌畧卷十四官制條，載當時的僧官爲：

國師、僧統、僧錄、僧正、大賢官。

五種，而其中的「國師」是否還似李朝時的有權勢？全書册四五陳太宗紀頁六A畧云：

天應政平六年（一二三七），（太宗）納兄懷王柳妻順天公主李氏爲順天皇后，柳於是聚衆下大江作亂。帝內不自安，夜出城就安子山浮雲國師處居焉。明日，（陳）守度率羣臣邀駕還京師，守度再三固請，未蒙俞允，乃謂衆曰：凡乘輿所在，即是朝廷。遂表蕝山中，此處天安殿，彼處端明閣，差人營造。國師聞之，奏曰：陛下宜速回鑾，毋使戕弟子山林，帝乃回京。

從這段記載看，陳朝的國師隱居山中，皇帝鬧桃色事件闖了禍來投，權臣率百官邀駕不果，要在山中爲建立朝廷，國師嚇得連忙勸駕回鑾，以免自己安居的山林被伐。由此可見陳朝雖設「國師」之位，而實際上已不似李朝時，授此職的僧人要參與政治的了。

國師不參與政治的原因，固然緣於陳朝實際上是陳守度一手建立，不似李朝建國由佛教支持，故政治上不必與釋門合作。而自李朝置科舉以來，開文人參政之門，至陳朝而文人仕途日廣，今取開國初期儒學晋用的情形以見。全書冊四卷五陳太宗紀（綱目正編卷五畧同）畧云：

天應政平十五年（一二四六），時國家無事，人民樂康。秋七月，定大比進士，以七年爲準。十七年（一二四七）春二月，大比取士，賜狀元阮賢，榜眼黎文休，探花郎鄧麻羅，太學生四十八名出身。初王辰，己亥二科，惟以甲乙爲名，未有三魁之選，至是始置焉。

同書同冊同卷陳聖宗紀（綱目正編卷七畧同）畧云：

紹隆十年（一二六七）夏四月，選用儒生能文者充館閣省院。時鄧繼爲翰林學士，杜國佐爲中書省中書令，皆文學之士也。舊制非內人（宦官），不得爲行遣，未嘗用文學之士，文學得柄用自此始。

除了政府擢用儒士爲官而外，王室中人亦有好儒學而留意栽培儒生成才的人，全書冊四卷五陳聖宗紀頁十八B畧云：

紹隆十年（一二六七）五月，封弟益稷爲昭國王。益稷上皇（太宗）次子，聰明好學，通經史六藝，文章冠世。嘗開學堂於第之右，集四方文士習學，給以衣食，造就成才，如旁河莫挺之，洪州裴放等二十人，皆資用於世。

因此陳朝文人政治日漸抬頭，佛教的政治勢力；自然相對地減退。況且陳朝雖然表示崇奉佛教，但事實上不獨無意拉攏佛教支持其政權，反之，倒過來要控制佛教，這可從開國初年委任僧道官一事見之。全書冊四卷五陳太宗紀（綱目正編卷六畧同）頁八B畧云：

天應政平十三年（一二四四）三月，授馮佐湯爲左街道錄，爵散郎。時王侯授僧道官，則呼左街，蓋不使齒諸朝列。左街，僧道之極品，非通練本教則不妄與，今以命佐湯，是優禮也。

本來僧道官「非通練本教則不妄與」，現在將道籙（相當於僧官中的「僧統」）授馮佐湯視爲一種優禮，這表示僧道官在陳朝初期已成了一種政制上的陪襯，而且此舉可能有意做給佛教看，以收殺鷄警猴之効，也多少反映出陳朝表面上鼓勵信佛；而實際上設法將佛教勢力排出政治圈之外的事實。

註一：全書冊三卷四李惠宗紀頁十八B下畧云：「建嘉八年（一二一八）皇次女生，後封昭聖公主。」按，昭聖公主即後來的李昭皇，既生於建嘉八年，至即位後的天彰有道二年（一二二五）恰爲八歲，年齡與陳煚同，兩人以稚齡發生愛情？陳師孟毅指出越南人非如其他熱帶民族之早熟，認爲無此可能（吾師爲越南研究專家，且曾居住其地甚久，深知土俗）可見這番「愛情」不過是陳守度爲了奪取政權所導演的活劇而已。南來而後，讀黎正甫先生郡縣時代的越南一書所附安南王陳日煚考一文，黎氏因未見越南史料，故誤以爲受禪時應已「至少三十以上」。其實，陳太宗時仍冲幼，天下不是自己打的。

註二：安南志原卷三人物畧云：「陳承，李氏外戚也，李氏末年國亂，承與弟建國剪除有功，爲太尉，建國爲大將軍，子日煚，尚李王女昭聖，因而有國。」據此，則陳守度讓其兄陳承作上皇而分享權力，是由於陳承亦嘗出力之故。志原中的「建國」應即陳守度，守度助侄篡位後封太師統國，豈「建國」乃「統國」之誤？

註三：全書冊三卷四頁十九A稱：「史臣吳士連曰：建嘉初年，盜賊競起，惠宗柔弱不能討。」

註四：據註二所考，陳承對陳朝建立是實際出過力的人，也不完全是傀儡。

註五：全書冊卷五陳太祖紀頁五A。

註六：同上註引書同卷頁九A。

註七：全書冊四卷五陳聖宗紀頁十五A題目下的小註稱：「在位二十一年，遜位十三年，壽五十一歲。」由其卒年向上推算，登位時應是十八歲。

註八：全書卷五陳聖宗紀頁十五A畧云：「紹隆二年（一二五九），陳守度夫人靈慈國母薨，太宗以靈慈嘗爲李惠宗后，不忍以公主稱，故封爲國母，亦后之別名，其與服僕御視后。」從這一條，知道陳守度的私生活是享用帝王的排場，也暗示他是實際統治者的地位，「不忍以公主稱」云云，飾辭而已。

註　九：全書冊四卷六陳英宗紀頁十四畧云：「興隆十六年，上皇崩，囑侍者法螺以後事，奄然坐化，法螺燒得舍利三千餘粒。」一統志卷二九海陽省下僊釋條畧云：「陳法螺，仁宗幸南柵，見而奇之，受戒賜號法螺，興隆十六年，命爲竹林第二祖師宗，所掛錫處皆爲名藍。」歷朝憲章類誌卷四三詩文類畧云：「斷策錄干（原文如此）卷，僧法螺撰。法螺興隆中賜號竹林第二祖。」同書同卷畧云：「玉鞭集一卷，僧玄光撰，玄光九歲能詩文，十九歲入空門，英尊賜號第三祖。」據上引數條，知道竹林派的祖師自二祖開始是由帝王任命的，因爲這是「上皇」所創的教派。

註　十：見湯用彤先生漢魏兩晉南北朝佛教史中華書局本頁八二二——三。

註十一：參全書、綱目陳仁宗紀，許雲樵先生譯安南通史頁六六至六九亦有述及。

註十二：十住毘婆沙論卷七歸命相品畧云：「出家之人若行財施，則妨餘善，必至聚落，與白衣從事多有言說，乃至貪著五欲，易起重罪。

第四章 陳朝「弘揚」佛教的成績和所引起的社會經濟問題

有陳一代弘揚佛教，甚至有帝王后妃出家爲僧尼，這是治越南史的學人們人所共知的。雖然前章已考知陳朝弘揚佛教的政治原因和對佛教明褒暗貶的態度，但其弘法方面畢竟是有成就的，例如僧徒的「輸出」就是李朝所無之事。全書册五卷八陳廢帝紀（綱目正編卷十一略同）頁四B略云：

> 昌符九年（一三八五）三月，明遣使來求僧人二十名。初，我國人送內人阮宗道、阮算等至金陵，明帝（太祖）以爲近臣，遇之甚厚。宗道等言，南國僧解建道場，愈於北僧（綱目作「南僧法術妙於北僧」），至是求之。

明太祖遣使求越南僧，固然出於南國宦官的推薦，而推薦的理由是「解建道場，愈於北僧」從這句話，可推見陳朝境內法事的繁密，故僧徒優於此道了。然而，這不過是民間佛教受到政府「弘法」的政治姿態刺激而生的結果，揆諸史書所載，陳朝政府對建寺度僧其實並不熱心，儒家對佛教也很反感，而佛教的發展，也實在威脅到社會和經濟，本章專就這幾點加以考述。

1. 陳朝的建寺與鑄鐘

李朝弘揚佛教最具體的表現是由政府大規模的建寺鑄鐘和造像，前已論之。及陳氏得國之初，並未着意於此，全書册四卷五陳太宗紀（綱目正編卷六略同）略云：

> 天應政平十七年（一二四八）夏四月，造臨波橋於眞教禪寺，跨玩蟾池，抵景靈宮大清觀，極其奢麗。

十八年（一二四九）春正月，重修延祐寺，詔仍舊貫，大赦。

綱目正編卷六陳太宗紀畧云：

元豐六年（一二五六）閏三月，鑄銅鐘至三百三十。吳仕曰：鑄鐘至三百三十，糜銅貨以供無用，陳之尙佛，又甚於李矣。

若以陳太宗跟李太祖兩人相較，則他們對這方面的熱心不啻霄壤，也見兩朝對佛教態度的眞正不同處。吳仕就鑄鐘一事，認爲「陳之尙佛，又甚於李」，不算的論，因爲史料上不載陳朝鑄鐘的耗銅量，假使陳朝所鑄的三百三十都是小鐘，而李朝所鑄的多屬上千斤的大鐘（見第二章第二節），則不能從鐘的數量上衡量誰比較浪費。

陳朝既不熱心於佛教建設，故建寺的記載在全書與綱目中不多見，反之有若干私人建置之佛寺記載於大南一統志，今以其事無時代意義，不具論，而史書所載有兩件事仍可透露一點當時的消息，爰引之以見。全書册四卷五陳聖宗紀（綱目正編卷七畧同）頁十九B畧云：

紹隆十三年（一二七〇，綱目作十二年）春三月，靖國大王國康起第於演州，廊廡周迴，壯麗過常。帝聞之，使人往觀，靖國懼，乃塑佛像居之（綱目作「乃以其第爲奉佛之所」），今椿寺是。

同書同册同卷陳明宗紀畧云：

大慶七年（一三三〇）十二月，上皇（英宗）葬安生泰陵。初英宗弗豫，太學生鄧藻常於御床奉侍，寫遺詔。英宗崩，藻及家兒主都黎鐘皆奉侍陵寢，二人皆居安生終老。後藝皇（陳藝宗，一三七〇—七三在位）至安生，追念二臣，即命陳安重修藻，鐘舊寺，賜寺名忠節。

一者王族借獻宅爲寺以避禍，一者皇帝修寺表揚忠節；以鼓吹忠君思想，都無疑是陳朝崇佛姿態下的必然反嚮。

2. 從儒士反佛文字看陳朝佛教的社會潛勢力

儒學自李朝中葉開始露頭角以來，至陳氏初年，便出了一位反佛的儒生，他就是撰大越史記的史家黎文休，全書冊四卷五陳太宗紀頁九A畧云：

天應政平十六年（一二七四）春二月，大比取士，賜榜眼黎文休出身。

同書同冊同卷陳聖宗紀頁二十A畧云：

紹隆十五年（一二七二）春正月，翰林學士兼國史監修黎文休，奉勑編成大越史記，自趙武帝（佗）至李昭王，凡三十卷上進，詔加獎諭。

現今黎文休的大越史記，已融合於大越史記全書裏面，因而他的反佛理論，也都保存於全書冊三李紀所收的史論中。其中反佛最烈的兩項；本文第一章第二、五兩節和第二章第一節已引用過，此從畧，黎氏所譏評的是李太祖於開國之初「宗廟未建，社稷未立」便大規模的建寺度僧，以致日後「百姓太半爲僧，國內到處皆寺」，和李神宗不念軍人抗敵之功，反而拜謝佛道冥祐兩點。可注意的是，黎文休的大越史記是「奉勑編成」，書中對佛教的譏評可視爲陳氏政權對前朝的批判和本朝對佛教眞正態度的反映。若取本章前節所考跟黎文休的文論互勘，便知道黎氏譏評李朝開國之初以國家財力大規模建寺度僧，陳朝確然沒有。陳帝晛時驅僧爲兵之事（見後節）雖然在黎文休身後，而這件跟李神宗時軍人却敵但帝王歸功佛道一事作比較，無疑是一强烈的對照，也反映了陳朝帝在「敬信」的眞面目。

黎文休以後，還有兩位反佛的儒士見諸史策，桑滄偶錄卷下浴翠山條畧云：

山在清化長安，上有塔曰靈濟，李朝廣祐七年造，陳開祐重修，張公漢超爲之記。記曰：余在京師，山僧知柔踵門告曰：重建寶塔，今畢工矣，願公記之。余謂釋家老子，以三空證道，鼓惑衆生，天下五分，僧剎居其一，廢絕彝倫，虛費財寶，魚魚而游，蚩蚩而從，其不化爲妖鬼奸軌者幾希。雖然，師乃普慧侍者，深得竹林法髓，律身苦行，且張空拳，成大手段。紹豐二年（一三四二）癸未，遯叟張漢超升甫記。

全書冊五卷七陳裕宗紀頁十B畧云：

紹豐十四年（一三五四），左參知政事張漢超卒，贈太保。漢超爲人骨鯁，排斥異端，有文章政事，帝但以師稱而不名。嘗撰北江關嚴寺碑文，其畧曰：寺廢而興，既非吾意，碑文而刻，何事吾言，方今聖朝，欲暢皇風以振頹俗，異端在可黜，聖道當復行，爲士大夫者，非堯舜之道不陳前，非孔孟之道不著述，顧乃拘拘與佛氏囁嚅，吾將誰欺。有名于時。

張漢超十二年來前後兩次爲伸張儒家正統而諍諍立論，排斥佛教，但可注意的，是他的反佛論乃借着給佛寺撰塔記碑文而表達，這反映出佛教社會潛力的深厚，故闢佛的儒士也要用「捧着佛教反佛教」的手段以求達目的。全書冊五卷七陳藝宗紀頁二十A畧云：

紹慶元年（一三七〇），時儒臣黎括，亦欲達明聖道，闢異端，而卒不能行。嘗作北江沛村紹福寺碑記云：佛氏之禍福動人，何其得人之深且固矣。上自王公，以至庶人，凡施佛事，雖竭所有，顧無靳嗇。

苟今日託付於塔寺，則欣欣然如持左劵，以取明日之報。故自內京城及外州府，窮村僻巷，不令而從，不盟而信，有人家處，必有佛寺，廢而復興，壞而復修，鐘鼓樓臺，與民居殆半。其興甚易，而尊崇甚大也。余少讀書，志於古今，粗亦明聖人之道，以化斯民，而卒能信於一鄉。常遊覽山川，足跡半天下，求所謂學宮文廟，未嘗一見，此吾所以深有愧於佛氏之徒遠矣。

黎括也是借着撰寺碑來表達他的感想，方式與張漢超相同，而所撰紹福寺碑的價值，主要不在黎括的反佛思想；而在其所透露陳朝民間普遍崇佛的情形。因爲現存越南史書，多數僅載帝室如何弘揚佛教，而少述民間社會的宗教活動，法國馬思伯樂民曾因此有「陳朝安南社會之全部生活，則因史料欠缺，昔無一人尋究及之」（註一）之歎。今黎括「足跡半天下」而看到「有人家處，必有佛寺」，以至「與民居殆半」，並且「上自王公以至庶人」對佛教均「尊崇甚大」，故佛教能使社會「不令而從，不盟而信」。固然，這情形我們可以視爲陳朝弘揚佛教的成績，但若取李朝歷史與此合觀，則知道這一成績是建築在前朝弘法所遺下的基礎上，換言之，紹福寺碑所透露的事實是民間原有的佛教信仰加上陳朝歷年爲政治目的而弘佛政策相輔相成的結果，而非單獨緣於陳朝本身的推行。

3. 冗僧問題與沙汰僧徒

從前李朝得國之初，曾有過大規模度民爲僧之舉，前面已論述過了。而陳朝則僅在開國初年舉行過兩次給僧道出身的考試，全書册四卷五陳太宗紀畧云：

建中三年（一二二七），試三教子。本註：謂儒、道、釋各承其業者。

同書同冊卷署云：

天應政平十六年（一二四七）秋八月，試通三教諸科。

此外不見有關記載。原來自李朝大規模度僧以後，弄到「百姓太半爲僧」，冗僧的問題不獨如第二章第一節所論及的；已威脅着李朝的經濟和社會，並且這問題也延續到陳朝，試舉史實以見：全書冊四卷五陳裕宗紀（綱目正編卷九畧同）頁八畧云：

紹豐四年（一三四四），是歲凶荒，民多爲僧及爲世家奴。

凶荒之年何以人民「多爲僧及世家奴」？這是由於荒年農作失收，民不堪租稅的催迫，除了托庇於世家的田庄（註二）爲奴以外，只有出家爲僧以避徵繳。這類因逃稅而出家的僧人數目之鉅，更可自下引史實見之。綱目正編卷十陳帝晛紀（全書冊五卷八畧同）畧云：

昌符五年（一三八一）春三月，命大灘禪師（全書作「國師」）率僧人擊占城。占城屢寇，兵力疲弊，命大灘禪師率天下僧及山林無度牒僧壯者權爲兵擊之。本註，大灘，社名，禪師缺名。

按，驅僧爲兵的事屢見於中國史籍（註三），今越南亦有此。而使用僧兵的原因是陳朝本身「兵力疲弊」，故故不得不驅釋子作戰，從這一點，已反映出僧在陳朝時越南人口中所佔的比重。可注意者，大灘禪師所率的僧人分爲「天下僧」與「山林無度牒僧」兩種，換言之，前者有度牒之謂。而隱居山林的僧人所以無度牒，其原因大抵就是前述那些逃避租稅而出家爲僧的人，故沒有向政府要求度牒。

逃避租稅而出家爲僧，當然不會僅有紹豐四年哪一次，不過哪次因人民逃避的特別多；而爲史家筆之於書，在此以前，恐怕已有過不少同樣的事例，因爲全書冊四卷六陳明宗紀（綱目正編卷九畧同）頁二四畧A云：

大慶八年（一三二一）冬十二月，試僧以金剛經。

按，金剛經是唐中葉密宗盛行後最流行而又最普通的一部佛經（註四），越南曾爲唐代的安南都護府，這部經當然也流傳着，現在陳朝拿這部最普遍的佛經來考和尙，可見當時出家甚濫，許多僧人連這部經也不懂，故考試水準降到如此低。人民樂於出家，當然與逃避租稅有關了。

由於人民視釋門爲逃逋，使國家損失不少人力，故終有沙汰僧徒之擧，全書冊五卷八陳順宗紀（綱目正編卷十一畧同）頁十五A畧云：

光泰九年（一三九六）春正月，詔沙汰僧道未及五十以上者，勒還本俗，又俗有通經故者，授堂頭首，知宮、知觀、知寺、餘爲修人侍者。夏四月，初行通寶會鈔，印成、令人換錢，每錢一鏹，取鈔一緡二陌，僞造者死，田產沒官。禁絕銅錢，不得私藏私用。

一方面沙汰僧道，另一方面却又自俗家中找些通經教的人送進宗教團體，這政令固然是爲了整頓出家太濫的問題，以維持陳朝弘揚佛教的門面，但由於此詔是勒令「年未及五十以上者」還俗，則其最主要目的，在於從教門中追回國家所需要的人力。以前驅僧人中的精壯者擊占城，是爲了軍事上的人力需要，現在勒令年五十以下的壯年沙門還俗，而同年四月便嚴格實行鈔法，禁絕銅錢，當然是爲了經濟問題，需要更多人力回到生產崗位上去。李、陳兩朝沙汰僧徒都在末期（註五），可見兩朝弘揚佛教結果產生的冗僧問題，不能不說是這兩個朝代的致命傷之一。

註一：馮承鈞先生譯「李陳胡三氏時安南國之政治地理」一文，見西域南海史地考證譯叢四編頁一〇九，台灣商務民五十一年九月版。

註二：全書冊四卷五陳聖宗紀頁十八A署云：「紹隆九年（一二六六）冬十月，詔王侯，公主，駙馬、帝姬招集漂散無產人爲奴婢，開墾荒閑田，立爲田庄。王侯有庄，實自此始。」由於王侯世家擁有田庄，故七十餘年後的紹豐四年（一三四四）歲荒時人民投身爲世家奴。

註三：J. J. M. De Groot 氏有："Militant Spirit of the Buddhist Clergy in China" 一文論及這問題，刊一八九一年的通報初集二卷。

註四：讀唐段成式酉陽雜俎續集卷七的金剛經鳩異，便知道這部經在唐代是如何的深入人心。

註五：陳順宗是陳朝第十一位君主，光泰九年後四年的陳少帝建新三年（一四〇〇），陳氏天下已爲胡季犛所取代。而陳帝頠於興慶元年（一四〇七）恢復陳氏江山之後，七年後的陳帝季擴重光五年（一四一三）便亡給中國的明朝。

四 黎朝

第五章 從黎朝提倡儒學看佛教在社會上的潛勢力

陳朝末年，由於黎季犛篡位而導致中國的入侵，結果越南在明成祖永樂十一年（一四一三）再度被收入中國的版圖，直到永樂十六年（一四一八）黎利起義於藍山，纔逐漸以武力光復山河而建立享國三百餘年的黎朝。黎氏由於復國需用人才，故開國之始便考選儒士參政，於是李陳以來日漸發展的儒學由此得到鼓勵而如日中天，至有儒生膺「國師」的雅號。然而，社會上的佛教已屢積了深厚的傳統勢力，儒學雖經政府提倡，也未能取代了佛教對社會的影響力。先要明瞭這一形勢，纔能了解黎朝對佛教的種種限制，故特摭拾有關史料加以論述。

1. 中國明朝對越南儒學和佛教的統治手段

明朝的入侵，肇自永樂四年，至永樂十一年（一四一三）完全征服越南而佔有陳朝的土地。明人對越南社會的兩大精神領導——儒學和佛教——的統治手段，第一是搜羅越南人才送到中國，明太宗實錄（註一）卷六八，頁十至十二畧云：

永樂五年六月，勅交趾總兵官新城侯張輔等曰：交趾應有懷才抱德，山林隱逸，明經能文，博學有才，賢良方式，孝弟力田，聰明正直，廉能幹濟，練達吏事，精通書算，明習兵法，武藝智謀，容貌魁偉，語言便利，膂力勇敢，陰陽術數，醫藥方脈之人，悉心訪求，以禮遣送赴京擢用（參明史安南傳）。

按，永樂五年時明人不過佔有越南州府四十八而已，陳朝舊臣仍擁簡定帝以謀恢復（註二），而明人已在這方面動手了。這件事，全書冊五卷九後陳簡定帝紀頁三B亦載，而稱明朝所選人才中復有「慣習海道，磚巧香匠等科」，並稱：

搜尋各人正身，陸續送金陵，授官回任，府州縣稍有名稱者皆應之，惟婁應斗以眼疾辭，下齊學生李子構等數人隱不出而已。

同書同冊同卷屬明紀頁十四B至十五A畧云：

明永樂十二年（一四一四）冬十月，明開設學校及箚訪求儒、醫、陰陽、僧道，令府州縣以禮敦請。明黃福差官押路，送府州縣儒醫陰陽僧道正身赴燕京，除受官職，回本衙門管事。

明朝這種措施，目的是將越南人才送到中國再授官回任。以行「以夷制夷」的政策，這是統治殖民地所慣用的手段。據全書所載，除了少數拒命以外，稍有名望的人都應召赴明，無疑是執行得相當成功的。但中國的史書說這些人才「赴京擢用」，越南的史書則說「授官回任」，應以何者爲是？管見以爲，大抵其中某些人才如明經博學和懂得兵法、航海或膂力勇敢之類，不見得都肯放回去，以至做成兩者記載上的出入，也未可定！

第二是將越南的書志等史籍搜括，而另將中國的儒學和佛法向越南儒釋兩門灌輸，綱目卷十三黎平定王紀（全書冊六卷一黎太祖紀頁二B畧同）畧云：

平定王二年（明永樂十七年，公元一四一九）春二月，明頒書籍於府州縣學，又命僧傳佛經。先是，明帝御定五經四書，及性理大全（全書載明人頒佈的還有「爲善陰騭、孝順事實」兩種書），書成，詔頒中外，諭禮部曰：聖賢精義，悉具此書，誠學者之根本也。命監生唐義南行，頒給於府州縣儒學。又命僧傳佛經於僧道司。凡我國從陳以前事迹書志，收送金陵。

本註：僧道司，明史：永樂中設交趾僧綱，道紀等司。

明人搜去越南的書志，是爲了研究統治越南的方法，而儒佛兩家既然是越南社會的精神領導，明人當然希望從教化方面下手，以中國的儒學佛學輸入，以期收化洽之效。按，綱目所以稱本年爲「平定王二年」，蓋緣於本年是黎太祖起義的第二年，明朝在此時作這措施，多少是受到越人復國運動的刺激。希望雙管齊下，能培養出傾向於中國的越南社會中堅。儒學的灌輸對越南所起的作用是相當大的，因爲黎太祖到了順天元年（明宣德三年，公元一四二八）纔完全驅逐明人而統一國土，從明朝頒授儒學的平定王二年到越南再度獨立的順天元年的十年內，中國傳來的儒學在明朝有意培養下，必然對越南本已日漸發展的儒學起了刺激和鼓舞的作用，這就是黎朝尊崇儒教的一個重要原因，且待次節述之。至於佛教方面，明朝僧人在此傳授佛教，也不是沒有影響的，雖然找不到當時的記載，而滄桑偶錄卷下拙公禪師傳畧云：

先朝（指黎朝）中興間，內地沙門拙公禪師駕海舶，載經藏三萬餘卷南來，登爛柯山，因築室住持，居年餘，藏經半爲鼠耗，師復北，募經而南。李、陳之後，釋教復興，皆師願力也。

既然在黎朝復國以後南來的華僧能對越南佛教有影響，則明人有計劃推行佛教，不見得沒有成効，只是史闕有間，不能知當時的情形而已。

2. 畧論黎朝提倡儒學的政策與目的

全書册六卷一黎太祖紀（綱目正編卷一五畧同）頁三七畧云：

順天二年（一四二九）五月二十六日，旨揮諸府路軍人，及山林隱逸之士，果有通經史，工於文藝，期以今月二十八日，就省堂通身聽候。至日入場會試，中者選用。二十八日，旨揮內外官文武，有精通經史，自四品以下，期今月二十九日，悉就省堂，入場會試。

順天二年是越南復國的次年，大抵由於重建制度，需才孔急，故黎太祖在本年五月內接連舉行兩次如此迫切的人才考選，自茲以降，遂展開了黎朝獎掖儒學的政策。這一政策不獨要求從此開仕途以選拔人才，並且要向社會推行儒學的教化。由於史料有限，並且儒學問題非本文範圍，不過借此可有助於了解黎朝對佛教的態度，故謹就所見史料，剌取其中重要的發展綫索而論述之。

仕途方面，首先是科場的情形，全書册六卷二黎仁宗紀頁三九B畧云：

太和六年（一四四八）八月，會試天下舉人。時司寇黎克復，欲禁考官挾私，奏請考官歃血盟誓，考官盟誓自此始。然挾私之情，莫能已也。

仁宗是黎朝第三代君主，太和六年去開國的順天二年不過二十年，而越南科場弊端已顯，至有考官歃血盟誓仍「挾私之情，莫能已也」，從科場有弊端，可反映科舉致仕之途；越人如何趨之若鶩，一如北宋的科場了（註三）。

越南的科舉，是考經義的，但到了後來，曾有追隨中國考八股文的建議。綱目正編卷三黎裕宗紀畧云：

保泰九年（一七二九），參從阮公沆以經義蹈襲陳舊，殊無精彩，淸（朝）八股立意生新，可以異才，欲變文體，學者難之。後議定鄉會經義改用八股，會沆去位，未及行而罷。

裕宗時去建國之初已三百年，始有人提出科舉改用八股，本來打算在鄉試中試用，結果也「未及行而罷」。至於以前數百年，當然一直以經義考試，那麽黎朝的經學又如何？全書册七卷三黎宗紀（綱目正編卷二十畧同）頁十九畧云：

光順八年（一四六七）春正月，初置五經博士。時監生治詩、書經者多，習禮、易、春秋者少，故置五經博士，專治一經，以授諸生。夏四月，頒五經官板於國子監。

五經博士在中國早於漢代便有，而越南遲至相當於明朝憲宗之世始置，也見儒學在當地發展之遲了。

其次講到教化問題，全書册六卷二黎太宗紀（綱目正編卷十六畧同）頁十三A畧云：

紹平二年（一四三五）二月五日丁未，命少保黎國興，釋奠於先師孔子，後以爲常（綱目作釋奠於文廟，歲以爲常」）。

尊孔是推行儒家教化的第一着，故太宗繼太祖實行此舉。其次是改革制度方面，同書同册同卷黎太宗紀（綱目正編卷十七畧同）頁二六畧云：

紹平四年（一四三七）十一月，頒新定聖節，正旦，朔望，常朝，大宴等禮儀註。初帝命梁登定大廟諸儀，至是成，進之，乃命傳寫儀註，縣於承天門外。帝謁太廟：百官着朝服行新禮，自此始。行遣阮廌等疏曰：制禮作樂，必待人後行，今使小監梁登，專定禮樂，國得不辱乎？目彼所爲，欺君罔下，無所憑據，古制君出時，左撞黃鐘之鐘，而右五鐘應之。君入時撞蕤賓之鐘，而五鐘亦應之。今臨朝一百八聲，是和尚數珠之數。登奏曰：臣無學術，不知古制，今之所爲，盡其所見而已（註四）。

從這次定朝儀的爭論，便看出黎朝是如何刻意追求遵從中國的古制。所謂臨朝鐘是和尚數珠之數。蓋阮薦等譏梁登不學無術而已。

跟着，便是推廣儒家的教化，綱目正編卷二十黎聖宗紀畧云：

光順八年（一四六七），令諸軍讀書。令權尙寶寺卿楊道政，左丞汧仁壽，教習驍勇兵馬等軍讀書。

全書冊七卷四黎聖宗紀頁一畧云：

洪德四年（一四七三）春正月，禁酒色。勑旨官員及百姓等，繼今家非賓筵，不酬飮。妻非犯罪，不應出。敢有縱酒亂性，家道不齊，無媒勺之言，爲踰牆之態，抵罪。五月，勑禮部，備榜百官及軍色人等，繼今係非宿望鴻儒，年高德盛，不得妄呼先生。

聖宗一方面將教育推及軍人，一方面又將儒家道德推廣於越南的家庭，並且提高「宿望鴻儒」的地位，都是儒家教化治國的手段。又黎朝詔令善政卷一吏屬頁二六畧云：

（玄宗）景治三年（一六六六）冬十一月，是月旌表孝廉令，抄送屬內各縣縣官，轉送各社官員社長鄉邑，許精擇本社某人，果有孝廉，宗族稱其孝，鄉黨稱其弟，合從公論保舉，赴京進納，其各衙門抄送，不得要索社民錢。

旌表孝廉也是推廣儒家道德標準於社會的手段。按，明人頗受於越南府州縣的書籍中有「性理大全」、「爲善陰騭」與「孝順事實」等，現在聖宗、玄宗兩朝的所爲，很明顯是受到這些明朝傳入的理學所影響。

黎朝推行儒學政策的結果，使儒家地位大大增進，綱目正編卷四三黎顯宗紀畧云：

景德二十九年（一七六九）三月，（鄭）森賜其師阮俒號國師。舊制王府（按鄭森時爲元帥靖都王，見同書同卷景興二十八年正月條）講官未有國師之號，至是令以國師稱之。

鄭森是黎朝後期鄭、阮兩系世襲權臣長期對峙時期中鄭氏的第十代，他是顯宗朝的實際統治者（註五）。鄭森以「國師」之號賜其師阮俒，而這稱號在以前李、陳兩朝是僧官的最高職位，也是替李朝時帝王作政治顧問的僧人始能膺這尊號，現在鄭森用以稱呼儒者；而這位儒者又是他王府中的「講官」，是否阮俒是鄭氏的政治顧問，故足膺此稱號？若然，這件事正好作爲越南政治終於從佛教手中正式轉到儒學手中的一個記里碑。

黎朝提倡儒學的目的，當然是要排抑佛教的影響力，今例兩例以證：全書册六卷二黎太宗紀頁二七畧云：

紹平四年（一四三七）十一月，有告大都督黎銀家奉觀音佛；爲女惠妃求寵。帝命太監杜大領武士五十人搜銀家，得所奉佛及金銀匹絹等物。明日，銀入朝，免冠奏曰：向者臣起義藍京，今臣亦多病，卜師云：臣居宅內先有佛廟，因有汚穢作殃，故再修以香火之緣。降黎銀女惠妃日麗爲脩容。

黎銀家奉佛被誣一事，完全是一項政治鬥爭，有人要貶抑這位佐黎太祖起兵的舊臣父女的勢力，而奉佛竟成了口實，以至惠妃被貶爲脩容。同書册七卷三黎聖宗紀頁三一至三三畧云：

洪德元年（一四七〇）八月，占城王黎羅茶全親率水步象馬十餘萬，襲化州。十一月六日，帝下詔親征占城，詔曰：稱伯父而侄我皇，號天佛而臣我越，動佛塔鬼祠之勞費，扇禍福，禁屠而困天民。

本年的戰事本因占城入侵而起，但從黎聖宗的詔書看，他把占城王自號「天佛」和建佛塔、扇禍福、禁屠等佛教徒的行爲都視作對方應被討伐的罪狀了。

這兩個例子，不是說明了黎朝的崇儒是爲了反佛嗎！

3. 官貴的佞佛與居寺

黎朝的提倡儒學，尤其儒家的教化和道德標準，已如前節所述。然而，佛教的潛勢力並未因這政策的壓力而日漸衰退，反之，據史書所載，佛教在整個黎朝的影响力仍非常深厚，首先，可自官貴的佞佛方面見之。綱目正編卷十七黎太宗紀（全書册六卷二畧同）畧云：

> 大寶三年，（一四四二）秋七月，帝東巡，幸黎廌所居崑山寺，初陳司徒元旦退休，居于崑山，有寺曰資國，最幽勝，廌其外孫也，年六十謝事居焉。

全書册六卷二黎仁宗紀（綱目正編卷十八畧同）頁三五B至三六A畧云：

> 太和六年（一四四八），夏四月，太傅黎文靈卒。文靈開國勳臣，三朝元老，深沉有智畧，頗識政事大體。然黷于貨，官人以私賄，終無一言及國政，惟信事浮屠，諄諄告其子敦請名僧誦經，三齋七戒，無厚葬而已。

阮廌（註六）和黎文靈都是黎朝初年的勳臣，當時政府提倡儒學的政策推行未久，故他們居寺事浮屠可視爲社會奉佛傳統的反映，不足爲異。况且黎文靈「深沉有智畧」而「信事浮屠」，也許是屬於官僚裝胡塗避禍的手法而已。桑滄偶錄上册阮公沆條畧云：

龍德末，顯宗以嗣子不得立，逸於佛迹寺鐘閣，遇日者訊之，書一景字，起拜曰：日照京師，天子象也，既然懿宗遜位，顯宗立，紀號景興。

黎顯宗是黎朝第二十五位君主，他失意時退居佛寺靜候機會，足以說明這種避禍的手法了。

唯是黎朝後期鄭、阮對峙時代，鄭氏是相當佞佛的，綱目正編卷三六黎裕宗紀畧云：

保泰八年（一七二八）秋七月，鄭棡立皇次子維枋爲太子。十一月，鄭棡自建新府于古碑，：晚年巡遊無度、嘗遣宦者分行修造獨尊山西天諸寺，以備遊觀。

同書卷三七黎帝維枋紀畧云：

永慶元年（一七三〇）秋七月，大水。二年（一七三一）夏四月，大水。冬十月，（鄭）杠修造瓊林，崇嚴二寺，工役繁重，撤古碑府林，浮江而下，以供工作。令東潮、水棠、至靈三縣充役，免提路郵亭錢一年。又開海道，通撥運拽，木輦石工常萬人，晝夜不得休息。

同書卷三八黎懿宗紀畧云：

永佑三年（一七三七）春正月，（鄭）杠造壺天、香海寺。杠好逸遊，宮觀寺院營繕相繼，造壺天諸寺，役峽山、水棠、東潮、金城及淸化諸縣民爲之，紫陽鄲墅諸戚里祠府尤極壯麗，稱內使者四出採辦，抑勒苛刻，農商皆失其業，民寢不堪矣。三年（一七三八），杠鑄大佛像于瓊林寺。令百官計品納銅。

鄭棡，杠父子爲鄭氏第七、八世（註七）、父子二人對建寺造像的耗費與擾民（尤其鄭杠修造瓊林諸寺是在接連兩年大水爲患之後），自上引史料可見。他們父子建造寺院是爲了「以備遊觀」，而鄭氏造寺之華麗與其遊觀的情形，則見於桑滄偶錄上冊仙跡寺條，畧云：

> 城南仙跡寺，靖王時重修，都人輦材木，供鍤築，奔走於道路，數年而成。制宏敞，重門疊居，庭列方石八座，高二尺許，置蘭盆，淸風徐來，香氣藹勃。寺背通衢，前臨淸渠，塔在其右，高九層，四角懸鈴，飾以金碧。由西南南達於寺，輦道回折，砌石爲之。渠縈彎抱注於湖，湖深廣，水至淸，夏日荷花盛開，香聞數里。沿湖堤入渠，樹石相間，寺前左渠水通湖處有橋，下容舟往來，上蓋穹屋，架鼉梁，刻龍鱗於板。渠之南，湖之北，建離宮爲行幸之所；王詣寺時，每臨幸焉。王以暇時命駕遊寺，上下光波樹影之間，武陵之遊，不過是也。

所載「靖王」指鄭森，乃鄭氏第十世（註八），是棡、杠的後代，仍有忱於遊觀寺院的。本文第二章第二節述李朝建寺事，其中李仁宗的重修延祐寺多少是帶着臨幸遊玩的意義，今鄭氏造寺的目的如此，很可能這一權勢之家欽羨以前李朝帝王的排場，故當權以後要製造同樣的排場供自己享受。若仕邦的推斷爲合，則這也是佛教影響力深遠的有力證據。

4. 從借佛教號召起義看釋氏在民間的根基

古代的史書所紀大多屬軍國大事，對民間活動甚少收入，宗教方面的資料更少，要知道過去某一宗教對廣大民衆深入的程度，最方便的辦法便是找找曾否有人利用它來號召起義的記載。陳觀勝先生撰 **Buddhim in China: A. Historical Survey** 一書，特立專節討論元代的秘密會社，原因是這些號召起義抗元的會社如白蓮教等是根源於佛教，可反映佛教對中國會社的影響（註九）。

越南是佛教勢力深厚的國家，借佛教名義起義在陳朝時和明人統治時期早已各有一次，全書冊五卷八陳順宗紀（綱目正編卷十一畧同）頁九B至十A畧云：

光泰二年（一三八九）十二月，天然僧范師温反，嘯聚於國威上路，僭稱大號，招集無籍之徒，犯京師，上皇遣左聖翊軍將黃奉世討平之。

明太宗實錄卷二一九，頁二一七四畧云：

永樂十七年（一四一九）十二月乙酉，交趾總兵官豐城侯李彬獲賊酋范善等。初安老縣塗山寺妖僧范玉自言（註十）天降印、劍，令爲主，遂僭稱羅平王，紀元永寧，聚衆作亂，（范）善與陶承等往從之。

不過陳朝表面上是弘揚佛教，而明朝對越南佛教也很敷衍，如前之所論述，故寺僧鼓動作亂不爲奇。然而黎朝的政策是提倡儒學，其政策實行後，仍有借佛教爲號召起義的記載。全書冊八卷六黎襄翼帝紀（綱目正編卷二六畧同）頁十四B畧云：

洪順七年（一五一五）三月初六日，水棠養眞庄純美殿監陳暠作亂。暠見讖云東方有天子氣，乃陰謀大逆，假稱陳太宗玄孫，光淑皇后外戚，與其子昇及其黨潘乙等，稱兵於東潮瓊林寺，據海陽、水棠、東潮等縣地方，暠身衣緇衣，軍皆禿髮，自謂帝釋降生，僭號天應。

陳暠利用本姓，假稱陳朝後代而起兵，復爲了利用陳朝弘佛的印象召喚社會的懷舊，故「衣緇衣，軍皆禿髮」作宣傳。然他更「自謂帝釋降生」，又以「天應」爲年號，若非民間仍然佛教流行，陳暠又何至利用佛教來自詡「奉天承運」？襄翼帝是黎朝的第八位帝王，黎朝共傳二十七世，故這次起義仍屬早期歷史。但在黎朝晚年，依然有借佛教起兵的事，綱目正編卷三八黎懿宗紀畧云：

永祐三年（一七三八）僧人阮當興聚徒三島山中，誑誘愚俗，稱僞號，署官屬，草野不逞者多影附，衆至數千。辰宇內承平不知兵，忽有警報，遠近疑懼。都人提挈出城，所在穴地藏貨，乾餱爲糧。

永佑三年即前節鄭杜建寺造像的同年，阮當興固然是利用民不堪命的怨毒來發動起義，而他以僧人身份作號召而達致如此聲勢，不啻表示佛教在黎朝後期的影響力依然很大。

由於佛教能被利用來號召作亂，故黎朝政府頗忌憚它在民間的活動。全書冊八卷六黎昭宗紀頁十九B至二十A畧云：

光紹二年（一五一七）五月二十八日，殺假天蓬陳公務。左都督武川伯莫登庸奏言，公務妄行妖恠，誑惑愚民，以淨經佛寺，爲賣詐之場，以布拜神祠，爲藏奸之窟。

又黎朝紹令善政卷四禮屬下，載黎玄宗景治元年（一六六四）七月所頒的「申明教化條令」，共四十七梅（枚？），其第三十五梅畧云：

凡經史子集及文章有裨於世教者，方可刋板通行，若道釋異端邪說之書，並國語及詩歌涉於淫蕩者，不可刋板買賣，以傷風化。

從這兩條史料看，陳公務假佛寺「爲賣詐之場」，申明教化令將「道釋異端邪說之書」與「國語詩歌涉於淫蕩者」並列，可見黎朝許多不法活動依然托庇於佛教名義之下進行。政府對上述兩類的禁止，大概是恐怕「涓滴不塞，將成江河」，防範借佛教爲名的起義。

註一：台灣中央研究院出版。

註二：安南通史星洲世界書局本頁八二至八五

註三：見劉子健先生宋代考場弊端——兼論士風問題一文，刊慶祝李濟先生七十歲論文集上冊。

註四：仕邦讀阮葵生茶餘客話，其卷九京師鼓樓條畧云：「京師鼓樓定夜，每晚擊鼓一百八聲。高淡人詩云：聲聲聽盡一百八，萬戶千門惟月華。」按，茶餘客話成書於乾隆三十六年辛卯（一七七一，見中華書局一九五九年一版的出版說明），則以一百另八爲數非獨越南如此。

註五：見安南通史頁一五一——七，又一六四——六。

註六：桑滄偶錄下冊黎公薦傳畧云：「先朝黎公薦，號抑齋先生，原姓阮。」

註七：安南通史頁一四六——七，又一六四——六。

註八：安南通史頁一五五稱鄭森自晉尙師靖王，故知桑滄偶錄所記的「靖王」是他。

註九：見所著頁四六——七，美國普林斯敦大學出版。

註十：明實錄原作「妖僧范玉自天降印、劍」，引文的「言」字是依安南棄守本末（陶風樓校印本，南洋大學圖書館有映印本）頁五五校補。

第六章　佛教流弊所導致的社會經濟等問題與黎朝政府的對策

黎朝對儒學的提倡，已如前章所述，而對於自丁朝以來便長期存在着的佛教傳統的潛勢力，自然相對地謀予以抑制。黎朝對佛教的一反以前朝代的新態度，除了緣於儒家思想滋長的因素外，主要還是佛教本身有許多流弊，而這些弊病直接影響到黎朝的社會經濟各方面，故政府不得不採措施對付，本章專就這方面加以論述。

1. 黎朝初期對佛教的籠絡

全書冊六卷一黎太祖紀（綱目正編卷一五畧同）頁三七B畧云：

順天二年（一四二九）六月十日，指揮諸僧道有通經典，及精謹節行（綱目作「謹戒行」），期以今月二十日，就省堂通身檢閱考試，中者聽爲僧道，不中者仍勒還俗。

黎太祖定鼎之始，便馬上沙汰僧道，而沙汰的舉行正值同年五月急考選儒學人才致仕（見前章次節）的後一個月，在接連兩個月內辦理意義完全相反的事，不能不說黎朝尊儒抑佛的政策在剛開國時便露了端倪。不過，黎太祖這一措施完全是爲了復國工作，要在宗教裏面奪回所需的生產人力而已，並非帶着積極的反佛意念而施行，因爲同書同冊同卷頁一四A畧云：

明宣德初年（一四二六，即黎平定王九年）冬十一月，帝（黎太祖）建寺曰天慶寺。

黎太祖於戎馬倥偬的復國戰爭之際，已有建寺之舉，可見黎太祖並非不知佛教潛勢力的需要籠絡。並且全書冊六卷一黎太祖紀頁三五亦載：

順天二年，春正月四日，旨揮百官及京都各路縣社等，係某人游手游足，圍棋賭博，官司及軍民捉告治罪。賭博則刖手五分，圍棋則刖手一分，並無故、非官役私聚飲酒者，杖一百，容止者減罪一等（綱目正編卷一五畧同）。

黎太祖在本年正月所以訂定如此重刑來禁止人民遊惰，目的在催促勤奮生產，則六個月後沙汰僧道的目的，更證明是爲了生產建設所需的人力了。

太祖以後，黎朝前期數朝也曾有對僧徒賜予恩惠的事， 全書冊六卷二黎太宗紀（綱目正編卷一六畧同）頁十六A畧云：

紹平二年（一四三五）秋七月十七日，以報天寺主持僧惠鴻爲沙門，賜緋。 秋八月二十三日， 鑄太祖及國母金像成，命僧行點眼法，然後納廟祀之。

太宗對僧人惠鴻「賜緋」，據綱目正編卷一五黎太祖紀順年二年夏五月「封功臣爲烈侯」條畧云：

文自關內侯，大行遣，冠服以上；武自上將，爵智字，著服侯以上，均聽服緋。本註云：潘輝注歷朝憲章職官志：關內侯在第七、冠服侯在第八、著服侯在第九等。唐書車服志：五品以上緋、緣赤色也。

則惠鴻服緋，是黎太宗起碼視他爲九等侯。又太祖及國母像成，由僧人行點眼法。 這兩件事， 說明了黎朝初年，帝王與僧人仍相當接近。

此外，黎朝初年也有過兩次由帝皇舉辦的法會大赦。 全書冊六卷二黎太宗紀（綱目正編卷一六畧同）頁七A畧云：

紹平元年（一四三四）秋七月十五日，設盂蘭會，赦輕囚五十人，賜僧誦經錢二百二十緡。

同書同冊同卷黎仁宗紀（綱目正編卷一八畧同）頁三七A畧云：

太和六年（一四四八）夏六月，詔文武百官齋戒，詣景靈宮，報恩寺祈雨，帝親拜禱。命大尉黎可，往古州迎法雲（寺）佛像，詣京師報天寺，詔羣僧誦經禱祝，帝與皇太后禱拜焉。賜僧徒綾綺十疋，新錢二十緡。是日，釋疑難囚二十四人。

這兩次的法會釋囚，管見以爲很可能只屬於黎朝師法李、陳兩朝故智以籠絡人心而已，不見得出自帝室的敬信，因爲兩次法事之後，對僧徒的賞賜都不見得豐厚。

仁宗以後，佛教勢力便由於一次亂事的影響而隔絕於宮廷之外，綱目正編卷一九黎聖宗紀畧云：

光順元年（一四六〇）秋七月，敕自今內事毋得宣泄。帝徵延寧之亂，勅內密官及內宮人等，凡有詔旨及宮內諸事，不得先與親戚外人宣泄，敕天下卜筮道釋之人，毋得與宮人關通。

所謂延寧之亂，指黎仁宗延寧六年（一四五九）冬十月三日諒山王宜民謀反；弒仁宗及宣慈皇太后這件事（註一），爲了這亂事，宮人被禁與卜筮道釋往還，於是佛教也便隔離於宮廷之外，再也難找到有關佛教繼續與帝室連繫的記載了。

2. 佛教本身的腐敗

自黎聖宗以後，佛教與宮廷關係疏遠，於是史書便很少記載僧徒的活動，加之所能接觸的越南史料有限，故僅就已見到的加以論述。大南一統志卷二九海陽省下，人物志的汝廷賢傳畧云：

汝廷賢，唐安縣人，永治（黎熙宗年號，一六七七——八一在位）進士，奉使歷官刑部尙書，斷獄平允。時有疑獄，小姨爲大姨病就養二家，里閈相去累日，不返，小姨夫訟大姨夫，致獄經六七年不決。公按地圖，野外有寺，樹林芩蔚，伊婦往返所經之處。公暗忖此寺贈（曾？）彊奸釀命，駕詣寺，聲言參禪，因留夜宿，明日召僧徒托夢，謂曰：爾等修行，何故寃魂來叫，早當自首。僧不覺驚服，指引浮屠塔下，掘視之，果驗，其訟始白。

汝廷賢詭稱托夢破案，其事頗似中國的公案小說，這件事反映了當時的僧徒中頗有破戒犯俗罪的不良份子，如這件姦殺案，正犯了四波羅夷中的淫、殺兩種重戒（註二）。

此外在潘輝注歷朝憲章類誌的刑律誌所載律令中，有好幾條是頗能反映黎朝（註三）僧衆的猥濫，爰引之以見。其卷三六盜賊奸淫之律中有：

諸盜及毁天尊像，佛像者以凡盜論，倍賞（賠償）二分，入本寺觀庫。若道士女冠僧尼自盜毁者，加一等。即盜以供養者貶三資。

這反映出當時僧尼對本寺佛像多監守自盜或互相盜竊的行爲。同書卷三五「戶婚田產之律」的戶婚章有云：

諸私營寺觀及鑄鐘銷像者貶二資，即假像事勸民而以財物入已者，徒犒丁，其物還寺。

這反映出當時僧衆多假借鑄鐘造佛像向善信男女騙錢以飽私囊的事。同書同卷同章再云：

諸省院屬員據吏閱定戶籍，坊巷及鄉里與病疾無人撫養而在道路、橋店、寺觀者，咱本坊社官就所在結葺坊渡，仍給糗糧藥餌，務令全活，不得坐視呻吟。即病人所至寺觀而本觀主不覺舉及隨便護養者應以罰論。

這反映出寺觀對無依病人本有救濟的責任，而事實上並不認眞負責照料，故律令稱「隨便護養者」要科罰。同書同卷同章續云：

諸爲僧道，其給牒而犯法，令出寺觀。即犯飲酒食肉，勒還俗充軍，犯淫者以徒論。

這反映出當時僧徒的多有犯法行爲，而「犯淫」實可與前引汝廷賢傳互勘。黎朝詔令善政卷四禮屬下，載黎玄宗景治元年（一六六四）七月所頒的申明教化條例中的第二十九條畧云：

男女不得托爲僧尼，避居弗（佛）寺，躲避租稅，陰行淫惡，有傷風化。

僧伽道德的敗壞，據此令，知道是緣於不良份子混入宗教團體中之故。黎玄宗景治元年去前述海陽省發生的寺院姦殺案的黎熙宗永治間約十四、五年，似乎佛教至黎朝中期以後纔開始腐敗，那麼以前李、陳二代的出家人是否便戒行圓深；道業貞固？綱目正編卷九陳憲宗紀（全書册五卷七畧同）畧云：

開祐二年（一三三〇）秋七月，順聖保慈皇太后陳氏崩。英宗晏駕，后齋素自持（全書增「諸般苦行，無所不爲」），獨不受佛戒，曰：未亡人不可見僧面對僧話，惟齋潔俟終，奚衣鉢爲哉！

陳英宗后不受佛戒的理由是「未亡人不可見僧面對僧話」，而非以皇后之尊不肯跪僧受戒，難道當時僧衆中的不肖者有誘惑寡婦的事，故太后說這番話？全書册五卷七陳裕宗紀頁十二B畧云：

紹豐十七年（一三五七）春二月，上皇崩於葆元宮，廟號明宗。謂憲慈太后曰：予亡後，汝無入山，及崩，太后從其言，不受佛戒。

這是第二個帝室未亡人不受佛戒，而憲慈太后不受佛戒是遵亡夫生者所囑，難道陳明宗了解沙門中高蹈者少，故不欲其未亡人跟和尚來往？大抵自李太祖開國之初大量度民爲僧，賢與不肖都招攬於釋門（見本文第二章第一節），早已開僧伽猥濫之途了。

3. 黎朝對建寺比陳朝更冷淡

黎朝提倡儒學，故帝王對建寺比陳朝更冷淡，雖然大南一統志各卷的寺觀條中記載了黎朝所建佛寺共十五處，但除了河內省的使館寺是由於：

黎初占城，萬象，南掌諸國來貢者館於此，蓋諸國俗皆崇佛，故爲寺以館之。

的外交原因，爲政府所建外，其餘多屬僧人或貴族婦女所建。反過來說，黎朝對寺院增建嚴加限制，這種限制，是跟教化問題與經濟問題兩者相關連的。綱目正編卷一九黎聖宗紀（全書卌七卷畧同）畧云：

光順二年（一四六一）三月，命諸府縣勸課農桑。敕府縣社官等勸課軍民，各勤生業，以足衣食。毋得棄本逐末，及托以技藝游惰，其有田業不勤耕植者抵罪。秋七月，禁新造寺觀。民間崇佛，多建寺觀，妄求功德，敕諸寺觀無原額者不得擅造。

光順二年三月下令勸課農桑，而七月即禁止建築新的寺觀，很明顯這是緣於經濟的原因，禁建新寺是爲了節約。又黎朝詔令善政卷四禮屬下載玄宗景治元年（一六六四）的申明教化條例令的第三十八梅畧云：

凡佛寺浮屠，皆無益之事，除已有名藍原額外，若某鄉村無原額佛寺，不得私自構作，勞人費財，違者抵罪。

玄宗景治元年禁造原額以外佛寺的理由明誌是怕「勞人費財」，更證聖宗光順二年的禁令是要求節省。而兩者前後相去二百另四年，可見民間佞佛的風習始終未變。歷朝憲章類誌卷三五刑律誌的戶婚章畧云：

諸私營寺觀及鑄鐘銷像者貶二資，即假像事勸民而以財物入己者徒犒丁，其物還寺。有官給帖者勿論。

這條律令，顯示當時有「官給帖」的合法寺觀與無帖的非法寺觀，也是黎朝對經營寺觀的限制手段。

黎朝的限制建寺，由於儒家觀念加上經濟原因，認爲建佛寺是「妄求功德」的「無益之事」。而寺院藏宄納污，如前章述黎昭宗時陳公務「以佛寺爲賣詐之塲」和本章前節述僧徒犯淫好酒肉，固然予社會以不良影響，最要緊的還是關連到治安問題，高平實錄卷二府境名藍條畧云：

棟麟寺，寺宇作丁字，左右行廊，後堂僧房在焉。（黎顯宗）景興元年（一七四一），賊徒四起，據寺內相拒軍官。

這條可拿來跟前章所述襄翼帝時陳暠據瓊林寺起兵一事參照，寺院既然可作爲造反的根據地，當然更促成黎朝政府對寺院建置的限制了。

4. 私度與冒僧的嚴禁

自李陳以來，百姓托爲僧徒以避租稅是一個嚴重的社會經濟問題，前數章已曾論及，降至黎朝，這依然是個十分嚴重的問題。全書冊七卷三黎聖宗紀頁三一A畧云：

洪德元年（一四七〇）三月，禁非僧類，不得剃髮。

黎聖宗所以限定僧人以外不許剃髮，其原因正爲了怕人民冒充僧人，這種冒僧的行爲，後來更爲猖獗，黎朝詔令善政卷四禮屬下載黎玄宗景治元年（一六六四）七月頒申明敎化條例第三十梅畧云：

為人有三綱五常之道，不可惑於異端。某人有年老恭奉，勅旨令嘉旨幷勘令，始得奉事本寺香火，其餘男女不得托為僧尼，避居弗寺，躲避租稅，陰行淫惡，有傷風化。某某社有此等人，一切勉還本貫，各勤生業。若某村長徇情隱縱，不引告者，一體治罪。

玄宗這「梅」敎化令雖然唱着儒家的「三綱五常」高調，並斥僧尼「陰行淫惡，有傷風化」，而實際上主要是緣於人民避居佛寺為僧尼後，政府失去了男耕女織的生產人力，故迫促社、村之長設法使這類人回到原來崗位（本貫）去「各勤生業」。同書同卷載黎玄宗景治三年（一六六六）春三月的「旨傳申禁僧尼巫覡各條」畧云：

上上年敎條，已有革禁男女托為僧尼；避居佛寺。幷不得假為巫覡，惑世誣民，玆各縣、社、坊、村人，間有潛行，涉於犯禁，其承司官應奉如敎令，再加禁革，以囘正道。

景治元年剛剛下令禁止百姓「托為僧尼」，而三年後再重申此令，可見各縣、社、坊、村人的「間有潛行」是如何的嚴重了。由於違犯這條法令的人太多，玄宗不得不改行消極辦法來對付，黎朝詔令善政同卷載景治八年（一六七一）秋八月的「申禁各條令」有云：

某員人，有剃頂髮，應留其髮際，違者，官則論罰，其軍民各色幷剃匠，應笞五十下，以信令行。

玄宗規定凡要剃去頂髮的人，要留下髮際不剃，不許剃至禿頂，若違犯的話，則剃匠顧客都重笞五十，這分明是怕人民剃光頭去冒充和尚！

玄宗以後，再找不到其他帝王的詔令與此有關，而歷朝憲宗章類誌卷三五刑律誌戶婚田產之律中的戶婚章有云：

諸爲僧道，自年五十以上，有官給度牒者方咱，違者徒犒丁，私度僧與同罪。其給牒而犯法；令出寺觀，經斷一旬不還俗者罪如之。社官容縱貶一資，課官失覺以杖論，監臨官及本寺觀住持各貶一資。

這條律令指出僧道年五十以上而且有官給度牒者始算正式，可以跟前引黎玄宗景治元年的申明教化令所載「年老恭奉，勅旨令嘉旨幷勘令，始得奉本寺香火」一條印證。「私度僧」大抵指冒爲僧徒的人。至於官員容縱或失覺要受罰，也跟申明教化令所述相同。而有關官員中，可注意者，第一是「監臨官與本寺觀住持」失覺同罪，則監臨官可能指黎朝詔令善政卷二戶屬載黎神宗盛德六年(一六五一)春正月的「閱選體式令」中提及的：

寺使，壇使，僧統、道統、僧正、道正、僧副、道副。

等官、對寺觀及僧伽道流是有「監臨」之責的，故屬下寺觀有人冒僧道混進來，他們便要跟寺觀主持一同降級。第二是「課官」未能注意有人冒僧要受杖，大抵「課官」指負責「勸課農桑」或「課稅」的官，亦即黎朝詔令善政卷二戶屬黎神宗「閱選體式令」中提到寺使僧統等時同時也提到的：

勸農、稅使。

等官。生產的人力逃到宗教裏去而失覺，故要受責打，正如僧道被逐出寺觀後「經斷一旬不還俗」回到生產崗位上去，便要受「犒丁」的徒刑一樣。

總之，冗僧問題是越南在十世紀獨立以來嚴重的社會經濟問題，不特有黎一朝如此，不過這一朝的時代距今較近，故保留有關資料畧多而已。

註一：見全書冊六卷黎仁宗紀頁五一B，綱目正編卷十八。

註二：四波羅夷是淫、盜、殺、妄語，這是僧人絕對不許觸犯的大戒，所有佛家律典均開卷便論述這四波羅夷。

註三：歷朝憲章類誌的著作時代，仕邦於「論佛祖統紀對紀傳體裁的運用」一文卷五九所考，推測著者潘輝注是黎阮之際時的人物（見新亞學報九卷一期頁一六八——九），而這部書紀事中注明年代的，最晚一條是卷三三歷朝刪定之綱所置的「顯尊景興三十八年（一七七八）」，其時去黎朝之亡尚有十二年，並且本章第一節引綱目正編卷一五黎太祖紀順天二年封功臣爲烈侯事時，綱目中亦引用歷朝憲章類誌，是知這潘氏這部書主要紀述黎朝歷史。

註四：一統志所載的黎朝寺院，見於河內省的有六，卷三九北寧省的有二，卷四一諒山省的有三，而見於卷三三宣光省、卷三五寧平省、卷三七興安省的各一。

結語

曩讀陳寅恪先生替陳援菴先生明季滇黔佛教考一書所撰的序文，序中指出「世人或謂宗教與政治不同物，是以二者不可參互合論，然自來史實所昭示，宗教與政治，終不能無所關涉」。寅恪先生論中國歷史上佛教與政治的關係如此，若將他這番話移諸越南方面，則越南佛教與政治關係之密切，實在遠遠超過寅恪先生之所論。從上面各章的探討；我們知道越南佛教的勢力在開國以前便非常深厚，以至獨立之初的前三朝——丁朝、前黎朝和李朝的政權都靠着佛教支持，僧徒甚至實際參加政治，以「國師」身份作帝王的政治顧問。越南是由中國分枝出來的兄弟之邦，文化同出一源，尤其儒家方式的文人政治彼此相同，但越南的文人政治在李朝中葉科舉未興以前，是由僧徒代爲推薦從政人員，這點跟中國文人政治的發展路綫，很不相同。

李朝由於帝室出自佛教家庭，更因政權的支持力量來自釋門道俗，故李氏一朝極熱心於建寺造鐘像和度民爲僧，帝王興福的各種功德昭昭於史冊，本來已經潛勢力深厚的佛教便因此更形發達，而奠定日後根深蒂固的基礎。即使今日越南佛教的許多現象，如僧徒熱中政治和樂於自焚，其傳統都可以自李朝歷史中找出它的根源，本文對這些均已有所考述。

李朝以後是陳朝，由於陳氏有帝王后妃出家爲僧尼，並且出家爲僧的陳仁宗創立了禪宗的竹林派，故一般人每誤解陳朝弘揚佛教之功超過李朝，甚而以爲越南佛教的基礎由陳朝奠定，但夷考其實，絕非如此。陳朝的奉佛，實際上開始時是一種政治姿態，爲了借着佛教來統治人民而已，而眞正的態度，倒是要將佛教排擠出政治圈子之外，以免像李朝時一樣影響其帝室的統治權。這些綫索，都在史書中歷歷可尋。不過，由於排擠佛教的行動是在「弘揚」佛教的烟幕下進行，故痕迹極不明顯。但從陳朝建寺度僧數量之少和讀陳朝當代御用史家黎文休的史論，也就可以領悟出來了。然而，由於統治者對佛教表得極虔誠，故佛教在民間仍屬黃金時代，這倒是從陳朝儒家的反佛文章所透露出來的。

陳朝後來被中國的明朝所滅，黎太祖起兵驅逐明人而建立了後黎朝。由於明人統治期間頗獎掖儒學，使越南固有儒學受到新刺激而更形發達，故黎朝復國以後，一開始便尊崇儒術，考選儒士參政，從此，儒學便正式取得了領導政治的地位，而儒生也有被尊爲「國師」的。

黎朝不特以儒學領導政治，還要將儒家的制度和教化推廣於社會，相對地，佛教便自然受到排擠，故限制佛教活動的許多禁令，便出現於黎朝的史策。然而由於佛教自李、陳兩朝以來久已根深蒂固，故黎朝並未能使儒家的教化完全取代了佛教對社會的影響力，同時從這些禁令，使我們知道黎朝佛教腐敗的情形，和人民托爲僧尼以避租稅這一長期困擾李、陳兩朝的社會經濟問題也同樣困擾着黎朝，以至有不許人民剃髮至光頭的消極性禁令。

總之，越南佛教與政治的關係，到了黎朝纔正式宣告分離。

除了佛教之外，道教在越南也有相當勢力的，本文引用的越南史料中往往釋道並稱，但從丁朝至後黎朝，所有的史料都顯示不出道教對政治有何影響力，也找不到道士對政治有所貢獻的記載，即使專門記載越南陳朝以前神異事迹的兩部名著——越甸幽靈集和嶺南摭怪，也僅替僧人立傳而沒有給道士立傳，這表示道教的力量在民間也不如佛教，故未能產生許多稗巷口傳的神話人物，故本文對有關道教的史事都畧而不論。

一九六八年初稿著筆於香港中文大學
一九七一年修訂完成於星洲南洋大學

越南史籍簡介

一、大越史記全書二十四卷

本書是集合了越南陳朝黎文休、黎朝潘孚先、吳士連、范公著、黎僖等史臣所修撰的各種編年體「大越史記」刪削而成，所以叫做「全書」。本書以編年方式紀述越南自太古的「鴻龐氏」以迄黎嘉宗德元元年（一六七五）的歷史。日本引田利章氏於明治十七年將本書校訂句讀，埴山堂於同年反刻出版。

二、越史通鑑綱目五十二卷

本書是越南阮朝嗣德八年（一八五五）史臣奉諭「將歷代史編年一書，參以諸家稗乘記載之言，搜採遺軼，筆削褒貶，一準紫陽綱目書法」而成。嗣德九年（一八五六）由潘清簡任總裁，率助手十四人開始著筆，至嗣德三十四年（一八八一）由范愼遹任總檢閱，率助手二十人審查後完成。本書亦自鴻龐氏開始，終於黎愍帝昭統三年（一七九〇），所包括的時代較全書爲長。本文引用的是據日本東洋文庫藏本書所攝製的照片。

三、越史畧三卷

本書據四庫提要卷六六稱不知著者，而書中稱李朝爲「阮朝」，推測是陳朝作品云。叙事自太古至李昭皇止，圖書集成本。

四、安南志畧二十卷

陳朝降元的黎崱所著，爲一類書體，所紀述李、陳兩朝史事及制度，很有參攷價值，越南順化大學越南史料編譯委員會出版中越文合編本。

五、越甸幽靈集一卷，續集一卷

陳朝李濟川編集，專記神異事迹，越南開智書局中越文合編本。

六、嶺南摭怪三卷

黎朝武瓊校訂，武氏稱本書是「意其草創於李陳之鴻生碩儒」，性質與前者同。越南開智書局中越文合編本。

七黎朝詔令善政七卷

本書專收後黎朝一代詔令，分吏、戶、禮、兵、刑、工六類。越南平明書局中越文對照本。

八、大南一統志（鈔存）十七卷

本書阮朝編纂，今鈔存者有卷二八、二九海陽省，卷三一、三二山西省，卷三三、三四興化省，卷三五寧平省、太原省，卷三六南定省，卷三七興安省，卷三八、三九北寧省，卷四一諒山省，卷四二高平省及無卷數的河內省。所載各省有關阮朝以前的寺觀及先賢事迹，頗足供本文徵引。

九、高平實錄（鈔本）五卷

阮朝阮祜僖著，即高平省的省志，用處跟一統志相同。

十、歷朝憲章類誌（鈔存）十八卷

潘輝注撰，潘氏的時代，拙著 論佛祖統紀對紀傳體裁的運用一文註五九所考，推測他是黎阮之際時的人（見新亞學報九卷一期頁一六八——九）。今鈔存者計爲國用誌（卷二九至三二）刑律誌（卷三三至三八），文籍誌（卷四二至四五），邦交志（卷四六至四九）。保存不少黎朝限制佛教活動的史料。

十一、桑滄偶錄上下卷

阮朝初年范松年、阮敬甫同編輯，記載「李、陳、黎、鄭以來，上下數百載，間有國史所未詳，稗官所未載」的史事（卷首馮翼序）。本書是筆記體，本文徵引，是據日本東洋文庫藏本書所攝的照片。

以上諸書均新亞研究所東南亞研究室所藏

had done their best to squeeze the Buddhists out of the political circle. It is very difficult to reveal the truth because such political measures towards the Buddhists were under the cover of religious patronage.

After the Tran Dynasty was conquered by Ming China in 1413, the social influence of Confucianism in Vietnam was more powerful as a result of the strengthened education policy of the Ming colonial government. Again in 1428, the anti-Chinese revolutionary movement led by Lê Loi (黎利) came to success and the Later Lê Dynasty (後黎朝 1414-1532) was founded. As the elite group of the government was still the Confucianist intellectuals, the new dynasty launched upon a series of anti-Buddhist policies. Then the Buddhists in Vietnam were doomed. The Buddhist priests were not granted the permit to visit the royal palace or to make contact with any member of the royal family; they were not allowed to build any new Buddhist monastery or temple; religious activities were under rigid control; people were even not allowed to shave bald-headed in order to prevent them from escaping their duties in disguise of monks or nuns. Even though its hay-day was over, the deep-rooted Buddhism was still a latent power in the Vietnam -ese society. For instance, there were several rebellions under the banner of Buddhism occurred in the Later Lê Dynasty, strongly indicating the still-persisting influence of this declining religion.

Emperor Ngaa-trieu (臥朝帝) of the Former Lê Dynasty (前黎朝 981 - 1009 A. D.) in 1009. Hence Van Hanh was given the title Quoc-su (國師) or "Imperial Master," and became the chief adviser of the Emperor Thai-to (太祖) i.e. Ly Cong-uan. Almost in every reign of the later Ly emperors, there was a Buddhist monk acting as their adviser and were given the same title as Van Hanh's, monks Co-dang (草堂) and Heo-dau (枯頭) being the most noted examples.

In addition, to gain the support of the Buddhists, the Ly emperors established many new Buddhist monasteries and encouraged a great number of people to lead the monk's life. As a result, Buddhism in Vietnam came to its Golden Age. Furthermore, the official examination system modeling after that of China was first held in 1075. Dating back to 968 A.D., when the Dinh Dynasty (丁朝) was established, Vietnam separated herself from the domination of China and appeared in the historical arena as an independent entity. For ninety years after 968A.D., when a man desiring to participate in politics and to become an official, he had to be recommanded by Buddhist monks or at least by Taoist priests. Even though the system of official examination was set up, the monk "Imperial Master" was still very influential.

As in 1225 the Empress Chieu-hoang (昭皇) abdicated in favour of her husband Tran Chanh (陳煚) under the persuasion of General Tran Thu-do(陳守度), Chanh's uncle, the Tran Dynasty (陳朝 1225-1400 A. D.) was set up, The Vietnamese Buddhism seemed to continue to enjoy their Golden Age, for the new dynasty had inherited the same religious policies. Students of Vietnamese history even misunderstood that Buddhists were more influential in the political circle in this era, taking into consideration the fact that the Emperor Nhan-ton (仁宗) and some other empresses and imperial concubines had abandoned their royal dignity so as to devote themselves to the career as monks and nuns. But after a thorough investigation into the history of this dynasty, I found that as the establishment of the Tran Dynasty was on the support of the newly rising Confucianist intellectuals, the Tran emperors

The Changes in the Relationship Between Buddhism and the Politics of the Ly, the Tran and the Later Lê Dynasties in Vietnamese History

李、陳、黎三朝的越南佛教與政治

Tso Sze-bong. 曹仕邦

Since the self-immolation of an aged Buddhist monk in 1963 by publicly burning himself to death in Saigon as a protest against the religious policies of the South Vietnamese Government led by the late president Ngo Dinh Dien (吳廷琰), which led to the fall of Ngo's power, the Buddhists of this country became very much involved in politics. Frequently they stirred up the masses of their secular devotees in their maneouvred demonstrations against the new government's policies.

Even though there are many other considerations that might account for such a phenomenon, we still can trace the root of this phenomenon by investigating the Vietnamese history.

In 1964, the year after the above-mentioned affairs, a new university known as Van Hanh University was established by the Unified Buddhist Church of Vietnam in Saigon in memory of the most respected eminent monk Van Hanḥ (萬行) of the 11th century A.D.

Why is Van Hanḥ most respected by the contemporary Buddhists? In my research, I found that two of the most authorized Vietnamese chronicles, namely, *Dai Viet Sứ-ký Toán Sách* (大越史記全書) or "Collection of the Records of the Grand Historians of the Great Vietnam" and *Việt Su Thông - giam Cong-mục* (越史通鑑綱目) or "The Comprehensive History of Vietnam with Text and Commentary", show evidently that Van Hanh was the man behind the scene to assist Ly Cong-uan(李公蘊), founder of the Ly Dynasty (李朝 1010-1225A.D.), to upset the throne of the main problem was that the money designed towards public expenditure was very difficult for the local officials to claim, due to bureaucratic obstacles; so that the money accumulated and stored in the provincial treasury was ultimately sent back to the central government. Local officials were again expected to cover the management budget deficit themselves, but now, from their Yang - lien - yin. During the Yung-cheng period, the person of the Emperor ensured that the officials were all obedient, but later on, when political control was relaxed and economic control was tightened, the situation gradually reversed back to what had existed prior to the Yung-cheng period.

immediately checked when this policy was put into effect.

2) Controlling of local finance

Strict control over finance was always necessary, especially when the ruling class was an alien one, and the Ch'ing Dynasty was no exception. It inherited the Ming's financial system, whereby the local government of Ch'ing was responsible for the collection of taxes which it then shared with the central government. But unlike the Ming Dynasty, the revenue was not shared fairly, as the majority of it was sent to the central government. Since the local government had not been provided with enough to manage its budget, additional taxes were added privately by the local officials, to the burden of the common people, so as to cover the local government's budget deficit. During the time of the first two emperors, local officials had a free hand in dealing with the additional taxes. Often they increased the rate of taxation (from twenty to fourty percent more), of which the local officials kept a portion for the local government, and a larger portion for themselves. Hoping to stop the abuses of the local officials, as well as controlling the local finance a step further, Emperor Yung-cheng incorporated the additional taxes, but at a lower rate, and added them on to the usual imperial tax-rate. The new taxes were used in two ways: increasing the payment of officials as Yang-lien-yin; and paying the management expenses of the local government. From then on, the only financial autonomy was wiped out, and the whole bureaucratic machine was firmly controlled by the central government.

From a long term point of view, however, the Yang-lien-yin System can not be regarded as a successful system, although the system worked quite well during the Yung-cheng period. One of the problems was that, whilst the local officials gained a generous increment, the central officials were much less well paid. Furthermore, the clerks and runners in the local Yamen, who actually ran the administration, remained unpaid. This sort of unequal treatment would undoubtedly lead to invariable troubles. But the

On the Yang-lien System in the Yung-cheng Period of the Ch'ing Dynasty, 1723-35

清雍正年間（1723—35）的文官養廉制度

Ching-ping Tang 鄧青平

Emperor Yung-cheng (雍正), the third emperor of the Ch'ing Dynasty, was an energetic ruler and a vigorous reformer. During his thirteen years' reign, many political and financial reforms were organised because he wanted to consolidate the dynasty which his father left him. These, he succeeded in accomplishing. The Yang-lien System, which was a system of increasing the integrity of the officials, was one of the Emperor's greatest contributions. This system aimed at two aspects of reform:

1) An increment of the officials' salary

Before the Reign of Yung-cheng, the salary received by the Ch'ing officials were much less than that of the officials in the previous dynasties. And to make matters worse, their financial burdens were also greater. Hence they were forced into embezzlement and bribery, as well as charging additional taxes from the common people. Corruption was widespread right at the very beginning of the dynasty. The situation became worse at the time of the second emperor, because Emperor K'ang-hsi was tolerant and lenient towards his officials. In order to rectify these shortcomings, Emperor Yung-cheng instituted a new scheme by which the officials were granted a salary which amounted to many times larger than that of their previous salaries. This increment was called Yang-lien-yin. Local officials who had to live on illicit 'incomes', such as bribery, were now assured of an honest and sufficient means of living. After putting this system into practice, corrupted officials who were discovered, were severely punished. Hence corruption was

Dynasty. The road led westward from Sheng Chou to Chung Shou-chiang Cheng 中受降城 where the T'ang government established An-pei Tu-hu Fu 安北都護府, its site was by the northern bank of the Yellow River (the present channel of the Yellow River), and its longitude is about 109.3°E; then it led northwestward to T'ien-te Chun 天德軍 (now Ulan Obo district 烏蘭鄂博地區). All these military cities were important bases defensing the northern barbarians; the supplies of these cities depended upon the transportations on the post roads linking Chang-an and Sheng Chou.

The Post Road Leading From Chang-an Northeastward To Sheng Chou, And Chen-wu Chun In The Time Of T'ang

唐代長安東北通勝州振武軍驛道考

Yen Keng-wang 嚴耕望

The District of Ordos bend of the Yellow River 河套地區, which was the area north of Chang-an 長安, the imperial capital of T'ang Dynasty, was the first target of the northern barbarians who attempted to invade T'ang empire. So T'ang government garrisoned a great number of troops in this district and paid special attention to the communications linking Chang-an and the District of Ordos Bend of the Yellow River. There were three post roads, western road, central road and eastern road, connecting Chang An and the District of Ordos Bend of the Yellow River in the time of T'ang. In this article the author investigated the eastern road.

This road began at Chang-an, led northward, passed Fang Chou 坊州 (the south of the present Huang-ling Hsien 黃陵縣), Fu Chou 鄜州 (now Fu Hsien 鄜縣), reached Yen Chou 延州 (the east of the present Yen-an Hsien 延安縣); then it led to the north with slightly eastward, passed Sui Chou 綏州 (now Sui-te Hsien 綏德縣), Yin Chou 銀州 (the south of Yü-ho Pao 魚河堡 which situated in the northwest of the present Mi-chih Hsien 米脂縣), Lin Chou 麟州 (now Shen-mu Hsien 神木縣), reached Sheng Chou 勝州. This road ran for about 1860 *li* 里 with posts serving duties along the road. Sheng Chou situated by the southern bank of the Yellow River (now Min-sheng Ch'u 民生渠), and the east of the present Sa La Ch'i 薩拉齊; its longitude is about 111°E.

By the northern bank of the Yellow River there was Tung Shou-chiang Cheng 東受降城 from which the road led to the east with slightly northward, reached Ch'an-yü Tu-hu Fu 單于都護府 (the south of the present Kuei-sui Hsien 歸綏縣) where T'ang government established Chen-wu Chun 振武軍 in the latter part of the

(8) Lung-men Pass (龍門關), situated in the mouth of Lung Men (龍門), northeast of the present Han-cheng Hsien (韓城縣) and northwest of the present Ho-chin Hsien (河津縣). Where the Yellow River is as narrow as 80 paces and both of its banks are extremely steep.

(9) P'u-chin Pass (蒲津關), was one of the six superior passes in the time of K'ai Yuan (開元). This pass was the most important thoroughfare from the areas north of the Yellow River westward to Kuan-chung (關中) since the ancient times. It situated in the east of the present Ch'ao-i Hsien (朝邑縣) and between the present Yung-chi Hsien (永濟縣) and the present Ping-min Hsien (平民縣), and its name, P'u Chin, is still used today

All these ferries, among which P'u-chin Pass was on the post road leading from Chang-an to Tai-yuan, Ho-ho Pass and Meng-men pass were also on the post road linking Kuan-nei Tao and Ho-tung Tao, prove that traffic between Kuan-nei Tao and Ho-tung Tao was very busy in the time of T'ang.

Eastward and Westward Ferries With Passes Linking Kuan-nei Tao and Ho-tung Tao in the Time of T'ang

唐代關內河東兩道東西交通綫

Yen Keng-wang 嚴耕望

The boundary of Kuan-nei Tao（關內道）and Ho-tung Tao（河東道）in the time of T'ang was the Yellow River. Both Kuan-nei Tao and Ho-tung Tao were important military districts in defence against the invasion of northern barbarians. In order to strengthen the communications between these two Taos, nine ferries With Passes were established along the Yellow River from the north to the south. These ferries made communications easier and also facilitated the suppression of illegalities.

From the north to the south, these ferries were:

(1) Yü Lin Pass（榆林關）, situated in the place where the present Min-sheng Chu（民生渠 ancient Yellow River）and Hei Ho（黑河）meet.

(2) Ho-pin Pass（河濱關）, was the ancient Chun-tzu Chin（君子津）, situated in the southwest of the present Ch'ing-shui-ho Hsien（淸水河縣）.

(3) Ho-ho Pass（合河關）, its site was in the north of the mouth of Wei-fen Ho（蔚汾河）, about 80 *Li* northwest of the present Hsing Hsien（興縣）.

(4) Meng-men Pass（孟門關）, situated in the east of the present Wu-pao Hsien（吳堡縣）.

(5) Yung-ho Pass（永和關）, situated between the present Yen-ch'uan Hsien（延川縣）and Yung-ho Hsien（永和縣）.

(6) Ma-men Pass（馬門關）, situated between the present Ta-ning Hsien（大寧縣）and Yen-ch'ang Hsien（延長縣）.

(7) Wu-jen Pass（烏仁關）, its site was in the lower reaches of Shih Ts'ao（石槽）, namely, Hu K'ou（壺口）, in the east of the present I-ch'uan Hsien（宜川縣）.

(王莽) who had usurped the throne of the Han Dynasty. Liu Yin was murdered by Liu Hsüan (劉玄) before he succeeded, in his heroic career. Most historians' sympathy has been on Liu Yin's side and little has been said of the fact that Lin Yin himself was also to be blamed for his own failure. In this article the author pointed out that Lin Yin, ignoring the existing situation, opposed the generals' desire to make Liu Hsüan their emperor. After Liu Hsüan had come to the throne, Liu Yin's influence and prestige in the army and people were a great threat to Liu Ssüan. However, Liu Yin still did not pay attention to the fateful intrigues around him and neglected the warning of his relatives. So he was murdered.

Commentaries On *Hou-Han Shu*

讀 後 漢 書 劄 記

Lee Hok-ming 李 學 銘

"Commentaries on *Hou-Han Shu* (後漢書)" consists of two articles inspired by Wang Fu-tzu's (王夫之) *Tu Tung-chien Lun* (讀通鑑論). However, as Wang's book based his discussions solely on the contents of *Tzu-chih Tung-chien* (資治通鑑), its relevancy is inevitably limited. In these two articles the author made use of materials which were earlier in time than *Tzu-chih Tung-chien*, with the purpose to correct and supplement Wang's discussions. The following is a summary of these two articles.

(I) A Commentary On Ma Yüan's Defamation
(論馬援之遭謗)

Ma Yüan(馬援)was a meritorious general in the time of Kuang-wu Restoration(光武中興). He volunteered to suppress the revolt of Wu-ling Wu-chi (武陵五溪) barbarians with an army when he was 62 years old. Unfortunately, his army was defeated and surrounded in Hu T'ou (壺頭)and, moreover, he himself was ill. The Emperor Kuang-wu(光武帝)found him guilty. The reason seemed to be that (1) "his army was defeated and surrounded," and (2)Ma himself "accepted a bribe of pearls." In this article, the author pointed out that the real reason of Ma Yüan's degradation was his "association with guests and clients." This kind of activities could be easily suspected as to nourish private force and a menace to the security of the empire, and the Emperor Kuang wu had a great dislike of it. Liang Sung's (梁松) vilification only provided the Emperor with a good cause to dishonor Ma Yüan.

(II) An Analysis of the cause of Liu Yin's Death
(劉縯遭害原因之分析)

Liu Yin (劉縯), the elder brother of the Emperor Kuang-wu, led his clan and followers to rise against Wang Mang

institution in the Han dynasty.

The Han institution consists of 20 classes of chüeh(爵), of which the highest class was *lieh hou*. *Lieh hou* was ennobled by the emperor according to the regulation of a very strictly regulated code. *lieh hou* received from the Han government a great deal of benefits which included an appendage, called *hou kuo* (侯國 the state of *lieh hou*), the administrative unit at the same level with county. *Lieh hou* had no ruling power within his state. The minister of *hou kuo*, who was appointed and sent by the central government, did all the administrative duties of the state and also kept an eye on the conduct of *lieh hou*. However, *lieh hou* was still the ruler or the master of his enfeoffed state He possessed high social status and great economical benefits; he received taxes from people living in his state and his title as well as his state would be inherited by his son after his death. *Lieh hou* belonged to the noble class in Han dynasty, his social position was the highest besides the members of the royal family. The benefits and privileges of *lieh hou* were decreasing as time went on, especially after the Emperor Wu Ti (武帝). It is helpful to observe the development of absolute monarchism in China from this point of view.

On The Institution Of Nobility Of The Han Dynasty

漢代爵位制度試釋

Liu Pak-Yuen 廖伯源

As a result of Shang Yang's (商鞅) Reform, a new institution of nobility was constituted to substitute for the institution of Chou, under which the nobles were politically and militarily self-supported and economically independent. The power of the king of Chou inevitably declined, and conflicts between warring states occurred intermittently. It was regulated in the new institution of nobility that *lieh hou* (列侯) had no political and military power in his appendage, so the power of the central government could be built up practically. This new institution of nobility, accompanied with other reforms devised by Shang Yang, enhanced the warring capacity of the state of Ch'in. As a result, Ch'in defeated and ruined all other states, and founded the first empire with a centralized government in the history of China. After the fall of Ch'in dynasty, this new institution of nobility was adopted by Liu Pang (劉邦), the founder and first emperor of Han dynasty, and was practised throughout the Han dynasty. Because of the scarcity of historical materials of pre-Ch'in and Ch'in periods, the detail of this new institution of nobility had to be reconstructed upon knowledge obtained from materials of the Han dynasty.

This study can be divided into two parts. The first part is an investigation into the detail of the institution of nobility itself, such as its beginning, substance, characteristics and variations. The second part is concerning the relationship between the institution of nobility and the political situation of the Han dynasty. Here is the first part published, it contains three divisions. The first is a short discussion of the origin of the institution of nobility of the Han dynasty, which can be traced back to Shang Yang's Reform. The second and third divisions try to find out the detail of the

Another Supplement To Ying-yai Tun-huang Yün-ji

瀛涯敦煌韻輯別錄

Pan Chung Kwei 潘重規

The rhyming dictionaries which prevailed before T'ang Dynasty rarely exist. Fortunately, the discovery of the ancient manuscripts in Tun Huang 70 years ago increased some valuable materials which made the study of the rhyming dictionaries of the *Ch'ien Yün* system（切韻系）stepping into a new era. Although these materials have been mostly in museums abroad, scholars like Wang Kuo Wei（王國維）, Liu Fu（劉復）, Wei Chien Kung（魏建功）, and Lo Ch'ang P'ei（羅常培）have made a great contribution to the collecting, editing and publishing of these materials. Among those published, the most important one was *Shih-yun Hui-pien*（十韻彙編）, which was published by Peking University in 1935. This book was recognized as the most complete collection of overseas rhyming dictionaries of *Ch'ien* Yün system. However, professor Chiang Liang Fu（姜亮夫）took photographs of all Tun Huang rhyming dictionaries which he found in London and Paris; by the aid of these photographs, he pointed out a lot of mistakes in the previous publications, and published *Ying-yai* Tun-huang Yün-ji in 1955. Even so, Chiang's edition is not flawless. The author of this article collated Chiang's book when he was in England and France and again discovered some mistakes. As a result the author published a book entitled *An Enlarged Edition of Ying-yai Tun-huang Yün-ji, with Revisions and Commentaries*, and Wrote this article to be published with the photographs of *Shou-wen Yün-hsüen Ts'an-chuan*(守溫韻學殘卷), No. P. 2012, which did not appear in Chiang's book, and to supplement the fragments of *Tzu-pao Sui-chin*（字寶碎金）which was incomplete in Chiang's Book. Moreover, after a careful study, the author explains these materials in greater detail than previous scholars have done.

Aknowledgement

The Institute of Advanced Chinese Studies and Research of New Asia College, Hong Kong, wishes to acknowledge with gratitude the generous contribution of the Harvard-Yenching Institute towards the cost of publication of this Journal.

一九七三年七月一日初版

新亞學報

第十卷第一期（下冊）

定價：港幣三十元
美金七元

編輯者　新亞研究所
九龍農圃道

發行者　新亞書院圖書館
九龍新亞書院

承印者　人文印務公司
九龍城道十六號A九樓

THE NEW ASIA JOURNAL

Volume 10 July 1973 Number 1 Part 2

THE NEW ASIA RESEARCH INSTITUTE